社協転生

― 社協は生まれ変われるのか ―

塚口 伍喜夫・山本 正幸・佐藤 寿一・小林 茂
川﨑 順子・荻田 藍子・西村 禮治　著

主宰：社協問題研究会　後援：NPO法人福祉サービス経営調査会

大学教育出版

プレリュード／社協問題研究会の問題意識

　社協問題研究会は 2021 年 10 月 2 日に社協 OB・OG 並びに現職有志で立ち上げた。以降、何回かの研究を重ねその成果をまとめて出版することにした。この出版は、予め NPO 法人福祉サービス経営調査会から協力する旨の言葉を頂いていたこともあり、研究会会員は真剣な論議を重ねた。その論議に出てきた社協についての問題意識を以下に整理してみた。

【地域福祉は社協の独占事業ではない】

　社協の主要な社会的任務は、社会福祉法第 109 条で市区町村社協について「地域福祉の推進を図ることを目的とする団体」と規定し、その事業として、①社会福祉を目的とする事業の企画及び実施、②社会福祉に関する活動への住民の参加のための援助、③社会福祉を目的とする事業に関する調査、普及、宣伝、連絡、調整及び助成、④前三項に掲げる事業のほか、社会福祉を目的とする事業の健全な発達を図るために必要な事業と規定した。この規定は、地域福祉に関する社協の独占的な立場を示したものではない。

（註）ここにいう区とは原則的には東京都の特別区を指す。

　市区町村社協が法定化されたのは昭和 58（1983）年であった。昭和 26（1951）年に社会福祉事業法が制定され、その中で都道府県社協は規定されたが、市町村社協については規定されず、その規定が実現するのに実に 32 年の歳月を要した。この市区町村社協の法制化を実現するためには、全社協が指揮を執り、都道府県社協が中心となって市区町村の議会に対して請願運動を展開し、同時に全国的に署名運動も展開した。この署名には 740 万人余の協力を得ることができた。こうした全国的な運動がその背景にあったことを忘れてはならない。

　この請願運動、署名活動の前段階で、全社協は社協創設 20 周年に当たって「市区町村社協活動強化要項」を発表している。その基本方針では、①福祉課題への取り組みを強化し**運動体社協への発展を図る**、②小地域の「住民福祉運

動」を基盤とする、③ボランティア活動センターとしての社協を確立する、の3つの方針を掲げた。

　こうした運動を背景に市区町村社協の法定化が実現したものだから、全国の社協関係者は「錦の御旗」を得た感じになった。この法定化が地域福祉のための補助金を得る頑丈な梃<ruby>梃<rt>てこ</rt></ruby>になると考えた（**これが第1のステージ**）。

　社会保障審議会福祉部会（田中滋部会長）は平成27（2015）年2月12日、「社会福祉法人制度改革について」の報告書をまとめた。その総論Ⅰの中で（中略）「社会福祉法人は、地域における多様な福祉ニーズにきめ細かく対応し、既存の制度では対応できない人々を支援していくことを位置づける」ものとしている。

　また、平成18（2006）年には公益法人改革が行われ、旧民法34条に基づく公益法人を準則主義により設立される一般社団・財団法人と公益性の認定を受ける公益社団・財団法人に区分し、後者について法人の目的・事業内容・組織・財務・財産等に関する公益認定を課すことにより公益性の高い法人類型として位置づけている。

　この改革においては、現代の日本社会が公益法人に求める公益性が具体的な姿として示されており、こうした公益性は、公益法人の一類型である社会福祉法人に対しても当然要請されるものである。とし、平成26（2014）年に閣議決定された規制改革実施計画は、こうした社会福祉事業や公益法人の在り方の変容を踏まえ他の経営主体とのイコールフィッティング等の観点から、社会福祉法人制度の改革を求めたものである。経営組織の強化、情報開示の推進、内部留保の位置づけの明確化と福祉サービスへの投下、社会貢献の義務化、行政による指導監督の強化など、社会福祉法人が備えるべき公益性・非営利性を徹底し、本来の役割を果たすことが求められているとしている（**これが第2のステージ**）。

　厚労省は、令和3（2021）年5月、社会福祉連携法人の運営の在り方等に関する検討会のとりまとめを発表した。

　その趣旨は、社会が複雑化・複合化する中で社会福祉法人は経営基盤の強化を図り地域の福祉ニーズに対応する必要があるとし、それにふさわしい体制を構築するため社会福祉連携推進法人を創設する。この連携法人は、地域共生社会の実現、地域ニーズに対応した新たな取り組みの創出、その担い手となる福祉・介護人材の確保・育成等を進める観点から地域福祉サービス事業者間の連携・協同を図るツールとする。この連携法人の施行は令和4（2022）年4月からとしている（これが**第3のステージ**）。

　第1のステージを見る場合、当時の予算対策運動が背景にあった。毎年12月に入ると全社協の音頭で地域福祉・社協関係の予算対策運動が展開され、筆者もその運動に加わり国会議員まわりを行った。議員によれば、特に市区町村社協に関わる予算は法定化されていない団体には出しにくい、という認識は共通していたように思う。その時点での市区町村社協の法人化率は99.1％であった。その市区町村社協が法定化されたのだから先行き明るいと判断するのも無理はなかった。しかし、この法定化で社協が地域福祉でゆるぎない地歩を築く条件にはなり得なかった。地歩を築くか否かは活動如何によることを改めて認識させられた。

　厚労省は、地域福祉について独自の見解を提示した。それが、第2、第3ステージである。独自の見解とは、地域福祉の核を住民どうしの共助活動ないしは互助事業に置き、さらに、社会福祉法人が地域福祉を担うのは義務であるとまで主張し、社会福祉法の改正でその主張を合法化した。しかも、その推進経費は社会福祉法人がひねり出すことが前提である。社協に地域福祉を担わすと補助金や委託費で行政の負担が増えるが、社会福祉法人の剰余金を充てるようにすれば行政負担は必要ない。このカラクリを平気で民間に押し付ける厚労省は、社会福祉行政を主体的に進める行政体ではなく、財務省の先鋒を務める行政体に変質してしまったのではないかと疑いたい。

　この第1から第3のステージを概括して社協の存在意義が改めて問われてきているのではないかと社協問題研究会は危惧する。これが**問題意識の一つ目**である。

iv

【このままでは、社協の劣化はとめどなく進む】

　厚労省が財務省の先鋒を拝してその存在意義を保っているように、社協は行政の便利屋としての役割を果たすことで、地域住民からではなく行政から一定の評価を得て綿々とその役割を果たし続けている。これが社協問題研究会の**問題意識の二つ目**である。問題意識の二つ目を具体的に見ると次のような課題が出てくるのではないか。

　その一つは、**社会問題（福祉問題）の調査**である。例えば兵庫県社協の６つの活動原則を見ると、その２番目に「住民ニーズ基本の原則」を掲げている。住民ニーズは地域福祉活動がスタートする拠りどころであるが、社会問題ないしは社会福祉問題に切り込んだ調査活動は見られない。調査活動は社協の基礎活動であるが、これが抜け落ちている。

　その二つは、**住民ニーズに真正面から向き合うための活動または事業企画**である。この部分は地域福祉計画（行政計画）並びに地域福祉推進計画（社協の地域福祉計画）と絡んでくる。その部分を修正ないしは改善していく作業が必要であり、ここを怠ると計画は絵に描いた餅になってしまう。

　その三つは、**住民の意識変革**である。地域福祉を住民が主体的に進めようとすれば、今まで客体の立場におかれて、誰かが提示する課題について賛成、反対、どちらでもない、の簡単な意思表示をするだけでよかったものを、住民自身が課題を整理しその解決の方向を考え、計画化し、役割分担を決め、どこから実行に移していくかを考えなくてはならない。客体から主体に変わるためには、自らの意識を変えなくてはならない。社協の専門員はそれを側面から援助する役割を担うのである。これが住民主体の活動スタイルなのだ。そして活動の推進は絶えず検証しながら進めることになる。まず、都道府県社協はこうした活動モデルを作りながら、その成果を波及的に広げることが求められる。

　その四つは、**協議と連携**である。活動を推進するときに社協は関係者と協議し、問題意識の共有を図り、問題解決のために必要な連携を組まなければならない。ここが社協活動の真骨頂ではなかろうか。

　その五つは、**専門技術のフル活用**である。コミュニティオーガニゼーション技術（コミュニティワーク技術）、ソーシャルアドミニストレーションの応

用、ソーシャルインクルージング理念の実践など様々である。社協専門員は必死になってこの援助技術論等を学び、活用方法を探り深める努力が求められる。これら援助技術の活用がないと、例えば、相談業務は単なる「相談」に終わってしまう。

　その六つは、社協の主体的条件の強化である。社協活動の源泉は住民の主体的な活動にある。社協は住民に対して何かを働きかける際は、住民の理解と納得が条件となる。

　「法が規定しているからそれに従って」住民は動かなければならない、というような権限を社協はまったく持っていない。住民が自主的に活動を起こすには、その活動の根拠が明確で、だからこの活動を起こす、といった納得が活動エネルギーの源泉であると考える。

　そうした動きを側面から支援するには、支援する側が豊富な知識を有し、それを活用する教養を持ち、さらには、「この人の言うことならば」と住民を納得させる豊かな人格を備えていることが求められる。そのような主体的条件をどのように備え強めるかである。

【社協ガバナンスの改革を】

　地域福祉を住民主体で進めるためには、その前に社協自身のガバナンスを改革しなければならないのではないか、これが**問題意識の三つ目である。**

　社協の執行機関は理事会である。理事会を構成する理事数は、兵庫県内で見ると平均して10名から14名（『ひょうごの地域福祉の現況』／令和3年度版）で平均理事会開催数は5.7回と2か月に1回程度である。これで、業務執行が担えるのか、結局は理事会を実質的に形骸化させているのではないか。また、業務執行および財務管理の透明性を中心に、その適正化を調査点検する監事監査は適正に行われ、その結果を理事会・評議員会に詳細に報告されているのだろうか、これが研究委員会の共通した疑念である。そして、これら理事会・評議員会を運営する裏方である職員集団はどんな問題意識をもってその運営に当たっているのか問いたい。

　このガバナンスを観るとき、行政との関係を外すことはできない。良好な

ガバナンスとは、その組織自体が物事を自律的に決する条件が前提である。この自律の壁を平気で壊すのが行政のゴリ押しである。行政は社協に補助金を出し事業委託をさせているのだから、社協は行政の言い分を聞くのが当たり前である、という認識、この前時代的な認識から抜け出すことができないのが行政の体質である。社協はこの行政の体質と厳しいせめぎあいを繰り返しながら自律的ガバナンスを進めなければならない。実にしんどい作業であるが、この作業を放棄すると社協は行政の植民地になってしまう。

【社協と福祉ボランティアとの関係】

　現在、多くの社協がボランティアセンターを設置し、その活動の推進に力を入れている。しかし、社協が関わるボランティア活動が「災害救援」に特化される傾向にあるのではないか。もちろん自然災害の被害は多発しており、個々の被災住宅の復旧などは多くのボランティアの人海作戦で対処しないとどうにもならない現状にあることは論を待たない。

　平成7（1995）年に発生した阪神・淡路大震災を契機に災害復旧に当たるボランティアを市町村も世間も期待するようになった。今後もこうした場面でボランティアが活躍することは継続されるであろう。

　しかし、ここでチョット考えてみたい。福祉分野で活動するボランティアとは、について改めて検討してみたい。

　三浦文夫氏は、全社協刊の『地域活動研究第6巻第2号』の誌上シンポジュームにおいて、「ボランティアは民主主義の基本的立場に立脚し、各人が主体性をもって自己及びまわりの『生活問題』に立ち向かい、この問題解決を図ることによって民主的社会の建設に寄与するということであり、いわばボランティア活動の原点に立ち戻り『新しい民主主義』の樹立に結びつかなければならないということである」と提起している。

　また、兵庫県社協が昭和50（1975）年初頭に発表した「兵庫県ボランティア憲章（試案）」の前文を紹介したい。

　　　社会福祉の充実強化は、兵庫県民一人ひとりにとって暮らしの保障にかかわ

る切実な願いであり、我々は心を尽くし力を合わせて、その実現に向かって常に
邁進しなければならない。また、誰もが生きる幸せを享受することのできる福祉
社会、明るく住みよい地域社会を築くためには、社会福祉のための施策が充実さ
れるとともに、広く県民のすべてがボランティアであるという自覚と誇りをもっ
て、それを促し前進させる担い手となることが何よりも大切であると信じる。し
かも、このようなボランティア精神の具体的な発露である社会福祉のためのボラ
ンティア活動が、すでに県下各地で幅広く展開されていることは、実に大きな力
であり励ましである。そこで、社会福祉の一層の進展を切望し、そのために、ボ
ランティア活動の輪がさらに大きく広がり、かつ、ボランティア活動が正しく発
展することにより社会福祉の民主的基盤が確立されることを願って、われわれは
ここに「兵庫県ボランティア憲章（試案）」を提唱する。平和を愛し、民主的精
神に基づき人間としての基本的人権が尊重されなければならないという理念のも
とで、この憲章が兵庫県下の多くの人々にいつくしまれ、その内容がボランティ
ア活動の実践の中から深められてゆくことを、心から要請する。

　と宣言し、以下に本文と綱領により構成されている。この憲章が試案のまま
で世に出すことになったのは、時の坂井時忠兵庫県知事がこの憲章を認めなかっ
たことによる。その理由は革新的すぎると判断したのではないかと推測する。し
かし、兵庫県社協はこの憲章を試案のままでボランティア育成の指針とした。

　こう見てくると、社協が育成する福祉ボランティアは、被災者救援に絞り
込まれるような活動を目標としたものではなかった、と言うことができよう。
社協ボランティアはこれからどこに向かうのか、これが研究会の**問題意識の四
つ目**である。

【社協の職員集団は拱手傍観か】

　今の社協職員から使命意識が消えているのではないかという意見をよく聞
く。本当にそうなのかこの研究会では論議した。

　まず、社協の会長、常務理事、及び幹部職員に行政からの出向者、行政の
OB・OGを受け入れ、その支配によって社協そのものが変質させられている
状況に職員集団が抵抗している姿を目にすることはあまりない。

　筆者が兵庫県社協に入局して6年目の年末、昭和39（1964）年12月に労

働組合を結成した。大阪府社協職員は労働組合をつくり活発に活動していたので、何回かその労組を訪ね指導を受けての結成であった。全職員が老いも若きも連判状に署名捺印し、不利益処分があれば全職員で対処することを確認していた。労組委員長は筆者が、書記長には野上文夫氏が就任しさっそく団体交渉を行った。交渉項目は正確な記憶に乏しいが、「職員処遇の透明化」「ボーナス査定の不明朗化を正す」「天下り人事の廃止」「労組活動に不当な干渉をしない」ことなどを掲げたと思う。その後この労組は日本社会事業職員組合に加盟し活動を活発化させた。

　この労組の目標であった「天下り人事の廃止」は実現させた。会長人事は理事会の判断で、県からは常務理事1人の受け入れということで妥結し、その後この人事は続いたが、平成13（2001）年ごろから県の圧力に抗しきれず徐々にこの体制維持は崩されていった。

　さらに、労組活動では「社協の在り方」についての学習活動を活発化させた。この学習活動は、近畿府県の社協も巻き込んで地道に推進されていった。

　今日、社協の職員集団は、団結し、住民組織や当事者組織などと連帯し、社協の自律性をなぜ高めようとしないのか、これが研究会の**問題意識の五つ目**である。

執筆者代表　塚口伍喜夫

引用文献

・塚口伍喜夫・坂下達男・小林良守監修『地域福祉への挑戦者たち』／ 2018 ／大学教育出版　P129 〜 130

参考文献

・筑紫哲也・福岡政行編『これからの日本をどうする』／ 1998 ／日本経済新聞社
・塚口伍喜夫著『地域福祉の明日を拓く』／ 1998 ／兵庫県社会福祉協議会
・編集委員会編『地域福祉の歩み／兵庫県社協 30 年史』／ 1982 ／兵庫県社協
・編纂委員会編『全社協 90 年通史／慈善から福祉へ』／ 2003 ／全国社会福祉協議会
・西尾祐吾・塚口伍喜夫監修『歴史との対話／現代福祉の源流を探る』／ 2018 ／大学教育出版

社協転生
― 社協は生まれ変われるのか ―

目　次

社協転生
― 社協は生まれ変われるのか ―

序　章
今なぜ社協問題なのか

　社協 OB・OG の有志を中心に社協の抱える問題を分析・研究することにした。途中から現職の兵庫県社協の部長がこの研究メンバーに加わった。勇気ある参加である。なぜなら、この研究会は辛らつな生々しい意見が飛び交い、現職の社協職員では火の粉がかかるのではないかと思ったからである。

　さて、今回の社協問題は多岐に亘ることが予想されるので、その多岐に亘る多様な問題を**二つの軸**に整理してみた。この整理が妥当か否かは読者に委ねることになる。

　一つの軸は、社協存立の理念を中心に観てみることにした。**二つ目の軸は**、社協のガバナンスの在り方を中心に観てみることにした。特に、ガバナンスはその自律性がどれほど保たれているかに視座を置いた。以下、それらの軸に従って問題を提起したい。本章での問題提起は表皮的なものに留まるが、第1章以下でその問題を深めてもらうことにした。

1.　社協存立の理念は何であるか

　何をいまさらと批判を浴びるかもしれないが、実は、この存立の理念が失われるか、非常に薄められてきているのではないか、と筆者は強く危惧する。この社協存立の理念が前述のようになると、社協はあってもなくてもよい存在になる。現実は、社協がそこにあるから、それを便利に利用して行政サービス

の隙間をうめる諸事業を進めたり、市町村行政の代替をしているところが少なからずあるように思える。

　まず、社協は地域福祉を担うことを目的とした団体であると位置づけられている。社会福祉法第10章第2節に社協の規定があり、その第109条では、市町村社会福祉協議会は（中略）地域福祉の推進を図ることを目的とする団体（以下省略）と明確に規定している。

（1）　地域福祉とは何か

　上記規定で、地域福祉が登場するが、地域福祉とは法や研究者間でどのように表現されているのか見てみたい。

　1）　国（社会福祉法に規定）の考え

　社会福祉法第4条に地域福祉の推進について規定しており、そこでは、「**地域住民、社会福祉を目的とする事業を経営する者及び社会福祉に関する活動を行う者**は相互に協力し、福祉サービスを必要とする地域住民が地域社会を構成する一員として日常生活を営み社会、経済、文化その他あらゆる分野の活動に参加する機会が与えられるように地域福祉の推進に努めなければならない」と規定している。

　さて、この規定から何を読み取るかである。

　まず、福祉サービスを必要とする地域住民、この福祉サービスを必要とする住民とはどのような住民を想定しているのか定かでないが、たぶん次のような住民階層を想定しているのではないか。

　高齢者世帯、障害者及びその家族、被保護世帯、一人親世帯などではなかろうか。こうした階層の住民は地域で孤立していたり、必要な支援が届かないために生活困難に陥っている場合が多い。これらの階層の地域住民を支援し地域社会の一員として社会参加ができるように支援しなさい、これが地域福祉の大切な役割ですよ、といっている。

　では、だれが支援の中心を担うのかというと、その主体は「**地域住民**」であり、「**社会福祉事業を経営するもの（その大半は、民間の社会福祉法人）**」であ

り、「社会福祉に関する活動を行う者」の３者としている。これらの主体は、ほぼ民間ではないか、市町村行政の姿はまったく見えない。生活困難や自立困難に陥った住民への支援の主役は市町村行政ではないのか、その主役が舞台の後ろに隠れて、強いて言えば脇役の民間側が主役を演じる。このカラクリを地域福祉という隠れ蓑にしてシラッと横を向いている市町村行政とは何なのか、改めて問いたい。

　地方自治法第１条の２では「地方公共団体は、**住民の福祉の増進を図る**ことを基本として、地域における行政を自主的かつ総合的に実施する役割を広く担うものとする」と明確に規定している。

　この場合の「福祉」とは、社会福祉のカテゴリーにとどまらず「広く住民の幸せ」を指すものと考えられるが、そうであっても**福祉のコアは社会福祉**が対象とする福祉であろう。

　市町村民が、生活困難や自立困難に陥った際に、市町村行政がそれから目をそらし、民間の相互支援に押し付ける姿勢は、明治初期に制定された恤救規則に謳った、**困窮者の救済は住民相互の情誼**と何ら変わるものではない。

　なるほど今日、市町村の財政状況は窮状の中にある。そのため、行財政改革でこれ以上財政を切り詰めることは困難、との声を聞く。政府は、その責任の多くを地方（市町村）に押し付けてきた。社会福祉については「住民の生活に身近な市町村」が担うのがふさわしい、との論理で責任の場から身を引き、押し付けられた市町村はまたそれを民間に押し付けている構図が見え隠れする。

　しかし、行財政改革とは、押し付けられた責任をいかに軽減するかに主軸をおいているのではないか。そして、真の**地方行政の改革は棚上げされている**のではないか。棚上げされていると考えられる問題を大胆に提起してみたい。

　第１は、地方議会議員の歳費・政務調査費の廃止である。もちろん議員としての活動費（調査費を含む）は実費補償すべきである。過疎化が極端に進行し限界集落を多く抱えた町村では議員のなり手がないとの報道もあるが、これは町村の存立基盤の崩壊を意味するものであり、地方行政の根本的な見直しを示唆していると言えよう。

4

　第2は、府県の廃止である（都は、国の直轄行政体とし、廃止の範疇から外す）。国と市町村の間に府県があり、この中間行政機関が住民の福祉に何の役割を果たしているのか分からない。府県を廃止するためには今の市町村数（1718）を3分の1程度に減らせばよい。500から600程度の市町村になれば国と直結できるからである。

　第3には、対人サービス以外の通常事務はIT化し人件費の削減を図ることが可能ではないか、大いなる検討課題である。

　市町村の行財政改革は大胆で思い切ったものでなければ間尺に合わないのではないか。今日のそれは表皮的な「改革」で本質的な改革の切り込みはできていないと考える。また、府県という中間的な行政体は住民の福祉にとって何の益もない。国は自らの財源不足を市町村に押し付け、府県を含めた地方行政の改革は何一つできない、する能力がない。そして、また市町村は自らの責任を民間に押し付け、地域福祉についてみれば、「住民相互の情誼」に委ね、地域での老老支援を傍観している。多くの研究者や専門家は、この状態をオーソライズするのに躍起になっているだけではないのか。

2）　地域福祉研究者の「地域福祉」の規定及び主張

　地域福祉研究者は、地域福祉をどのように捉えているのだろうか。筆者なりに整理して簡潔に紹介してみたい。

（註）この項については、糸川壽則総編集『看護・介護・福祉の百科事典』／浅倉書店／2008.6　p.554 地域福祉の項（塚口執筆部分）より一部引用

　井岡　勉は、地域・自治体レベルにおいて現代社会が必然的に生起する住民の地域生活条件を巡る不備・欠落や悪化、破壊状態を社会運動により社会的解決を要する社会問題を対象課題とし、それらの改善・向上を働きかける役割を担う社会福祉施策・活動の総体である、と規定する。

　永田幹夫は、地域福祉とは、社会福祉サービスを必要とする個人、家族の自立を地域社会の場において図ることを目的とし、それを可能とする 地域社

会の統合化及び生活基盤形成に必要な生活・居住条件整備のための環境改善サービスの開発と対人的福祉サービス体系の創設等及びこれら実現のために進める組織化活動の総体をいう、と規定している。

　岡村重夫は、地域福祉を2つの原則にまとめる。すなわち、地域性の原則と福祉性の原則である。地域性の原則は、地域社会を統合的に捉える。福祉性の原則は、福祉問題を生活者の視点で捉え、実行し、その結果を評価する。その2つの原則を現実に即して統合するとき、地域福祉の下位概念として「地域組織化」「予防的社会福祉サービス」「コミュニティケア」「収容保護サービス」などが成立した、としている。

　右田紀久江は、一定の地域社会において住民が背負ってきた生活問題を生活原則、権利原則、住民主体原則に立脚して軽減除去し、または発生を予防し労働者・地域住民の主体的生活全般にかかわる水準を保障し、より高めるための社会施策と方法の総体、と規定している。

　三浦文夫は、住民ニーズを貨幣的ニーズ、非貨幣的ニーズに分け、非貨幣的ニーズに対応する在宅福祉サービスの供給を中核とする考えである。この在宅福祉サービスには地域での総合的な自立支援体制の構築、住民の社会参加の促進、多様なサービス供給主体の参入、住民の相互連帯の醸成などをあげ、今後の社会福祉の展開は地域福祉の推進が重要な方向になる、と主張している。

　大橋謙策は、地域福祉は、市町村を基盤として個人や家族が経済的、身体的、社会関係的、生活技術的な面において自立生活が困難な状況に直面したとき、その個人や家族が地域社会において自立生活ができるようにネットワークを作り、その人々の必要と求めに応じてサービスを総合的に提供することできる地域の社会システム化を統合的に行う活動である、としている。

　真田　是は、広い意味での地域福祉として3つの柱を示した。すなわち、

「産業政策を通して地域の経済的基盤を強め、住民の生活の基盤を発展させる柱」「過密・過疎問題にみられるような生活の社会的共同的な再生産の部分の遅れやひずみをただす柱」、そして「それらの措置を住民の自主的な参加による運動によって支えていく柱」とした。

　これら研究者が示した「地域福祉とは」の規定ないしは主張の共通点を整理してみると、次のようになるのではないか。

①　**「地域」の範囲**　大橋は「政治、行政制度の基礎である市町村」とし、井岡は「住民に身近な地域・自治体レベル」とし、大橋とほぼ同じとみてよいだろう。永田は「隣保から市町村単位」、岡村は「小中学校域から市町村域」、右田は「市町村域」真田は「市町村域よりは広く場合によれば府県域を超える」ことも考えられるが、大方は広くて市町村域、小さく見れば小中学区ということになろう。

②　**地域福祉の内容と理念の追求**
〈地域福祉の内容〉
　その一つは、生活困窮者、自立困難者への支援活動、その二つは、生活困難者、自立困難者への公的施策、サービスシステムの改善、改革を求める組織的活動の展開である。これは、憲法第13条にいう幸福追求権、同第25条にいう生存権を実現させる当事者主体、住民主体の活動である。三つには、福祉ニーズへの総合的対応と個別的対応の統合化である。四つには、地域を安心で安全なしかも潤いのある状態に変革していく活動、いわば、福祉コミュニティづくり運動である。
〈地域福祉の内容を支える理念〉
　その地域福祉の内容と深く結びつくのが**理念の裏打ち**である。地域において住民福祉の追求が、どんな理念に基づいて行われているのかは最も大切な事柄である。地域福祉活動を進めるとき、その活動の裏打ちである地域福祉の理念を生かし実現していくことが統一化されていなければならない。その理念と

は、住民が主体となってその地域のノーマライゼーションの実現を目指すことであり、ソーシャルインクルージョンの追及であり、インテグレーションへの挑戦である、と言えよう。

③　地域福祉を担う側の主体的力量の強化を図る

　地域福祉推進の主役は住民である。住民が主体的に地域福祉を推進するためには、その推進力を強化する道筋がなければならないが、これについて明確に触れた研究者は少ない。

　以上、日本の地域福祉学会の主要な研究者の考えを簡潔に披歴してきたが、地域福祉をどのように捉え、何を目的に地域福祉活動を推進していくかについて共通すると考えられる事項を導き出す作業は未完に終わった感がある。それらをどう採用するかは各社協の論議に委ねたい。

（2）　基本要項に見る地域福祉理念
1）　基本要項策定の前段

　社協の基本要綱は昭和37（1962）年に発表されるが、その前段階として昭和25（1950）年に社協組織の基本要領を厚生省並びに全社協が中心となって策定している。その要因となったのが昭和33（1958）年、東京で開催された第9回国際社会事業会議であった。この会議の主題は「社会福祉と社会資源」であり、主催した全社協は注目されることになるが、同時にこの大会の主題は、社協の役割の重要さをアピールする大きなきっかけとなった。

　社協基本要領では「社協は、一定の地域社会において、広く社会福祉事業の公私関係者や関心を持つものが集まって解決を要する社会福祉の問題について調査し、協議を行い、対策を立てその実践に必要なあらゆる手段や機能を推進し、もって社会福祉事業を発展せしめ、当該地域社会の福祉を増進することを企画する民間の自主的な組織である」と規定し、さらに、昭和32（1957）年の活動方針では「市町村社協は、その地域の社会福祉関係者及び住民が協力して、地域の実情に応じ、住民の福祉増進を図ることを目的とする組織である」

とした。

こうした下地があって、昭和 37（1962）年基本要綱が策定発表されたのである。

2）社協基本要項の視点

社協基本要項策定までの地域福祉推進の主体は、社会福祉事業にかかわる公私関係者であった。また、活動方針には、住民は社会事業を行う公私関係者に協力する立場と位置づけていた。

ところが、基本要項では、「**住民が主体となり**、社会福祉、保健衛生その他生活の改善向上に関連のある公私関係者の参加協力を得て、住民の福祉を増進することを目的とする民間の自主的な組織である」と規定し、主客が逆転する。

社協基本要項のこの**住民主体の原則**こそ、その後の社協の在り方と進む方向を指し示したものであった。

（3）社協にかかわる基礎研究とは何か

日本のノーベル賞受賞者の多くは、その研究成果の根本は基礎研究の積み重ねである、その上に応用が利いた研究成果が生み出されると主張されている。

さて、では社協にかかわる基礎研究とは何かを考えてみたい。

その一つは、地域福祉とは何ぞや、の研究である。前項で見てきたように国（厚生省）が規定する地域福祉、研究者が定義づける地域福祉、それぞれが微妙に異なる定義となっている。まず、社協の事務局でこの問題について研究を重ね、その後、部会、委員会、理事会などでの論議を重ねていただきたい。この論議を通して専門職員の領域にとどまらず関係者さらには役員にまでその研究・論議の必要性に触れることができるのである。今、社協にそんな機会と場があるのか問いたい。

筆者が兵庫県社協に在籍中、月に1度、幹部職員を中心に朝食を摂りながらの勉強会の機会を持った。朝8時から9時半ごろまで神戸 YMCA ホテルのレ

ストランで行った。当時の三木眞一会長、福富佑吉常務理事からも大いに賛同を得た。筆者が退職し、三木会長・福富常務理事が退任された後は立ち消えになったと聞いている。

　社協そのものの基礎研究についていえば、その理念、社会的役割、住民が主体となった活動の方向などの研究がこの範疇に入るのではないかと考えられる。こうした研究が今社協でどれだけ真摯に、継続的に行われているのだろうか。

　例えば、住民主体の原則を掘り下げ実践に移す試みが行われているとはとても思えない。住民が主体となって地域福祉を進めるためには、住民自身が学習し、連携し、「地域の福祉に欠ける状態」を調べ、分析し、その打開策を計画化する作業をしなければならないと考える。その一連の動きをサポートし専門的助言を必要に応じて提供する役割がコミュニティオーガナイザーには求められる。

　一つの例を挙げてみたい。介護保険制度が導入される段階で、サービスを受給する住民が、自らに必要なサービスに必要な種類と量をどう決めるのかという課題があった。筆者は、この決定権はサービスを受給する住民自身にあり、その決定を家族、民生委員、自治会役員、ボランティアなどが援助する構図を描いていた。もちろんその活動のコアの役割を果たすのがコミュニティオーガナイザーではないかと考えていた。

　ところが、厚生省は、この決定は専門職が当たるべきとの主張をし、介護支援専門員制度を新たに設けた。しかもその専門員は介護サービスを提供する事業者の職員とすることにした。

　この制度創設は、介護保険の主体者を住民から切り離し、専門職に委ねるという住民客体の考え方である。社協が皆保険制度の先端を担うのであれば、サービス受給者主体、住民主体の原則をここで生かす努力を重ねるべきであった。

　たまたま介護保険制度が船出しようとしている前夜のこの時期に、姫路市経営協（西川全彦会長）が厚生省の炭谷茂社会援護局長を招いたセミナーを開催した。筆者もシンポジストの一人として招かれていたので、前記の主張を炭

谷氏に投げかけた。同氏は、筆者の主張は論理的には理解できるが、保険サービスのスタートには間に合わない、と否定された。

この事例から見ると、社協の住民主体の原則を介護保険制度のどの部分にどのように生かすかの研究が大いに足りなかったことを反省したものである。

兵庫県社協から「社会福祉情報センター」が消えた。この情報センターは、2代目事務局長であった関外余男氏が、社会福祉資料室を設置されたのがその奔りであった。図書、資料の収集には共同募金配分金を充て、当時としては社会福祉系大学の図書館よりも充実していたのではないかと思われた。これが社会福祉情報センターの礎となり、毎年毎年専門図書、関係資料を収集し社協における「知の宝庫」となった。大学の研究者や学生もこの情報センターをよく利用した。

筆者は、仕事に行きづまるとこの情報センターに入り図書と向き合ったことがたびたびであった。

この情報センターは情報の発信も積極的に行った。阪神・淡路大震災の発生から復興、特に、社会福祉復興本部を担った兵庫県社協からの情報発信は被災した福祉関係者、ボランティアの重要な情報源となり復興活動を助けた。

三木会長後の兵庫県社協幹部は、こうした情報センターの役割、社会福祉を進める上での「知の宝庫」の価値、必要即応の原則による情報発信の重要性を理解できず、新設された兵庫県福祉センターの倉庫に図書や資料は段ボール箱に入ったまま眠っている。

「知に貧しい者は知を軽んじ、やがて愚者の途に堕ちる」（詠み人知らず）。

情報センターの礎を築いた関外余男氏からは、社協が歩む道は権力や法律に頼る舗装道ではない。道なき道を切りひらく開拓者の道である。それを切りひらく力は知力でしかない、と教えられた。

知力を失った社協は、誰かの奴隷になるしか生きる路がない、という厳しい提言ではなかろうかと考えるが、いかが。

（4）　社協の基礎活動とは何か

　社協に欠かしてはならない**基礎研究**とは何か、について提言してきたが、次に、社協が欠かしてはならない**基礎活動**があるのではないか。

　1）　社会福祉法に見る基礎活動

　社協には欠かしてはならない基礎活動がある。社会福祉法第109条には、市町村社協の事業として4項目を掲げている。すなわち、ア．社会福祉を目的とする**事業の企画及び実施**、イ．社会福祉に関する活動への住民の参加のための援助、ウ．社会福祉を目的とする事業に関する**調査、普及、宣伝、連絡、調整及び助成**、エ．社会福祉を目的とする事業の健全な発達を図るために必要な事業、を掲げている。

　2）　社協の基本要項に見る基礎活動

　社協の機能の項で、社協は**調査、集団討議及び広報等**の方法により**地域の福祉に欠ける状態**を明らかにし、適切な福祉計画を立て云々、と提起している。

　筆者は、兵庫県社協が発行した『ひょうごの地域福祉の現況』（平成29年度版）を拝見したが、これら基礎活動に類するものは見当たらなかった。

　県内市町村社協は介護保険導入以来介護保険サービス事業に広く深くかかわってきた。このサービス事業のうちでも居宅介護支援、訪問介護、通所介護などに関わり多くの人材をこの分野に配することになった。この分野の経営は多くの困難を伴っている。特に、コロナ禍での経営は介護保険事業経営に深刻な困難をもたらし、在宅介護サービス事業者は倒産や廃業に追い込まれるところも出ている。この事業の経営低迷は、そこで働く職員はもちろん、サービスを利用している高齢者の生活そのものを低下させる深刻な問題を孕んでいる。コロナ禍での政府の事業者支援は飲食業や観光業に限らず、在宅介護サービス業にも絶対に必要である。この事業は、高齢者を巻き込んだ大きな問題を抱え

ているにもかかわらず、政府の目はまったく届いていない。業界団体もダンマリを決め込んでいて役に立たない。

　社協はこの実態を明らかにし国に物申す時ではないのか、と言いたい。コミュニティワークは、ソーシャルアクション機能を軽視したため、この緊急時に黙り込むしか方法がないのであろう。

　社協の基本要項は、マレーロス（Ross.M.G）の理論（1955）、即ち「地域住民にとっての共通の問題を発見し、住民参加によって計画的にその解決を図っていく、その過程において住民の自己決定や連携、問題解決能力を向上させることが目標」と主張する。

　その後ロスマン（Rothman.J）はCO理論を一層発展させ、1968年にCOの3つのモデルを発表した。即ち、①小地域開発モデル、②社会計画モデル、③ソーシャルアクションモデルである。

　社協の基本要項はこうした先人の理論を日本の土壌にどのように生かすかの努力の結晶ということができよう。ロスマンのソーシャルアクションモデルは、コミュニティワークの中では霞んで見えなくなった。ために、多くの地域福祉問題が住民相互の「情誼」に委ねられ、国・市町村はその社会福祉問題から目を背けるようになったのではないか。

　最近の一つの例を取り上げたい。2021年夏、千葉県八街市で下校途中の学童が飲酒運転のトラックにはねられ何人かが死傷した痛ましい事件があった。その通学路は車道と歩道の境がなく、危険な通学路であったが、この事件が起こって市長は初めてこの問題に向き合った。かつての社協は、通学通園路の点検運動を展開し、危険な通園通学路は、その道路管理者が改善するようソーシャルアクションを進めた。今日、社協の活動からこんな姿は消えてしまった。

　今日の社協は、これら先人たちの努力の結晶をどう評価しているのであろうか、問いたい。

　社協の基礎活動で、もちろん基礎研究とも大いにかかわるが、地域福祉援助技術がコミュニティオーガニゼーションからコミュニティワークに変わっていった要因として何があったのかを見てみたい。

　社協基本要項が策定された時期は、地域援助技術はコミュニティオーガニゼーション論であった。

　一方、イギリスでは、1968 年にシーボーム報告が発表された。その中心的課題はコミュニティを基盤とした堅実かつ有効な家族サービスに向けた改革であった。そのため、

① 　市町村に社会サービス部を設置しバラバラに提供されていたサービスを調整する役割を担った。

② 　次には、ジェネリックソーシャルワーカーの配置であった。ソーシャルワーカーはケースワーク技術、グループワーク技術、コミュニティワーク技術等を駆使でき、クライエントに有効的にアプローチすることを求めた。

③ 　そして住民参加の促進であった。

　このシーボーム報告がもととなり、1970 年にはソーシャルサービス法が制定された。この法律の趣旨は市町村でバラバラに行われていたサービスを統合して拡充させる趣旨であった。同時に対人サービスは、クライエントのニーズに基づいて総合的・横断的に提供されるべきとした。当時のイギリスはかつてない経済危機に見舞われていた。こうした社会状況を背景に 1979 年にサッチャー首相が誕生した。サッチャーは軍備強化を進めながらマネタリズムを標榜して財政削減を徹底し、社会保障・社会福祉予算を縮小し、社会福祉は冬の時代を迎えた。

　1960 年代から今日まで、イギリスの社会福祉政策の中心をなすものはコミュニティケア政策である。この政策は単に在宅保健福祉サービスの提供にとどまらず、長期入院の精神障害者や知的障害者に対して地域での自立した生活を保障していくために高齢者や、障害者に適した集合住宅の整備などを含めた総合的政策であったと言えよう。1970 年代からは、インフォーマルケアの果たす役割も重視されるようになり公的なサービスに組み込まれていくようになった。

1990年にはこうした動きの集約として「国民保健サービスおよびコミュニティケア法が」（National Health Service and Community Care Act）が成立し、翌1991年から保健福祉制度の改革が試みられた。その主要な内容は、

① 市町村に対するコミュニティケア計画策定の義務付け

② 市町村による総合的なニーズアセスメントとケアマネージメントの実施

③ サービス供給における民間部門の最大限の活用

④ 入所施設に対する監査の仕組みの改善

⑤ 苦情処理手続きの導入

⑥ 施設ケア財源を国から自治体へ移管する

ことなどが進められた。その結果、

① サービス供給における民間比重の高まり

② サービス供給体の競争は高まったが、それは疑似市場の性格が強く、また、利用者が直接サービスを選択するのではなく市町村がそれを行うため、その関与が強まった。

③ 費用対効果の重視や競争原理の導入は、民間の開拓性、先駆性の働きや社会運動的な活動を抑制することとなった。

以上長々とイギリスにおけるコミュニティケア政策の経過を見てきたが、これを見て分かるように、日本における地域福祉政策は、その多くがイギリスのコミュニティケア政策の模倣であることが分かる。しかも、日本における地域福祉政策は、国から地方、地方から民間へと極端な流れを作り、それを実行に移した。

この流れに添うように、コミュニティオーガニゼーション論は影を潜め、コミュニティワーク論が台頭した。とりわけ、コミュニティオーガニゼーション論の中でも、ロスマンのコミュニティ・アクションモデルは行政当局者に嫌われ、研究者も行政当局の意向を忖度してこのモデルを使わなくなった。

今、市町村社協の多くは第2行政体に成り下がり、基礎活動も主要機能も失い、無様な姿を呈しているが、こんな時こそ社協の「原点」に立ち返り、社協

らしい清々しい姿を見せてほしいものだ。

（5）　社協の事業拡大に伴い、雇用形態が多様化した

　社協が介護保険事業に参入して以降、介護保険事業、とりわけ、在宅介護事業に広く深くかかわってきた。そのため、介護保険事業分野の職員数は大きく膨らんだ。しかも、職員の雇用形態は、少数の正規職員と多くの非正規職員（期間契約職員、アルバイト）で在宅介護サービス事業を担っている。問題は、これら職員群に対して社協の基本理念やサービス手法、家族支援、近隣住民とのネットワークづくり（特に、民生委員、自治会役員、ボランティア間の）などについて研修や学習機会をどれだけ準備しているのだろうか。在宅介護事業を担っているある社協の事務局幹部にこの問題を話すと「そんなことはできません、採用したその日から戦力ですから」「非正規職員は簡単に辞めていきますから」といった否定的な返事が返ってきた。その結果が「社協の対応は横柄である」とか「心のこもった支援ではない」といった不評も聞くようになった。

　この状況を何とするか、改めて考え直す時ではないか、と考える。

2.　社協のガバナンスを検証する

　社協を見る**二つ目の軸は自律性のあるガバナンス**がなされているかどうかである。社会福祉法人については平成28（2016）年3月31日付けで社会福祉法の一部が改正された。紙面を割いてこの問題について考えてみたい。

　その改正内容については、上記日付で厚労省社会援護局長より都道府県知事、指定都市市長、中核市市長あてに通知がなされている。この通知は法の理念を超えてなんと強制的で高圧的な内容であることか。

（1）　改正の趣旨について

「社会福祉法人は、地域福祉の中心的な担い手としての役割を果たすことができるよう（中略）公益性と非営利性を備えた法人の在り方を徹底する観点か

ら制度の見直しを行った」としている。※下線は筆者

　社会福祉法人すべてが地域福祉を担う中心的な存在とだれがいつ決めたのかその根拠を知りたい。社会福祉法第24条第2項では、「地域の支援を要する者に対して福祉サービスを積極的に提供するよう努めなくてはならない」とその**努力義務**を謳っている。それを、この通知では地域福祉を担う中心的な役割を徹底させる趣旨だとしている。法では努力義務であるにもかかわらず、通知では地域福祉の中心的な担い手であることは当然で、その趣旨を徹底させるという何とも高圧的な提示ではないか。厚労省は昔から法を上回る趣旨の通知を平気で出してきたし、その積み重ねが法の趣旨を曲げてきたといえる。このやり方は今日に至るもまったく改善されていない。

（2）　改正の内容について

①　**地域における公益的な取り組みを行う責務**に関する事項、ときた。社会福祉法人は、地域における様々な福祉ニーズを充足するための取り組みに積極的に取り組んでいくことを本旨とする存在である、とのたまう。

　社会福祉法人は、措置費で運営されているところはもちろん、介護報酬で経営しているところも職員給与は安く、福利厚生制度も十分でない状態が長く続いている。こうした状態を放置してきた厚労省が、こんな居丈高に居直れるのか問いたい。

　厚労省が言うべきは、「地域における公益的な取り組みを**期待**」とすべきであろう。その趣旨は、社会福祉法人側の自主的で民主的な手続き（理事会、評議員会による民主的な論議）による**自発的な取り組み**を促すことが大事だからである。厚労省がこんな上から目線で対処している限り、社会福祉法人と行政のより良き協働はいつまで経っても築けないと思うからである。

②　**特別の利益供与に関する事項**

　社会福祉法人の理事長が自分の親戚や妻の経営する企業に財産の一部を融通する、といった不正事例が時々報道されたりする。こうした事例は社会福祉

法人間、社会福祉法人と医療法人間、社会福祉法人と NPO 法人間などで散見される。そこには、法人相互の役員を理事長が兼務している、あるいは親族が関わっている場合が根底にある。

　ただ、こうした事案が発生することは理事会の理事長への牽制要素がまったく機能していないか、監事監査が形骸化している場合が多い。理事会機能、監査機能が働いていれば未然に防げるケースが大半であり、分かりやすい事案ではなかろうか。

　さらに、財政規模が大きい社会福祉法人には会計監査人を配することを国は奨励している。この会計監査人・公認会計士を配置することで「特別の利益供与」が発生することは未然に防止することができる。

　社協においても会計監査人の配置は必要と考える。特に、市町村からの委託事業、補助事業が適切な契約のもとで行われているか、社協の主体性を歪めていないかなどの視点で監査されることを期待したい。

③　事業運営の透明性の向上に関する事項

　事業運営の透明性とは何か、社会福祉法人の行う事業は不透明なものだったのだろうか。社会福祉事業が措置費で行われていた時代は、その法人を所管する行政当局者に事業内容や推進方法が適切であるかどうかが判断できれば良しとされてきた。サービス利用者や保護者に事業内容をオープンにすることはなかった。措置の時代は、措置契約は行政と社会福祉施設間で行われ社会福祉法人は蚊帳の外に置かれていたと言える。当時の行政当局者は、社会福祉法人は社会福祉施設を立ち上げるための方便くらいに認識していたのではないかと思える。

　筆者が役員を務めていた社会福祉法人では、役員名簿、事業計画書・予算書、事業報告書・決算書などをだれでも閲覧できるように法人本部の入口の所に展示している。これで事業運営の透明性を表明している一つの方法かもしれないが、それを見る人は皆無に近い。また、法人のホームページでも公表しているが目を通した人はほとんどいない。こうした法人側の行為は、「わが法人の事業経営は何も隠すものはありません」と格好をつけているということかと

思う。それよりも、法人側が定期的に近隣の自治会役員、民生児童委員、老人会役員、ボランティアなどを集めて「事業報告会」を催すほうが、よほど生きたものになると思うが如何だろうか。

この透明性について物申したいのは、行政側の不透明さである。筆者が役員をしていた社会福祉法人の本部は中核市にある。その市が高齢者介護保険事業計画に沿って特養を新たに設置する法人を募集したとする。市内からいくつかの法人が手を挙げて応募するが、どの法人に決めるかの審議過程、なぜその法人に決まったかの公表は皆無である。市内からの応募法人はみんなはねられ、他府県の法人に決定した。この場合、どの範囲で社会福祉法人を募集することにしたのかの説明もない。しかもその社会福祉法人が特養をオープンする期限は大幅に遅れた。市内の法人はこれらの経過をじっと見ている。この遅れの説明が市からはまったくない、という有様。これが社会福祉法人を管理監督する、そのことに社会福祉法人側が納得しているとはとうてい思えない。

④　社会福祉法人会計基準に関する事項

社会福祉法人の会計基準は複雑すぎる、という批判は公認会計士からも出ている。しかもこの基準は何回も改正されている。改正のたびにより複雑化する。少し論点がそれるが社協にも間接的に影響があるので道草をしてみたい。

社会福祉法人の会計基準は、平成12（2000）年4月1日から適用された。その解説書は同年6月20日に全社協より刊行されている。この会計基準のポイントとして厚生省は、①法人の経営努力が反映される会計、②法人単位の経営、③理解しやすい会計の3点を挙げている。

それに先立つ同年2月17日に、厚生省は都道府県知事、指定都市市長、中核市市長宛てに会計基準制定についての通知をしている（社援第310号）。その内容を見てみたい。

その内容1、①社会福祉法人単位での経営を目指し、法人全体の経営状態が把握できる法人制度共通の会計基準とした、②会計基準は簡潔明瞭なものとし、損益計算の考え方を取り入れた、③会計基準は、法人としての高い公益性

を踏まえた内容とした、④会計基準は取引を適切に記録し、経営状況を適切に表示するための基本的な事項について定めた、としている。

　この通知について、**筆者としてコメントしてみたい。**

　その一つは、ここで初めて「法人の経営」が明記される。それまでは、「施設単位の運営」であり、法人は蚊帳の外に置いたままであった。こうした経過を説明したものはまったくない。

　その二つは、この会計基準は簡潔明瞭なものではない。この会計基準に従って経理内容を公開したとして、その内容を理解し判読できる市民がどれだけいることか。会計監査人さえも煩雑な会計基準、と評価している。また、損益計算の理念は地方自治体会計にはない。損益計算になじんでいない監督官庁は監査する能力を備えていない。

　その三つは、公益性を踏まえた内容としているが、この公益性とは一般非営利法人、いわば公益法人の社団・財団法人と横並びにし、比較検討したいという意図がうかがえる。社会福祉法人は公益性の高い非営利法人であるが、一般公益法人とはちがい措置費や介護保険報酬で経営している、いわば特殊な法人であり、会計基準もそうした経営状況に準じたものにすべきではないのかと思う。そこを無理やり一般公益法人と合わせようとするから難解な会計基準になるのではなかろうか。

　その四つは、取引を適切に記録する狙いはもっともと思える。社会福祉法人の経営する施設では、食材の取引額が大きなものになるが、この契約が必ずしもうまくいっていない。食材の検収も十分でないところが多い。

　例えば、介護職員の処遇状況を引き上げるための措置がなされるが、その場合、事務職員、調理職員、看護職員など介護職員以外は処遇改善の対象外で、そのための手当も支給されない有様である。介護サービス提供施設の場合を見ても、介護職員、事務職員、調理職員などが一体となってクライエントの処遇に当たっている。厚労省はこのことが分かっていても、できるだけ少ない予算で「これだけやってる」感を見せたいために事務や調理、看護などの職員は処遇改善の対象外に置き、その穴埋めは法人の努力に委ねる。論旨がそれたが、取引を適切にするには、しっかりとした職員がその役割を担わなくては

ならないと考えるが、厚労省はその職員の存在を見て見ぬふりを決め込んでいる、と言いたいのである。

　介護サービスを提供する施設職員の処遇を改善するならば、介護職員はもちろんのこと、事務職員、調理職員、看護職員など全体の処遇改善がなされないと改善されたことにはならない。

　社会福祉法人の大半は社協の会員である。施設経営においてこうした矛盾をかかえた「処遇改善」がなされていることについて社協から処遇改善方法の改善について意見が上がった例はほとんどない。

　その内容2、会計基準運用上の留意点として、①経理規定の制定、②複式簿記の実施、③経理区分：これは法人本部、経営施設ごとの収支計算、④減価償却の取り入れなどを内容としている。

　これについて筆者としてコメントしてみたい。①経理規定の制定をあげているが、経理規定がない法人があったのかと驚く。そういえば、決算報告は口頭のみで済ます法人もあると聞く。②複式簿記の導入は適切であるが、監督官庁はどうか。③経理区分ごとの収支報告書の作成は大変な労力を要する。確かに必要であるが、この報告に入ると理事も評議員も退屈になってくる。このあたりを簡便にする方法が検討されてもよい。④減価償却の取り入れはどうしても必要である。この手法を取り入れていなかった時代は、施設であれば、建設時の価格が財産としていつまでも表記され、ある年限が過ぎると突然にゼロ評価となるやり方であった。この減価償却を定額法でするか定率法でするかは法人に委ねられているのか分からない。

⑤　指導監督に関する事項

　厚労省の指針を見ると、社会福祉法人に対する「指導監査」は、公益的な事業への取り組みを指導することに重点が置かれているように理解する。例えば、平成28（2016）年7月に厚労省社会援護局福祉基盤課が行った全国担当者説明会では、所官庁の指導監査の在り方について「地域における公益的な取り組み」は、法人に対して特定の事業の実施を強制するなど法人の自律性を阻害するような指導を行ってはならない、と指示している。

　この時期から社会福祉法人は、残余利益をもって行う取り組みの第一は広く「社会福祉事業（職員処遇の充実を含む）」に対応、第二に「地域公益事業」、第三に「その他の公益事業」としている。特に、第二の地域公益事業は社協が行う地域福祉活動の領域と重なる部分が多く、社協としてこの領域の部分をどう調整するかが問われている。

（3）　社会福祉法人定款例の提示

　厚労省は、社会福祉法人制度改革の施行に向けた全国担当者説明会を平成28（2016）年7月8日に行った。その中で、社会福祉法人定款（例）を示した。この定款例は、それ以前の定款準則の装いを若干変えたに過ぎない。厚労省社会・援護局福祉基盤課からの都道府県知事、指定都市市長、中核市市長宛の平成28（2016）年6月20日付事務連絡通知では、この定款例の考え方として、定款の定め方の一例として示した、と言っているが、これは単なる一例ではなく、都道府県等の受け止め方は「この通りにしなさい」である。したがって、全国どの社会福祉法人も同じ顔の定款である。この定款例に添ってコメントしてみたい。

　その一つは、評議員会に関する事項である。
　定款例第6条では、評議員を選任するには、「評議員選任・解任委員会」で行うとしている。この委員の選任は理事会が行い、評議員候補の推薦も理事会が行うことになっている。
　その二つは、理事の選任である。理事の選任は評議員会が行うが、理事候補を評議員会に推薦するのは理事会である。
　では、評議員会はその人物が理事として相応しく、かつ適任であるかどうかを個々審査するのであろうか、否である。そんなことをすれば角が立つとして一括「審査」で済ませるのが普通である。しかし、理事は業務の執行を担う重要な役割を担っている。本来であればその適否を個々に審査するのが当然である。
　社協についてみると、首長が定年退職予定者を理事に押し込んでくる。こ

の場合は超法規的な扱いとなる。社協の主体性は皆無と言いたい。

　その三つは、監事の選任である。監事候補を評議員会に推薦するのも理事会である。

　このように、評議員、理事、監事の選任方法を見ると、理事会を代表する理事長の意向がすべての人事に行き渡ることになる。これで相互牽制ができるのか甚だ疑問である。

　厚労省の今回の社会福祉法の改正は、消去法で点検すると、地域福祉の責任を社会福祉法人の義務とすることに大きな狙いがあったのではないかと考える。そうであるならば、こんな法改正といった大袈裟な構えで社会福祉法人を威圧するのではなく、正直に行政だけでは地域福祉を担う力が乏しいので社会福祉法人も工夫して力を貸してほしいと言えばよいのではないか。この素直な態度がとれない限り、地域福祉を公民の協働で推進する状態はいつまでたっても生まれないのではないかと思う。意識改革が一番遅れているのが厚労省であり、地方行政体であろう。それに早く気付いてほしい。

（4）　社協は、この法改正にどう対処するか

　社協はその成り立ちから見ても6名の理事、7名の評議員というわけにはいかない。社会福祉法第109条第6項では、「市町村社協及び地区社協は社会福祉を目的とする事業を経営する者又は社会福祉に関する活動を行う者から参加の申し出があったときは、正当な理由がないのにこれを拒んではならない」と規定している。社協に参加する者の上限はないのである。そうであるなら、評議員、理事の定数は、その参加の状況を勘案して行わなければならなくなり、根拠が乏しい定数設定は行えないことになる。大方の社協はそうしているのではないかと推測する。

　社協の評議員選出枠、理事の選出枠が機械的に設定され、それぞれの枠から機械的に選出された評議員、理事は社協がよく分かっているとは限らない。これら評議員、理事、監事に社協の基本理念、基本事業・活動についてどのような案内（オリエンテーション）がされているのか分からないが、このオリエ

ンテーションは必ず行う必要があろう。とりわけ、市町村からの OB、OG に対しては必須事項である。行政マンとしての価値観、実務経験、事務処理方法が身に染みている。その経験則だけで社協を判断してもらっては困るからである。事務局のプロパーにその勇気を持ってもらいたい。

　以下の章で、社協の自律的なガバナンスはどうあったらよいか詳しい提言があるので、そこに任せたい。

（塚口伍喜夫）

参考文献

・全国社会福祉協議会編『住民福祉のための社会福祉協議会活動』／ 1970 ／全国社会福祉協議会

・全社協総合計画部編『社協職員活動論』／ 1990 ／全社協研修センター

・山口稔著『社会福祉協議会理論の形成と発展』／ 2000 ／八千代出版

・井村圭荘・谷川和昭著『地域福祉分析論』／ 2005 ／学文社

・塚口伍喜夫・明路咲子編『地域福祉論説』／ 2006 ／みらい

・日本地域福祉学会編『日本の地域福祉』／ 2010 ／日本地域福祉学会

・塚口伍喜夫・明路咲子・松沢賢治・岡部和夫・川崎順子『社協再生』／ 2010 ／中央法規

・兵庫県社協『ひょうごの地域福祉の現況・平成 29 年度版』／ 2018 ／兵庫県社協

・地域福祉政策研究会編『地域共生社会』／ 2019 ／兵庫県社協

・兵庫県社協編『兵庫県内社協・新型コロナウイルス感染拡大に伴う生活福祉資金特例貸付レポート』／ 2021 ／兵庫県社協

・関西社協コミュニティワーカー協会・社協現場の声をつむぐ 1,000 人プロジェクト編『新型コロナウイルス感染症特例貸付に関する社協職員アンケート報告書』／ 2021 ／関西社協コミュニティワーカー協会

・兵庫県社協中期計画策定委員会編『兵庫県社会福祉協議会 2025 計画』／ 2021 ／兵庫県社協

・兵庫県社協編『令和 3 年度次行計画　一般会計・生活福祉資金会計予算書』／ 2021 ／兵庫県社協

・塚口伍喜夫・笹山周作編『社会福祉法人の自律・その意義を問う』／ 2021 ／大学教育出版

第1章
社協と行政の関係、その現状と望ましいあり方

　は じ め に

　筆者は、平成28（2016）年3月31日に宍粟市社会福祉協議会（以下「社協」という）を定年退職した。市町村合併前の旧宍粟郡一宮町社協に昭和54（1979）年10月に入職し、平成15（2003）年7月の宍粟市社協合併を経て、足掛け37年間を社協職員として勤務した。また、37年間のうち、平成11（1999）年からは、旧町社協で事務局長を拝命し、併せて社協合併協議会の事務局長を経て、退職するまでの17年間を事務局長という管理職を経験し、社協勤務の半分を職員集団のトップとして勤務した。この事務局長としての17年間の業務は、行政や住民との関係で自分なりに相当苦労し、ストレスも多かった。しかし、筆者の人生にとって、これは何物にも代えがたい、やりがいのある仕事であり、後述するようないろいろな経験を積ませていただいたと思っている。

　定年退職して、一息つく間もなく、地元自治会の自治会長を4年。うち後半の2年間は、350世帯7自治会で構成される小学校区の連合自治会長として、地域づくりや住民自治を推進するため、社協の経験を活かして活動した。自治会の活動を通じ、連合自治会長として少子高齢化で疲弊していく地域をそのまま見過ごすことができず、閉園になった市立の幼稚園舎をリノベーションして、新しい地域の拠点づくりや地域で儲かる仕組みを作るつくるために、「染河内森のようちえん」づくりプロジェクトを提案した。同プロジェクトを提案

した責任者として、現在は、同事業の代表を務めている。この事業の財源は、兵庫県と宍粟市の地域づくり応援事業補助金を活用するとともに、当時の自治会長メンバーで実行委員会を結成し、実行委員会メンバーで拠出金（出資的な寄付金）を出しあい、クラウドファンディングや地域での寄付金を募って自主財源を捻出し、総額2,000万円のプロジェクトを展開するという事業である。やる気のある住民と汗を流して取り組むことは、ある意味、社協活動よりも魅力的でやりがいがある。

　本年（令和4（2022）年）7月上旬には、この「染河内森のようちえん」が開所する。近い将来、関係者で合同会社を設立し、持続可能な取り組みにしていく考えである。

　話がそれたが、筆者は社協を定年退職した翌日から、市内のNPO法人が運営する障害者就労継続支援B型事業所の施設長を5年勤め、令和3（2021）年3月末に、65歳で定年退職をした。この5年間は、社協を離れ、障害者の個別支援に取り組んだわけであるが、37年の地域福祉や高齢者介護事業（障害者事業も少しは実施）とは、また世界が違っていた。とくにこの事業所へ通所している障害者は、約8割が精神障害者であり、事業所の立ち上げは、この精神障害者の家族会であった。障害者福祉制度の変遷とともに現在に至っているが、あらためて障害者福祉とその当事者への個別支援の難しさを知ることになった。とりわけ、精神障害者福祉について、あらためて学ぶ機会を得た。精神障害者家族会の事務局も経験し、県内や全国の精神障害者福祉の歴史や現状を知ることができた。また、業務上、「サービス管理責任者」（以下「サビ管」）の資格（就労分野）も必要で、資格取得のための研修会にも通った。現在、同資格は、分野ごとの垣根は取り除かれたが、5年間経過すれば更新研修が義務化されている。

　この事業所を退職した時点では、「サビ管」という資格は、もう必要ないと考えていたが、縁とは不思議なもので、倅の高校時代の同級生の家族に重度障害者が居られ、その同級生からグループホームを設置運営したいと令和3（2021）年秋に相談があった。場所は大阪府内であるが相談に乗っている間に、その「サビ管」を受けてほしいと依頼があり、申請の結果、大阪府から承

認された。よって、もう必要はないと考えていた「サビ管」の更新研修を受講しなければならなくなった。そして、当面は、このグループホーム運営に関わることとなり、兵庫県の宍粟市から大阪通いが始まる。

　筆者は、社協退職後の5年間、障害者の就労支援に携わったが、あらためて社協を外から見ることができた。そして、自治会長を退任してからは、関わりが少なくなり社協が遠くなった感は否めない。このことは何がそうさせているのであろうか。

　また、社協を取り巻く社会経済情勢や地域環境も年々変化している。地域をフィールドに活動する社協にとって、この変化は少なからず影響を与えることとなる。この点を加味しながら、これからの社協活動と行政との望ましい関係づくりについて考察してみたい。

1. 社協を取り巻く環境変化

（1） 日本は貧しくなった？　日本経済の現況

　平成3（1991）年の日本バブル崩壊から30年。経済の長期停滞を表すという「失われた20年」が、30年になっても日本の国内総生産（GDP）成長率は1％程度の低い水準のままである。この間、中国や韓国は確実に成長し続けているほか、欧米先進国でもこの間、緩やかではあるが成長している。日本だけが停滞している状況である。

　30年にわたる停滞状況の中で、各種経済指標は悪化している。例えば、購買力平価で見た一人当たりGDPの推移は、経済協力開発機構（OECD）平均では4万4,986ドルであるのに対して、日本は4万1,775ドルであり、OECDの平均を下回っている。その点、韓国は4万3,319ドルであるので、1人当たりGDPで見れば、韓国に逆転されている。

　平均賃金も他のOECD諸国に比べて停滞しており、平成2（1990）年の3万6,879ドルが令和2（2020）年では3万8,515ドルであるので、4.4％しか増えていない。それに対して欧米諸国は同期間にイタリアを除けば、10％以上増加しているので、日本の停滞は際立っていると言える。

　1 人当たり GDP が停滞しているということ、賃金が停滞しているということは、日本が貧しくなっているということを意味している。

　また、「労働力調査」[1] では、非正規労働者数において、平成 31（2019）年が 2,165 万人、令和 2（2020）年度では 2,090 万人と 75 万人減少。その非正規労働者の 7 割が年収 200 万円未満という調査結果[2] もある。令和 3（2021）年でも緊急事態宣言が出た時期を中心に減少が続いた。同年 7 月～ 9 月期の雇用者総数は、前年同期で 34 万人増加したものの、非正規労働者数は 4 万人減と雇用の回復は鈍いままである。低賃金の非正規労働者が仕事から排除され、生活困難な状態に陥っていることが想定されるし[3]、社協のコロナ禍での特例貸付は 1 件当たり最大 200 万円まで貸付が可能となっていることや累計の支給決定件数が 231 万 1,599 件、9,923 億円という過去最大の状況となっていることを見ても同様のことが言える。この点で、今回の新型コロナパンデミックは、日本においては格差拡大、貧困化への道を加速させたと言っても過言ではない。

　日本の経済力の衰えは、GDP や賃金に関する指標だけでなく、産業の市場シェアの点からも言える。とりわけ 1980 年代、世界一のシェアを有していた半導体産業やテレビ産業は、韓国のサムスンが今は圧倒している。日本でも現在、主流になりつつある高速大容量通信規格、第 5 世代移動通信システム（5G）の通信設備でも米中対立の焦点となっているファーウェイやエリクソン、ノキアが中心で、日本の通信機器企業は世界市場には進出できていない。電気自動車（EV）市場でも、日本企業の生産・販売台数は、アメリカのテスラや中国の BYD に水をあけられている状況で、EV の鍵を握るリチウムイオン電池でも中国企業に圧倒されつつある。

　昨年開催された国連気候変動枠組み条約第 26 回締約国会議（COP26）で脱炭素の動きが明確になり、電力では石炭火力から生成可能エネルギーへの移行が鮮明になりつつある。その中心設備である太陽光パネルや風力発電設備でも中国やヨーロッパの企業が中心で世界市場に占める日本企業の影は薄くなりつつある。

　このように見てくると、日本は産業競争力や GDP で見る経済力は明らかに衰退傾向にあることがわかる。地球環境問題を考えると経済成長を全面的に肯

定するわけにはいかないが、1人当たり GDP や平均賃金の停滞がこのまま続くと経済面では国民生活の向上は望めなくなる。これに少子高齢化や地域のつながりの希薄化などが進めば、社会福祉の進展は望めそうもない。

　この意味では、日本は拡大再生産を基調とする資本主義経済、とりわけ新自由主義的政策は行き詰まりとなっていると言っても過言ではない。

（2）　少子高齢化、気候危機、SDGs の評価そして災害多発

　前項で現在の日本の経済状況についての概況をまとめてみた。日本は、これまで「先進国」であり「豊かな国」であると言われてきたが、今日的にはそのようには言えない状況になってきている。それは、相対的貧困率[4] が15.9%。18歳未満の子どもの貧困率は、13.9%という数字にも裏付けられる。さらに少子高齢化の進行は、筆者が予測した以上にそのスピードは速く、筆者の住む宍粟市でも平成の大合併時、新市としてスタートした時点から現在17年を経過したが、高齢化率は36%を超えており、地域によっては50%に迫る状況である。

　参考までに宍粟市社協の広報紙（唯一の自慢できる事柄だが、宍粟市社協の広報紙は毎月発行で合併時から休刊はなく、令和4（2022）年2月で創刊200号を迎えた。筆者が入職した旧一宮町社協の広報紙『社協いちのみや』は、昭和54（1979）年10月から合併時までは毎月発行で休刊はない）に掲載している人口と高齢化指数（福祉指標）の合併時と現在の比較をご覧いただきたい。表1-1は、平成17（2005）年6月30日現在のものである。17年間で人口は9,696人減少し、高齢化率は約12%アップしている（表1-2）。当然のことながら総人口は減少しているが65歳以上の高齢者人口は1,840人程度増加している。

　しかし、今後日本の高齢化率は40%近くなると、それ以上は増えずにゆるやかに緩和されるとの予測が国立社会保障・人口問題研究所[5] から発出されている。筆者が社協に入職した昭和55（1980）年頃の旧一宮町の高齢化率は、確か15%程度であったと記憶している（日本の高齢化率は当時7%程度であった）。それが40年後には40%になっている。この人口減少と少子化は、今後の社協活動を進めていく上で、最も考えていかなければならない柱になる。

表 1-1　宍粟市の福祉指標
（平成 17 年 6 月 30 日現在）

市民局	人口	65歳以上人口	高齢化率
山崎	26,154	5,759	22.0%
一宮	10,679	2,842	26.6%
波賀	4,802	1,397	29.1%
千種	3,996	1,227	30.7%
全体	45,631	11,225	24.6%

（出典：宍粟市福祉部市民課）

表 1-2　宍粟市の福祉指標
（令和 4 年 1 月 31 日現在）

市民局	人口	65歳以上人口	高齢化率	R3.1月末高齢化率
山崎	22,497	7,521	33.4%	32.8%
一宮	7,483	2,949	39.4%	38.3%
波賀	3,304	1,404	42.5%	41.5%
千種	2,651	1,192	45.0%	43.1%
全体	35,935	13,066	36.4%	35.5%

（出典：宍粟市市民生活部）

　この人口減少問題に加えて、次に大きな問題となっているのが、気候変動（気候危機）である。気候変動は極めて深刻な状況にあり、専門家や科学者が予測した以上のスピードで進んでいる。海面は上昇を続け、北極氷原は融解し、サンゴ礁は死滅し、海洋の酸性化が進み、干ばつの進行に加え、山火事で多くの森林が焼失している。人間活動が引き起こした気温上昇により、環境破壊や自然災害、異常気象、食料不安と水不足、経済の混乱、紛争やテロの助長など、人々の生活の基盤そのものが奪われている。待ったなしの状況において、世界で気候危機への対応は加速しているとは言い難い。この執筆中にも、ロシアのプーチン大統領によるウクライナ侵攻が行われ、令和 4（2022）年 3 月 2 日には、ニューヨークの国連本部でウクライナ情勢に関する国連総会緊急特別会合が開催され、ロシアによるウクライナ侵略を国連憲章違反とし、ウクライナでの武力行使の停止、軍の「即時、完全、無条件撤退」をロシアに求める非難決議を圧倒的多数で採択した。しかし、この情勢下にあって、日本ではこのウクライナ危機に乗じて一部の政党や政治家がアメリカとの「核共有」の議論や提言を行う動きが出ていることは、世界で唯一の被爆国である日本として、許しがたい議論である。気候変動や気候危機への対応策を議論しているどころの話ではない。筆者は、真っ向からこういった提言や議論の撤回を求める。人類の命を守り平和を希求することに対する信じられない考えであり、気候危機への対応どころの話ではない状況が生まれているのは残念である。

　最近日本では、持続可能な開発目標（SDGs）という言葉をよく耳にするよ

表1-3　SDGs 日本の評価表

SDGs 項目	国際評価ランク	評価内容	備考
1：貧困	黄色　2	もうちょっと	
2：飢餓	橙色　3	がんばりましょう	
3：健康	黄色　2	もうちょっと	
4：教育	緑　　1	よくできました	
5：ジェンダー	赤　　4	もっとがんばりましょう	
6：水	黄色　2	もうちょっと	
7：エネルギー	橙色　3	がんばりましょう	
8：経済	黄色　2	もうちょっと	
9：産業	緑　　1	よくできました	
10：不平等	橙色　3	がんばりましょう	
11：まちづくり	黄色　2	もうちょっと	
12：消費と生産	橙色　3	がんばりましょう	
13：気候変動	赤　　4	もっとがんばりましょう	
14：海洋保護	赤　　4	もっとがんばりましょう	
15：陸上森林	赤　　4	もっとがんばりましょう	
16：平和	緑　　1	よくできました	
17：パートナーシップ	赤　　4	もっとがんばりましょう	

うになった。経済界でカラフルな SDGs のロゴマークが浸透し、認知度アンケートでは50%前後まで進んでいる。しかし、一方で持続可能な開発目標の17 のゴールに対する日本での取り組みはどれくらいかというと令和2（2020）年6月に公表された「Sustainable Development Report 2021」[6] の国別ランキングでは、日本は165 か国のうちの18 番目（2020 年度は17 位であった）と決して低くはない位置にいる。しかし、目標別に見たときの日本の達成度は、「緑」（目標達成）「黄色」（課題が残る）「橙色」（重要課題）「赤」（最重要課題）の4 段階評価では、表1-3 のとおりである。2020 年度の評価と2021 年度の評価は変わっていない。

　この評価を見る限り、レッドカードを突きつけられているのは、5 つの分野のうちで、気候変動、海洋保護、陸上森林の環境対策のすべてである。とくに気候変動での評価については、最も課題とされているのが石炭政策である。令

和3（2021）年11月にイギリスで開催された国連の気候変動会議COP26で首脳級会合が2日目を迎えた11月2日、日本が「化石賞」を受賞したのは有名な話である。化石賞は、気候変動に取り組む世界130か国の1,500を超えるNGOのネットワーク「CANインターナショナル」が、その日の国際交渉の中で、温暖化対策に消極的だった国に与える不名誉な賞である。これは、首脳級会合に登壇した岸田首相が、水素やアンモニアを利用した「火力発電のゼロ・エミッション化」の名の下に、石炭をはじめとした火力発電の維持を表明したことによる。世界は今、気温上昇を1.5度未満に抑えるという希望を維持できるかどうかの岐路に立っており、その希望をつなぐ重要な政策が石炭火力の廃止である。だからこそ、グテーレス国連事務総長をはじめ主要国の首脳は、COP26が気温上昇を1.5度に抑制する最後のチャンスだとして、石炭火力からの撤退を要請しているのだが、日本は、その政策から脱却できない状況にある。

　気候変動や気候危機は、災害の多発にもつながる。異常気象による豪雨災害や台風の多発や大型化など、今後さらにこの傾向は残念ながら強まると言わざるを得ない。災害時の対応や被災地での救援、支援活動について社協はこれまでたくさんの実績や教訓をつくってきているが、今後どうあるべきかについてさらなる議論や研究、救援活動マニュアルの作成、そして、災害時のBCP（事業継続計画）の策定などが必要である。

　また、災害救援については、筆者は、平成25（2013）年3月、全社協の「大規模災害対策基本方針」の策定に関わった。この方針策定にあたっては、東日本大震災の救援活動を踏まえ、全社協地域福祉推進委員会に社協等関係団体の関係者や関連分野の有識者による「大規模災害対策基本方針に関する委員会」が設置され、半年以上にわたって検討してきた。この委員会における検討結果をもとに、全国規模の社協等関係団体間の連携・協力に必要な事項が整理され、この方針がとりまとめられた。ただ検討委員会での議論から本年で10年近くが経過し、議論をした当時の災害救援活動についてもその取り巻く状況や災害の実態も変化している。万一、全国規模の大災害が発生した場合、この方針で取り組めるかというとそれは否である。新型コロナウイルスパンデミックの状況も踏まえ、全社協には、この方針の見直しを早急に行っていただきたい

と提言する。

（3） 新自由主義の社会福祉への影響と今日的問題点

　次に新自由主義と社会福祉への影響について述べてみたい。そもそも新自由主義とはどんな考え方であるのか。いろいろな解説があるが、わかりやすいのは、次の定義である。

　新自由主義[7]とは、政府の財政政策による経済への介入を批判し、市場の自由競争によって経済の効率化と発展を実現しようとする思想であり、「ネオリベラリズム」ともいう。経済理論としては、ケインズ学派の有効需要政策を批判し、政府は市場経済への介入を抑制すべきとするF.ハイエクやM.フリードマンの理論に基づく。政策としては、国営企業や公共部門の民営化、規制緩和による経済の自由化、減税と緊縮財政による「小さな政府」などを特徴とする。1970年代後半からラテンアメリカ諸国、イギリスのサッチャー、アメリカのレーガン、日本の中曾根康弘の各政権が新自由主義政策を採用した。社会思想としては、〈新保守主義〉と呼ばれるように、市民の自由や権利の保護より資本の自由な活動を優位に置く点を特徴とする。交通・通信から教育・医療・福祉にいたる公共部門の民営化や市場の公平性確保のための規制の緩和は、市場での優勝劣敗によって、社会保障の低下、雇用の不安定化、生活の格差拡大などの問題を生んでいる。さらに国家の規制から自由になった資本は、グローバリゼーションによって国際的な分業体制を再編し、こうした問題が世界規模であらわれるようになったものである。

　では、新自由主義が社会福祉に与えた影響はどのようなものであったか[8]。端的に言えば、平成12（2000）年から始まった介護保険制度はこの影響を最も強く受けたものである。制度が発足して22年になるが、第一号介護保険料は相当高額になっている。筆者も第一号被保険者であるが、年間の保険料は10万円を超えている。何よりも介護ニーズが高齢化でどんどん増加しているのに、国は制度発足時の割合である25％しか負担しておらず、制度的には、介護が必要な高齢者のニーズに合った質の高いサービスをどのように提供するのかというところに重点が置かれるのではなく、保険者（市町村）として、い

かに保険財政を切り詰め、制度の維持を図るかに重きが置かれているところ
に、その新自由主義的発想が影響を与えている。これは、新自由主義の特徴で
ある「所得の再配分」という考え方が社会保障の根幹を崩し、生活保護制度を
も変容させている実態は、自己責任論の最たるものである。

　また、新自由主義は、福祉サービスの供給主体の多様化を促したと言え
る。サービス供給主体の多様化は、多様な主体が互いに競争することにより、
質の悪いサービスが淘汰され、結果サービスの利用者は、質の高い福祉サービ
スを利用することができるという考え方である。よって、サービス供給主体間
では競争が激化され、サービス利用者の利益よりもサービス提供者の利益が優
先されるという傾向が強まったわけである。先の民主党政権下では、この考え
で「新しい公共」という考えが広まった。

　さらに「規制改革会議報告」（平成 21（2009）年 12 月）では、福祉サービ
スの提供には、社会福祉法人、NPO 法人、ボランティア、営利法人も参加す
べきであり、この多様な主体が公正な競争をするためには、社会福祉法人の優
遇措置は適切でないとされる所謂「イコールフィッティング論」が登場した
が、これもこの影響である。この競争原理は、いびつな社会福祉状況を生み出
しただけでなく、サービス供給主体間の連帯や連携、協働を奪い去ったとも言
える。そして、何よりも格差と貧困が広がった。[9]

　結局、新自由主義は、社会福祉に良好な影響を与えたとは言い難い。社会
保障における所得の再配分機能は弱められ、社会福祉における「国民の権利と
国家の義務」は「国民の権利と義務」に置き換えられ、社会福祉の理念構造は
根底から覆された。塚口は、「新自由主義が提起する小さな政府への「行政改
革」や「規制緩和」というスローガンは、国民受けがし易い響きを持ってい
る」とし、「社会福祉に関わる者は、このスローガンの裏に隠された思想を鋭
く見抜き、新たな国民福祉を築き上げる理念を作り上げる必要に迫られている
のではないか」[10] としている。筆者も同感である。過去、「自分の健康は自分
で守る」ということがよく言われた。このスローガンもこの新自由主義的発想
ではなかったかと今思う。ちなみに「自助、共助、公助」という言葉がある
が、「公助」は、岩波書店『広辞苑』には出てこない。

（4） 新型コロナウイルス感染症パンデミック

　新型コロナウイルス（COVID-19）が日本に感染をもたらしてから3年目の秋を迎えた。この新型コロナウイルス感染症（以下「新型コロナ」という）は、人間が一定の場所に集まることを制限し、それまで地域づくりや人と人とのふれあいづくりを活動の基調としてきた社協にとっては、大きな痛手となった。この感染症の終息の時期は、残念ながら現時点では見えない。第6波が終息したように思うが、新たな変異株による感染がまた増えている。本書が出版される時期には、次の感染の波がまた来ているかもしれない。長引く新型コロナの影響により、コロナ禍後の地域づくりや社会生活はどのように変容するのだろうか。地域福祉推進団体としての社協の活動について新しい提案をしていくという今回の出版事業の趣旨も新型コロナによって、相当影響を受けることは否めない。

　人類の歴史は、ある意味感染症との戦いの歴史でもあった。感染症とは、病原体（細菌、ウイルスなど）が体に侵入して症状が出る病気のことだが、時として戦争以上に多くの死者を出す。その結果、パンデミック（世界的な大流行）は、人間社会に対する衝撃も強く、時として人類史における戦争と文明の分岐点ともなってきた。過去には、天然痘、ペスト、コレラやスペイン風邪などが大きな影響を与えている。今回の新型コロナは、そのような要素を持っていると言っても過言ではない。それは、地球上の国と地域に被害と犠牲を拡げるパンデミックとなっているからである。

　ジョンズ・ホプキンズ大学（アメリカ）の集計によると、世界の新型コロナ感染者数は令和4（2022）年5月5日現在で、5億1,617万2,961人。死者数は624万7,520人。日本は、感染者数800万280人。死者数は、2万9,726人で日々増加している。終息はいつになるのであろうか。同年1月10日段階では、世界で3億716万人。累計死者数549万人であったものが、4か月で2億人以上増加している。世界の感染者数は、日本の総人口[11]（約1億2,544万人、令和4（2022）年1月1日の推計人口）の5倍となっており、あらためて恐怖を感じる。

　日本国内の感染拡大は、国民の暮らしをコロナ禍以前よりもいっそう厳し

い状況に追い込んでいる。とりわけ、経済的弱者であるひとり親家庭の母親や子どもを苦しめている。「国民生活基礎調査」（2019 年）では、18 歳未満の「子どもの貧困率」は、平成 30（2018）年時点で 13.5%。子どもの 7 人に 1 人が貧困状態にあると報告している。また、日本財団は「日本の子どもの貧困率は今、OECD 加盟国の中で最悪の水準にある」と指摘している。また、女性の非正規雇用の割合は、5 割強と高く、ひとり親家庭の貧困率は 48.1%に上る。ここに新型コロナが追い討ちをかけ、女性にしわ寄せが集中している。そもそもの介護・看護の人員不足、低賃金、その上に学校等の休校（園・所）などによる子育て負担増がある。

　また、『2021 年版 自殺対策白書』によれば、令和 2（2020）年は「女性」「被雇用者・勤め人」の自殺が増加した。新型コロナの感染拡大による労働環境の変化が関連した可能性もあるとしている。

　このように新型コロナが浮き彫りにしたのは、社会的に弱い立場に置かれた人たちに集中する犠牲の実態である。対策としては、「コロナ支援金・給付金」などの一時的な救済に終わらせず、根本的な社会構造改革を進めていく必要がある。新型コロナ対策の一環として、社協が全国的にその業務を受けた生活福祉資金の特例貸付による緊急小口資金と総合支援資金だけでは問題解決には至らないのではないか。返済困難者は全国で 5,000 人を超え、その金額は 20 億円にも上るという共同通信社の調査結果 [12)] が報道されている。今回の新型コロナによる生活福祉資金の特例貸付は債務者の救済にならず、かえって格差を拡大する状況になっていることが危惧される。はたして、このような状況に都道府県社協や全国の市区町村社協はどう対応したのか。この状況の詳細については、本書の第 6 章を参考にされたい。

2.　社協の現状とその存在意義

（1）　社協入職時の状況とその歩み

　前節で触れた今日の社協を取り巻く環境変化は、これからの社協活動に大きな変容を促すものになると考える。住民主体で地域福祉を推進するために住

民や当事者との接点を大切にし、そこから活動を組み立てていくというスタイルが変容するわけである。新型コロナパンデミックがもたらした環境変化は、これまでの社会生活や住民活動のスタイルを大きく変え、あらためて新たな取組や活動スタイルを構築する必要性が出てきている。ある意味、地域福祉活動の内容も変化すると考える。

　そのことを展望するために、あらためて社協が歩んできた歴史、とりわけ、筆者が社協に入職した当時のエピソードを示しながら、社協の歩みを振り返り、現在の社協に問われている課題やその存在価値について、行政との関係性の中で論じてみたい。

　筆者が昭和54（1979）年10月に住所地の旧一宮町社協に入職した時には、「社会福祉協議会」の知名度はほとんど皆無の状況であった。恥ずかしい話、筆者自身もよく社協を理解していなかった。そのこともあり、全社協中央福祉学院の社会福祉主事任用資格取得のため通信教育を受講した。その通信のスクーリングは当時、全社協で行われていた。現在の全社協の新霞が関ビルの前身の久保講堂がある建物であった。無我夢中で学んだが、何をどれくらい学習したのかよく覚えていない。後で聞いた話であるが、国庫補助の対象となる福祉活動専門員の条件は、社会福祉士か社会福祉法第19条に規定されている社会福祉主事任用資格が必要とのことであった。社会福祉主事任用資格をこの時に取得したのは、自らの学びと合わせ、そういう状況が背景にあったと考える。

　さて、筆者が入職した社協の事務所は、町役場住民課の一角にあり、会長は町長で、事務局長は住民課長が兼務していた。このこと一つとっても、社協は行政なのか民間福祉団体なのかよくわからないということの証拠でもある。筆者の大先輩である旧K町社協のH氏は、こういう状況を指して「とにかく役場から出たくて出たくてしょうがなかった。役場に居る以上、住民は、社協を民間福祉団体だとは思わない。役場の福祉の部署だと思うからな」と口癖のように言っておられたことを思い出す。筆者が入職した当時の職員は、筆者より15歳あまり年上の女性1名と低所得世帯の要介護者への訪問が主であった家庭奉仕員（いわゆるホームヘルパー）が1名であった。法人化はなされてい

ない任意団体の社協であった。筆者は、福祉活動専門員として採用され、当面の業務は、この任意団体の社協を法人化することであり、法人化すれば筆者の人件費に国庫補助がつくというものであった。おそらく兵庫県内でも法人化している社協は当時 90 市町ある中で約半数もなかったのではないだろうか。このような中、筆者は法人社協の定款の素案作りと、社協の知名度を上げるために毎月発行の広報紙『社協いちのみや』の編集活動を中心とした業務を行っていたのを覚えている。その一宮町社協が法人化された昭和 55（1980）年の 3 月に新年度予算を評議員会へ提出したが、予算規模が 1 千万円にも満たないので、会長であった当時の町長の指示で、行政で行っていた敬老会事業を委託費として社協に出して、1 千万円あまりの予算規模とされた。その予算だけを見て、社協が大きくなったと思ったものである。そして、この法人化を機に町長は会長を退き、副会長をされていた民間人の方に会長を譲ったわけである。関係者はアッと驚いたが町長曰く、「法人化した社協は民間団体であり、行政の長である私が会長を務めるのは問題がある。法人化を機に会長は民間の方にお願いしたい」という発言をされた。今考えると当然のことであり、時の町長の判断の素晴らしさを感じる。

　このことがあってから、旧宍粟郡内の各町社協も会長の民間人化を進め、郡内 5 町の社協は、数年の後にすべて民間人の会長となった。このことは、兵庫県内でも全国的にも、その後十分進展したとは言えないが、筆者が入職した当時、地域に向けて社協が民間団体であるということを明確に発信した動きとして特筆しておきたい。ちなみに、社協会長の民間人化の推進論者であった本書の共同執筆者である塚口は、当時兵庫県社協の総務部長であったと記憶している。今となっては 43 年も前の話である（その塚口と今、社協のあり方を危惧し、本書出版のための研究会を立ち上げている。縁とは不思議なものである）が、社協と行政との関係性を論じる上で、こうした動きがあったことを報告しておきたい。ちなみに、現在の市区町村社協会長の行政首長の比率は平成 24（2012）年段階で 15.9％を占めている状況であり、数的には全国で 270 か所[13]くらいになるが、その点では、社協会長の民間人化というのは完全には進んでいない。この状況は、行政からの補助金や委託金が受け取りやすいというよう

なことに起因すると考えるが、社会福祉法人としての社協のトップが行政の首長であるというのは如何なものか。筆者が勤務した旧一宮町社協では、昭和55（1980）年にこのことを克服している。

　また、現在、全国の市区町村社協の法人化率は 99.7%。1,721 社協中、1,715社協が法人化されている [14]。指定都市社協に設置されている区社協では、90.8%である。この社協の法人化推進の根拠については、昭和 41（1966）年 5月 13 日付厚生事務次官通達として発出された「社会福祉議会活動の強化について」がそれにあたる。これにより、全社協には企画指導員、都道府県社協には福祉活動指導員、市町村社協には福祉活動専門員という名称の職員の人件費に国庫補助が整備されることになったわけであるが、「福祉活動専門員を設置する市町村社協は、社会福祉法人でなければならない」とされ、市町村社協の法人化の動きが加速された。

　筆者が旧一宮町社協に採用されたのは、昭和 54（1979）年であり、厚生省の社協強化方針発出から 10 年以上の時が流れているが、国庫補助が付く職員（福祉活動専門員）を採用し、町社協を法人化するという当時の町社協の方針は、ある意味、町行政の方針でもあったわけである。町社協を法人化し、新たな職員を採用して社協の強化を図るという方針は、この時代の要請であったにせよ、その流れの中に筆者が選任されたというのは光栄な話である。

　しかしながら、この福祉活動専門員の国庫補助制度は、平成 11（1999）年度より、地方交付税措置となり、以後の福祉活動専門員の人件費補助については、市町村と当該社協との協議の上、市町村の補助金として対応されることになった。財政基盤が脆弱な社協職員への行政補助金の根拠には、こうした歴史があることを知ってほしい。

　このことは、平成の大合併の動きの中で合併前の社協で補助金が付いていた福祉活動専門員は、合併後の新市や新町域では 1 名となるわけで、合併協議や合併後の行政と社協の間で、補助金のあり方について、それぞれの地域でいろいろな確執があったと聞く。筆者もこの平成の大合併の波をもろに被り、周辺 4 つの町社協を 1 つの新市社協に合併させるための合併協議会の事務局長を務めた。約 1 年 8 か月の合併協議であったが、これには相当なエネルギーを費

やした。宍粟市社協合併は、兵庫県内での社協合併の中では、うまくまとめたという評価をいただいたが、筆者にとっては、37年間の社協勤務の中でこの1年8か月が最も速く感じ、また厳しく、神経をすり減らした期間でもあった。4つの社協を1つの新市社協にまとめあげる作業は困難を極めた。記録によれば、この1年8か月の合併協議で、「総務」「地域福祉」「介護保険事業」の3つの職員部会を設置したが、その開催回数はのべ131回を数えている。通常の業務をやりながら、これとは別に合併に関する調整会議を毎週1回（約2時間）開催した。関係4町の社協職員が一定の場所に集まり協議スケジュールに基づき議論し、まとめあげていく作業である。部会の場所への移動時間も各4町持ち回りで行われていたため、往復1時間というのは当たり前であった。これだけを見てもどのくらい大変な作業であったかがわかる。社協合併は、社協総点検の取り組みであり、社協組織のスクラップアンドビルドであり、社協活動を進化させる取り組みでもあった。筆者は合併ありきで進む社協の合併協議に異を唱えつつも、まとめあげる作業と合併後の新市社協への着地（合併後の事務量の多さもあり着地に合併後半年を費やした）を多くの関係者の合意で進めるという困難極まる作業を自己矛盾の中で行ったものである。良い経験をさせてもらったと言えば聞こえはいいが、二度とこのような仕事（業務）をしようとは思わない。合併作業を一緒にやってくれた関係職員にもお礼を言いたい。筆者の頭髪は、寄る年波で今は9割近くが白髪となっているが、この白髪化はまぎれもなくこの合併協議でのストレスが起因していたと思っている。それだけ責任ある大変な仕事であったと今でも思う。洒落ではないが、合併協議の中で、何度となく「頭が真っ白」になったことがある。この合併協議の詳細については、当時の全社協出版部の『月刊福祉』や『ノーマ社協情報』の他、日本済生会発行の『地域福祉研究』第35号 [15] に詳細に掲載している。

　さて、話が筆者の社協入職時から社協法人化や法人社協の会長のこと、平成大合併による社協合併のことに及んだが、社協と行政との関係性を論じる上では大切な点であると考える。

　歴史的には、筆者が社協に入職した年の昭和54（1979）年に発表された『在宅福祉サービスの戦略』が大きな転換点であった。同戦略は、一般的には

社協が「協議体」「運動体」から「事業体」へ大きく舵を切ることになったものであるが、この時期の地域のニーズが在宅福祉サービス充実を求めたものであるという点では、事業体社協への方針転換というよりも新たな地域福祉活動をつくる「運動」ではなかったかと思う。実際、筆者もこの方針を受けて、地域の寝たきり要介護高齢者の自宅での入浴サービスの実施や一人暮らし高齢者への食事サービス（当時は給食（配食）サービスと言っていた）実施などの在宅福祉サービスを10年あまりかけて構築したものである。こうした活動の基本は、やはり地域での調査であった。この調査によるニーズ把握がサービス実施を後押しした。「長期間の寝たきりでお風呂に入っていない。お風呂に入りたい」介護者からは「お風呂に入れてあげたい」とか、一人暮らしの男性の方が毎日同じような物を食べており、「週1回でもバランスの取れたお弁当が食べたい」という利用者ニーズをたくさん把握した。今ではこのことは実現しているが、当時はこのニーズが地域に潜在しており、これを叶える取り組みが各社協で取り組まれた。これが現在の介護保険制度での入浴サービスや住民ボランティア参加の配食サービスの草分け的事業になったのは事実であり、ある意味、地域福祉推進のための「運動」であったと考える。

　そして、この後、市町村社協の法制化、社会福祉事業法の改正（平成2（1990）年）、国庫補助事業でのふれあいのまちづくり事業の創設（平成3（1991）年）、新・社協基本要項の策定（平成4（1992）年）、特定非営利活動促進法（NPO法）の施行（平成10（1998）年）、地域福祉権利擁護事業の開始（平成11（1999）年）平成19（2007）年に日常生活自立支援事業に改称。そして、平成12（2000）年の社会福祉法の改正、介護保険事業の開始へと動いていくことになる。とりわけ、平成12（2000）年の社会福祉法の改正では、地域福祉という言葉が初めて法律上用いられることとなり（第1条）、第4条に「地域福祉の推進」として理念規定が設けられ、地域福祉の推進は、誰が何のために行うべきものかが法律上明記された。

　また、社協が「地域福祉推進を図ることを目的とする団体」として規定された（109条・110条）。この社会福祉法改正は、地域福祉という言葉が市民権を得、それを社協が担うこととされたわけで、その意義は大きい。しかし、地

域福祉についての概念規定やその推進母体の社協がどんな性格をもった組織であるのかという規定が不十分な中での法律規定であったことは、今後の地域福祉推進や社協活動にとって大きな影響を与える結果となった。

（2）　社協の今日的課題と存在意義

　平成12（2000）年あたりまでの歩みを見てきたが、では、その社協の今日的な課題は何であろうか。また、その課題を推進する社協の存在意義や存在価値はあるのかどうか。

　社協の存在意義については、筆者が社協在職中によく自問自答していたことである。それは、「社協がなかったら誰が困るのだろうか」「社協という組織はなくてもいいのではないか」というものであった。関係者の皆さんはどうお考えであろうか。社協がなくてもだれも困らないのではないか。いや、ちょっとしたボランティアをしたいがどこに相談すればいいのか。どこかに寄付をしたいがどこに届ければいいのか。単純に考えるとそういうことがあるかもしれない。しかし、社協の存在意義や存在価値を考えると「別になくてもいいのではないか」と思うことも勤務中多々あった。しかし、「この団体（組織）に採用され、その職員として働いている以上、存在価値がないというのは困るではないか。それでは、なくてはならない団体（組織）にしていかねばならない。でなければ自分が働いていることの意味がない」。そんなことをよく考えていた。

　社協の今日的課題と存在意義。これが今揺らいでいる。これは、ある意味、本書出版の目的の一つでもある。筆者ら本書の執筆メンバーで令和3（2021）年10月から不定期ではあるが「社協問題研究会」を開き議論をしてきた。新型コロナのこともあり、たびたびの開催は難しかったが、それでも令和4（2022）年7月まで5回開催し、社協のあり方や今日の課題について議論を深め、出版原稿の確認をしてきた。この研究会の中ではいろいろな意見が出されたが、ズバリ社協の今日的課題や問題は何なのか。筆者は、①社協が地域住民からよく見えないということ。言い換えれば②社協の目指すべき方向が住民から見えないということ。そして、③多くの社協職員がモチベーションを失

いつつあるのではないか。それは、全国の市区町村社協そのものの多くが「社協らしさ」を失い、住民ニーズや地域ニーズに立脚せずに、都道府県、市区町村の福祉行政の補完組織になってきているのではないか？ という危惧である。そもそも社協は、「地域福祉の専門的な推進組織として、組織化・調査・研究・開発・計画策定・情報等に関する活動」、すなわちコミュニティワークを活動の主眼として行う組織であり、それが社協の専門性であり、独自性である。それが今、揺らいではいないかと危惧する。

　また、全国的には、ここに来て社協の職員数は、13万3,000人を超えた。うち、正規職員は4万1,000人。残りは非正規職員で、常勤は3万2,000人。非常勤は6万人という大きな全国組織になっている。1社協あたりの平均職員数は72名であり、経営事業職員が56人を数え、一般事業職員は16名である[16]。筆者が在職した宍粟市社協もほぼこの平均的な数字が示す職員数である。職員数の平均が72名ということは、その多くが介護保険事業や障害福祉事業を経営していることが窺える。まさに事業体社協そのものである。第二行政組織と言われても不思議でない状況である。はたして、これで地域福祉の推進を図ることのできる組織と言えるのかどうか。このままでよいとは多くの社協職員や関係者は思ってはいないだろうが、そのためにどんな改革が必要なのか。ここまで大きくなった社協組織にとってそれは大きな課題である。そして、存在意義や価値はどうなのか。事業型社協となりつつある以上、コミュニティワークを主眼とする社協活動の推進は難しくなっているといっても過言ではない。住民主体を基本とする社協の理念が遠ざかっている。このように考えると社協の存在意義や存在価値はなくなってはいないか。行政から委託された事業や介護保険事業、障害福祉事業をやるのは何も社協でなくても他の事業体でもできるわけである。社協本来の専門性や独自性としてのコミュニティワークを問い直し、本来目指すべき社協の役割や機能を見いだすことが今日的課題ではないかと考える。

3.　社協と行政との関係性

（1）　社協は周辺からどのように評価されているのか

　社協と行政との関係を考える前に、社協そのものが周辺の識者にはどのように映っているのだろうか。法学の専門家の橋本宏子は、その著書『社会福祉協議会の実態と展望～法学・社会福祉学の観点～から』[17] の冒頭、「あえて大胆に表現すれば、日本の社会福祉協議会は、政府の意向を受けた事業を行う行政の「なんでも入れ箱」と機能してきた、ように窺える」と評し、「こうした社会福祉協議会の行政の「なんでも入れ箱」としての機能は、少なくとも結果的には、市民に対し「一定のメリット」を提供してきた（している）ことは否めない」としている。また、橋本は、「社会福祉協議会は、民間団体でありながら行政との関係が強い特殊な団体である。社会福祉協議会は、なぜ行政との強い関係をもたなければならないのであろうか。その理由に関係することとして社会福祉協議会は、「公共性、公益性の高い民間非営利団体」であるとか、「一般の事業者に期待できない分野の事業を含む」といった説明がなされている。しかし、社会福祉協議会にかかる事業の公共性、公益性とは何か。行政にも一般事業者にも期待できず、社会福祉協議会でなければできない事業とはいったい何か。突き詰めて吟味されたことは少ないように窺える」と記述している。

　では、行政関係者は、社協をどのように見ているのだろうか。筆者がそれを行政担当者に直接聞いたわけではないが、端的な回答をもらったのは、次のようなシーンでの話である。

　平成の大合併時の後、当市の幹部で部長級の方と話をした時のことである。確か社協の補助金をどのように扱うかという話をしていた時のことであるので、よく記憶している。その時にこのように社協のことを評して話をされた。「山本局長、合併して大きくなった社協のことをよく考えるようになったが、社協は、第二福祉事務所だね」と。筆者はその時、社協のことを理解いただいているのかどうかという思いと行政マンは、社協をこのように思っている

のか。「第二福祉事務所」とはよく言ったものであるが、こういうカタチで社協を捉えておられるのだと感じたものである。また、次の話は筆者が直接聞いたものではないが、平成21（2009）年の兵庫県西北部豪雨災害で被災し、マニュアルに基づき「宍粟市社協災害ボランティアセンター」を立ち上げ、被災地の支援に入っていた時、コミュニティワーカーとして被災者の状況調査をしていた社協職員に、ある市議会議員（元は行政幹部職員）が次のように語ったというレポートが来た。その内容は、「今回は社協を見直したよ」と言われたとのことであった。災害ボランティアセンターの責任者であった筆者は、それを聴いて、「では、この方はこれまで社協をどのように見ておられたのか」と思った。この方は顔見知りでよく知っている方であり、社協のことはよく理解されていると思っていたが、この災害までは、この方は社協をどのように受け止めておられたのだろうかと思った次第である。この方からこういう発言を聞いたのは正直ショックであった。8月のお盆前の暑い最中の被災者（地）支援活動である。ありがたく、喜ぶべき話だが、災害ボランティアセンターを立ち上げた社協を見直したのはわかるが、それまでのその方の社協の評価はどうだったのか。災害が無ければそういう認識で過ごされたのかと疑問が残った。

　そして、もう一人。その時の豪雨災害の被災者で当時被災地の自治会長をされていたA氏は、災害までは社協の業務や対応にいろいろと文句を言い、批判的なご意見をいただいていた方であったが、被災地支援でたくさんの青年学生ボランティアを送り込んで被災地域のご自宅の土砂の撤去作業を行った後、「うれしくて涙が止まらなかった。ボランティアの方の作業が終わり、見送りの時にお礼のあいさつをしたが、涙が出てお礼の言葉が出なかった」と言い、それ以後、「社協の方に足を向けて寝られない」とまで言うように考え方が変わったという方である。その後、このA氏に社協の理事就任をお願いした。断られると思っていたが、「お世話になった社協のことなので」ということで快く引き受けていただき、これまでとは一転して社協のよき理解者となり、副会長まで務めていただいた。あの兵庫県西北部豪雨災害から今年で13年経過したが、A氏は副会長を退任された今でも社協の理解者であり応援者である。

　このように社協の評価は人によっていろいろであるが、少なくとも当事者やクライエントとして関わった方は、社協本来の内容を理解いただき、評価していただけるものであることは確かである。しかし、社協もその性格をいろいろな場面でうまく使い分けをしてきたように思う。この点をわかりやすく説明しているのが宝塚市社協の常務理事で事務局長であった佐藤寿一である。そのことを紹介しておきたい。これは、藤井博志研究室が2016年に作成した『地域福祉実践演習ノートⅡ』の記述である。佐藤は、平成27（2015）年度の兵庫県社協が開催した新任事務局長研修の講義の中で次のように述べている[18]。ここの部分は、社協が協議体、運動体、事業体という多面性をもった性格の組織であるという点で非常にわかりやすい説明がなされている。「社協らしさ」と言えばそうだが、我々は、社協という組織を住民に説明する際に勝手に都合よく使い分けをしてはいないだろうか。以下、佐藤の講義記録を紹介しておく。

　　社協が他の組織体と異なる点は、多面性とそのバランスにあると考えています。社協という組織は、価値が一元ではないので、外から見てわかりにくいと言えます。
　　たとえば、社協は公共性と民間性という2つの相反する顔をもっています。一見すれば相反するこの2つの顔を、我々は場面によって使い分けているのです。住民に説明するときに、「我々は他の社会福祉法人と違って、各市町村に1つしかない公共性の強い団体です」という言い方をしてみたり、「行政とは違って柔軟に対応できる民間団体です」という言い方をしています。使い分けている側は、あまり意識していないのですが、ある時は公だと言ってみたり、ある時は民間だと言ってみたりしているわけですから、外から見ると訳がわからないですよね。それがよい方向に働けば、多面性はとても価値があると思うのですが、下手をすれば公共性という融通が利かない、制度から外れたことを何もしない、という行政の属性みたいな部分が出ることだってあるわけです。逆に、最終的に責任をとらなければならないという話のときに「いや我々は民間なので最終は行政が責任をもってもらわなければならない」という理屈で民間性を使ってしまう。こうなれば全くどうしようもない、存在価値のない組織になるわけです。
　　そういう意味では、公共性と民間性をどのように市民に向かって示すのか、常にバランスが求められます。いろんなことを判断したり、表に出したりする時の立ち位置は、その都度、判断せざるを得ません。公共性と民間性、要するに行

政から企業に近いところまでの幅の間で、社協は一体どの立ち位置で判断するの
か、動くのか、様々な場面で常に問われることになります。その時々の判断が
適切でなければ、先ほど言ったように、どうしようもない組織になってしまいま
す。これは組織マネジメントする上で非常に難しい課題だと思います。

　もう一つは、協議体、運動体、事業体のバランスです。社協としては、住民主
体を担保する協議体の側面を大事にする必要があるのですが、きちんと協議をし
ていれば事業で赤字を出してよいのかというと、そういうわけにもいきません。
財政基盤が脆弱な組織なので、赤字になれば行政に頼るか、住民に出してもらう
かということにならざるを得ません。組織経営を考えた場合、協議体と運動体と
事業体をどのようにバランスを取り、判断をしていくのか。これも先ほどの公共
性と民間性同様、常に同じ立ち位置で判断できない難しさがあります。まったく
同じシチュエーションであっても、時間が経過すれば違う位置に移っていなけれ
ばならないかもしれません。当然、テーマによっても、相手によっても、立つ
位置は変わりますので、どの立ち位置で判断していくのかということがとても難
しいです。市民からわかりにくい、周りから理解しにくいと言われるのは、こう
したことも理由の一つだと思います。こうしたバランス感覚は、磨いてすぐに得
られる類のものではないと思いますが、常に意識するようにしています。たとえ
ば、住民に制度の話をするとき、ただ単に行政批判をしていれば済むというわけ
ではなく、行政サイドに近い立ち位置で話をしなければまずいときもあります。
立ち位置を判断するマニュアルや明確な指針があるわけではないので、その場、
その状況で判断するしかないですね[18]。

　この佐藤の研修会での発言の中に、社協がなぜ周りからきちんと評価され
ず、わかりにくい組織であるのかということの答えがあるように思う。筆者も
この新任事務局長研修会に同席していたが、今振り返ってみるとこの発言は貴
重であり、わかりやすい。「社協らしさ」という中に社協への住民や行政関係
者の評価というか定義づけがあるということがわかる。

（2）　行政関係者は社協に何を求めているのか ― 社協の存在意義との関係で ―
　それでは、その行政関係者はその社協に何を求めているのであろうか。こ
れを論じる前に逆に、行政は社協という組織が存在しなかったらどういった不
便やマイナス面があるのだろうかということから考えてみたい。

　もともと、社会福祉は公的部分だけではそれは達成できないものであり、民間、いわゆる社協や社会福祉法人、NPO団体、そしてボランティアなど公的なもの以外の関係団体や個人での活動があってはじめて達成、もしくは充足されるものである。その意味で、「アメリカの社会福祉協議会の接木」[19] として生まれた日本の社協は、戦後誕生した時から、行政主導で進める社会福祉分野の民間団体として成長していった経緯があり、社協の創成期において、とくに行政との関係についての検討が目立っている。それは、組織的にも財政的にも脆弱であり、ともすれば行政依存の傾向になりがちな社協にあって、民間としての主体性を確保することに注力された結果であったと思われる（行政依存の体質は、誕生して70年になっても変わっていないのは確かであるが）。

　また、社協を戦後間もない頃に創設したのが、国策であったがために、この民間福祉団体としての社協を潰さず、育成、強化していかなければならないという国の社会福祉分野の政策として社協は捉えられたのではないか。そのように考えると、戦後からの国の社協育成や強化方針が時代の流れとともに次々と打ち出されてきたことの意味が理解できる。本来ならアメリカと同様、高度経済成長期の1960年代に消滅していたのではないかと思う。行政と社協の関係性の推移は次に示すような動きの中で見ることができる。とくに1990年以降、行政は行政としての第一義的責務を果たしてはいるが、行政だけでは対応できない分野については民間の役割を積極的に評価し、とりわけその中心部分は社協が担うようにしていったことが読み取れる。行政の下請け機関、補完組織、代替え組織等々、定義の仕方は様々だが、社協は歴史的に行政との役割分担化の中で生きてきた（活動してきた）ように思う。

　行政としては、社会福祉法上での位置づけから、市区町村社協は第109条で、都道府県社会福祉協議会は110条でそれぞれ法的に規定されているのであるが、市区町村社協が社会福祉法で規定されている以上、1つの市区町村に1か所は必要であり、行政としては、その法定の社協を認めなければいけないし、その運営に行政の関与が予定されており、その任務の一部も規定されている。

　また、地域福祉計画策定上においても、計画はもちろん行政が策定しなけ

ればならないのだが、その計画の策定段階において、当該市区町村社協が参画
しなければならないし、地域福祉計画そのものが、「住民参加」の具体的内容
を求めているものである（社会福祉法第107条第3項）。よって、これを可能
にするには、当該市区町村社協の存在がどうしても必要になる。さらに、地域
福祉計画は、個別分野の福祉計画（下記図参照「高齢者福祉計画」「介護保険
事業計画」「障害者基本計画」「障害福祉計画」「障害児福祉計画」「子ども・子
育て支援事業計画」）を横断した包括的な計画であって、地域住民の参加それ
自体を計画策定の目的の一つとして掲げる点で他の福祉計画には見られない特
徴を有するものであるが、地域福祉の推進をその目標に掲げる社協は、同様に
この計画を推進する「地域福祉活動計画（推進計画）」を策定することになっ
ており、行政としては、この社協計画との整合性を図る必要から社協との協働
や連携、調整を図ることが逆に要請される。

　この計画策定においても行政は社協を無視できないし、むしろ地域福祉推
進のパートナーとして位置づけなければならないわけである。また、社協は、
その目的である「地域住民の組織化」活動や独自の活動の中において住民の生
活福祉課題を発見し、それを行政の計画に反映させなければならない。ここに
社協の地域における存在意義が見いだされる。図1-1は、筆者が、定年退職

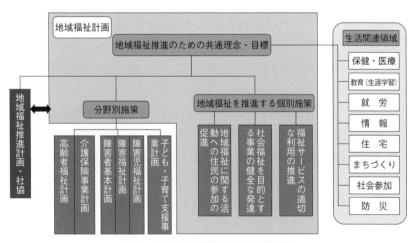

図1-1　地域福祉計画の基本的骨格

後、母校の非常勤講師として「福祉計画論」の講義を行った時に使用した地域福祉計画と社協が策定する地域福祉活動（推進）計画の関係と地域福祉計画の基本的骨格をまとめ作成した図である。行政が策定する地域福祉計画と社協が策定する地域福祉活動（推進）計画の関係から行政として、社協という組織がなければこういった計画行政での協働が図れない。その意味でも行政にとって社協は必要なセクターであり、地域福祉推進のよきパートナーである。

　この計画策定についても社協はコミュニティワークというその専門性を発揮し、民間サイドから地域福祉推進を図るという立場でかかわることが求められており、地域からも行政からもなくてはならない存在である。

　社協のこのミッションが今揺らいではいないかと危惧する。とりわけ、社会福祉法に定められた「地域福祉計画」が今だに策定されていない市町村もある。厚労省の平成31（2019）年の調査では、全1,741市町村（東京都特別区を含む、以下同じ）のうち「策定済み」が1,364市町村（78.3%）となっている。未策定の理由はどうあれ、なぜ計画策定がすべての市町村で出来ないのか。その市町村の社協はいったい何をしているのか。ここにも社協の課題を感じるわけである。

4.　社協と行政との望ましい関係をどう築くか

　さて、社協は誕生してから今日まで、財政的に行政の補助金に依存しなければ運営が難しい組織であった。それを裏付けるために、市区町村社協全体の収入決算額を見ると[20]、平成24（2012）年度の平均収入額は2億9,774万8,000円となっている。このうち、補助金収入は、4,730万2,000円で15.9%。受託金（行政からの委託事業費）が6,948万4,000円で23.3%を占めている。最も多いのが介護保険収入（介護報酬等の収入）で1億1445万1,000円。38.4%である。補助金と委託金収入を合わせると39.2%となり、介護保険収入を上回る（障害福祉事業収入は「利用料収入」として表示されているが、1,294万8,000円で構成比からすると4.3%である）。社協が介護保険事業を始める前の時点の平成11（1999）年度調査では、収入決算額の平均額が1億1,281万円のう

表 1-4　宍粟市社協の行政補助金の状況表

年度	補助金総額	活動費補助事業	敬老会事業	外出支援事業	総合相談事業	地域福祉推進計画支援事業	各事業比率合計
2011	100.00	67.42	13.62	17.98	0.98	0	100
2012	105.56	71.19	13.07	14.82	0.93	0	100
2013	104.61	71.32	13.10	14.64	0.93	0	100
2014	101.65	73.56	13.36	12.12	0.96	0	100
2015	104.27	72.64	13.10	13.33	0.94	0	100
2016	80.06	81.72	17.06	0	1.22	0	100
2017	86.22	81.97	15.91	0	0	2.12	100
2018	86.03	82.01	15.86	0	0	2.13	100
2019	87.22	81.90	16.00	0	0	2.10	100
2020	81.96	81.35	16.42	0	0	2.23	100
2021	82.19	81.11	16.66	0	0	2.23	100

出典：宍粟市社協（令和 4（2022）年 1 月時点）

※補助金総額は、平成 23（2011）年度を 100 とした場合の以後 10 年間の状況である。
　平成 28（2016）年度以降は補助金総額で平成 23（2011）年度より減少してい
　るが、活動費補助額の割合は 8 割を超えている。

ち、補助金収入が 2,727 万円で 24.2％。受託金収入が、半分以上の 6,006 万円
で 53.2％となっている。これらの調査結果からもわかるように、社協がいかに
公的な財源で経営されてきたかということである。その意味では、行政との関
係性をどのように構築していくかである。

　筆者が長年勤務した宍粟市社協の宍粟市からの補助金の推移は、表 1-4 の
とおりであり、補助金はほとんどが社協活動費である（補助金額については、
宍粟市社協の内部資料であるので率で表示している）。

　この活動費は、補助金交付要綱の細則で規定されており、その活動に関係
する費用（主体は関係職員の人件費）に対して補助するという内容である。
また、敬老会事業費は、75 歳以上の高齢者を一定の地域ごとに当該地域の会
場（公民館等）に集めて祝福する事業として、地域でこの事業を実施した場合
に一定の基準により、その主催者（自治会等）へ社協が補助金として交付して

いる。その財源が市からの補助金として社協に交付されている。外出支援事業
は、文字通り外出が困難な高齢者や障害のある方への送迎支援事業として、社
協が「福祉有償運送事業」の認可を受けて市域で外出支援（福祉車両による送
迎）を行う事業である。総合相談事業は、心配ごと相談や法律相談、結婚相談
等社協が実施する相談事業活動に対する補助金である。このうち外出支援事業
は、宍粟市内でコミュニティバス（「しーたんバス」）の運行が全自治会域で開
始される前年の平成27（2015）年度末で終了し補助事業ではなくなった。総
合相談事業については、市役所担当課との協議で地域福祉推進計画を推進する
ための事業費の一部を補助するという内容で、総合相談事業費はこの補助事業
に組み込まれた。

　何よりも有難いのは、活動費補助金が毎年度一定のルールで行政補助金と
して交付されていることである。筆者が在職時、毎年の兵庫県社協の活動調査
の項目に「行政からの補助金がルール化されて交付されているか」という設問
があったが、宍粟市社協では、このことはクリアできていた。過去には、活動
費補助金について、社協人件費の積算根拠が同期入職の行政職員よりもなぜか
低位の状態に置かれていたが、これを問題視した当時の会長が市長との協議で
是正された経緯がある[21]。この点も行政の補助金交付のあり方として評価さ
れる点である。行政補助金がルール化され、現在では地域福祉事業に従事す
る一定数の職員活動費が補助金として交付されていることは大きい。この点で
は、全国津々浦々の市区町村社協の中でも補助金の総額といい、ルール化とい
い、称賛できる内容である。聞くところによれば、補助金額が定額とされてい
る社協もあるようだが、社協活動費用の根拠を明確にしながらルール化し、脆
弱な財政構造の中にあっても安心して職員が働き、社協活動が推進できる仕組
みを構築しているのは、行政が社協活動を評価し信頼関係の中で事業展開がな
されているという望ましい関係性があるからではないだろうか。

　こうした状況を作り出すためには、過去も含めて現在も社協として、その
使命を自覚し、実践してきた（している）ことの証でもある。社協と行政とは
前述したように地域福祉推進のための良きパートナーでなければならない。そ
の望ましい関係を構築するために必要と思われる社協サイドの取り組み（改

革）を次に提案し、本章のまとめとしたい。こうした社協改革をすすめることで、行政との対等な関係が築けると確信する。

（1） 社協組織のスリム化と事業経営マネジメントの推進

　平成 25（2013）年度の全社協調査で、全国の社協職員数が 13 万 3,000 人を超え、1 社協平均 72 名という組織となった社協。その原因は、言うまでもなく介護事業や障害福祉事業などへの事業拡張が原因であるが、財政基盤の脆弱な社協にとっては、これらへの対応は大きな負担である。そして、事業展開をすれば必ず事業経営が必要である。ここで赤字をつくれば翌年度から大変なことになるのは目に見えている。まずは、組織のスリム化をすべきである。とくに介護事業については、どれだけ職員が必要か。配置も含め、組織図を見直すこと、常に経営目線での対策が肝要である。その意味で、毎月定時の会計指標を見ながら経営マネジメントを行うことが必要である。この辺りは、職員だけでは難しいので専門家への依頼などアウトソーシングをすべきである。筆者の在職中には、経営マネジメントができる専門家に毎月本部に来てもらい、会計伝票の確認はもちろん、事業全体の状況分析等をお願いしていた。この取り組みは今も行われているようであるが、社協外部から経営マネジメントができる専門家の 招聘など総合的な視点で社協経営を捉えることが必要である。

（2） 理事会・評議員会の改革

　社協にとって理事会と評議員会の運営は重要な要素である。まず、理事会は毎月開催すること。そして、理事への経営データの提供と時宜を得た情報提供が必要である。毎月開催は相当こだわらないとできないが、筆者が在職中はそれを実践してきた。それにより理事の意識も変化してくる。法人組織として理事の経営責任は大きく、理事に社協活動の現場を見ていただくことが必要である。同様に評議員も学習が必要である。

　筆者は、在職中に理事会の視察研修の改革を行った。それは、職員と理事で作る業務研究会の組織化と実践である。理事 15 名を 5 名ずつの班に振り分け、その班に関係職員を 3 名ずつ配置して、年間を通じて研究テーマを決め学

習を行うというもので、年度末には発表会を開催して全体で研究テーマの内容を共有するというものである。よく社協では、理事全員で視察研修を行うことが年間行事として行われている。筆者は、経費の節減と大勢で視察に行くことの意義を見いだせなくなり止めることにした。それに代わる役職員による業務研究会実施の提案を行った。

　これには、役員から異論も出たが、職員の業務研究に関するモチベーションも上がり、実際に行ってみると多くの学びがあった。また、在職中には近畿各府県から市町村社協役員の視察が多くあった。これは非常に有難いことではあるが、視察の受け入れ側として、その説明時間と資料作成に多くの時間を費やしたにもかかわらず、その資料を帰り際にトイレにお忘れになった方があり、いただいた名刺の事務局責任者へ連絡したところ、「そちらで処分して下さい」という残念な返事であった。また、業務多忙の中時間を割いてこちらが資料に基づき説明しているにもかかわらず、前夜の宴会？　の疲れか、居眠りをされる方があるなど、理事全員で行う視察そのものにその意義を見いだせなくなった。こうしたことが何回かあったことにより、宍粟市社協では理事全員による視察研修を止めたわけである。費用対効果も含めてこういった研修の実施やあり方については見直す時代に来ている。新型コロナの影響も考えるとなおさらである。要は、社協の役員としてその社協の運営にどこまで責任を持ってもらうのかということである。前述したような情勢のもとで、社協はどのようにしていけばよいのかを考えていただきたい。評議員会も社会福祉法の改正で少数精鋭となり、議決機関としての役割が強化された。評議員にしてもその自覚とともに学習機会の提供が必要である。

　役員関係者の意識改革と経営責任を持ってもらうための改革や取り組みをぜひともお願いしたい。

（3）　コミュニティワークのさらなる実践とコロナ禍後の地域づくりのために

　社協はその歴史にもあるように「住民主体」の原則のもと、住民の側に立ってコミュニティワークを進め、地域の組織化や地域の社会資源の開発、整備、そして、コミュニティソーシャルワークを展開するために地域の福祉基盤をつ

くる（築く）ことがその重要な役割である。また、社協全体で中間支援組織として機能しながら、行政や関係機関と役割分担をし、地域ニーズの把握や地域住民との話し合いの場づくり（筆者は、自治会ごとの住民座談会や自治会に設置した福祉委員や民生委員・児童委員、自治会役員が参加する「福祉連絡会」づくりがこの場づくりだと考えている）や福祉学習を通じた住民の主体形成、さらには、ソーシャルアクションによる政策立案を進めることが理想的なコミュニティワークと考えるが、こういった取り組みをコロナ禍の後どう構築していくか。これが問われていると考える。

　今回のコロナ禍による地域福祉活動の休止等がこれからの社協活動にどのくらい影響を与えるか、非常に気がかりである。新型コロナの終息がまだ見えない今日に在って、コロナ禍後の対応策を練ってほしい。さらに、地域福祉計画や地域福祉活動計画の現段階での評価や新型コロナによる計画の見直しなど多くの課題が横たわっている。新型コロナパンデミックが及ぼした影響は大きなものがある。

（4）　職員育成と人事考課の推進

　職員育成については、社協ならずともどの分野でも難しい課題である。筆者が在職中にはなかなかできなかったことなので、大きなことは言えないが、まずは有用な幹部養成のための政策を持つこと。新規職員の採用計画について現有職員を年表に落としてみて、○○年後には職員配置はどのようになるのか。そのために職員の採用はどうすべきかという採用計画の立案。さらに定年制度の見直しや職員の労務上での権利擁護など取り組む課題はたくさんある。

　これに加えて、必要なことは「人事考課」である。筆者は退職前の10年間で不十分ではあるが職員の人事考課と目標考課の仕組み、さらには人事考課結果を昇給に反映する仕組みを作った。聞くところによれば、現在もこの人事考課表と目標考課の仕組みは活用されているようであるが、こういった仕組み作りに多くの社協で取り組んでいただきたい。これには、その道の専門家などの力を借りることも必要であるが、考課者の研修やレベルアップも必要である。要は職員がこうした取り組みに理解を示し賛同し、会長をはじめ幹部と職員が

協働して取り組むことが必要である。それが社協の発展につながると考える。

（5）　行政と連携した協議の場づくりのために

　そして、これらを実践しながら行政と連携した協議の場づくりが何よりも大切である。できれば、業務多用の中ではあるが、毎月1回程度の社協と行政担当部局の協議の場づくりが必要かと思う。行政の担当者は一定期間ごとに人事異動がある。そういった場面ではなおさらこういった協議の場が必要である。難しく考えずに「行政と社協担当者連絡会」でよい。

　情報交換を含め、こうした場（テーブル）づくりは不可欠ではないだろうか。地域福祉を進める行政と社協の立場で気軽に協議できる場が欲しい。これはすぐにでも実現可能なことである。

　また、行政と社協の関係では、人事面で会長職を含め常務理事や事務局長というポストに行政OBが抜擢されることがよくある。こういう人事がなされると社協は行政の下請け機関だとか天下り先の組織だと揶揄されるわけであるが、それを払拭するだけの社協らしさを活かした活動が求められる。行政OBの中には、素晴らしい方も多く、プロパー職員よりも「社協センス」があると言う方も多々ある。要は、「社協は人である」と筆者はいつも思っている。その人（人財）を活かし、行政と社協の良好な関係を築くためには、お互いにリスペクトすることが最も大切であることを伝えておきたい。

　おわりに

　社協と行政との関係について、現在の社会情勢を押さえながら社協の立場からまとめてみた。ずいぶんと乱暴な記述になった箇所もあるがお許し願いたい。筆者が長年の社協での勤務で経験した中身を記述し、多くの社協関係者に今日の社協の現状と新型コロナが終息し、あらたな場面での社協活動のあり方について考えていただく機会になればと思う。新自由主義政策のもとで拡大した格差と貧困。これに今回の新型コロナがさらにそれを拡大させたように思う。筆者が長年取り組んできた社協活動の経験から新たな社協組織改革への提

案（そんなに大げさな提案ではないが）もさせていただいた。もともと脆弱な財政基盤の中で行政からの補助金や委託金は大きなものがある。その一方で、地域組織化を図るための住民会員会費制度の維持がどこまで継続できるだろうか。社協が「無くてもよい組織」ではなく、どうしてもその存在が必要であるという地域からの要請を創りあげることが必要である。今回の新型コロナはこの社協の思いをどのように受け止め、どのような活動ステージを用意してくれるだろうか。

　新型コロナ後の社協活動や地域活動は、これまでの常識が通じないことになる可能性が強い。社協と行政との関係をさらに強固なものにし、新しい環境の中であらたな活動を模索してほしい。多くの社協関係者の知恵と力を出し合い、住民主体でつくる新しい地域福祉活動に期待したい。

（山本正幸）

参考文献・引用

1)　総務省統計局ホームページ　「労働力調査」による。
　　https://www.stat.go.jp/data/roudou/sokuhou/nendo/index.html
2)　毎日新聞　2016 年 1 月 20 日
3)　関西社協コミュニティワーカー協会『社協特例貸付の現状』
4)　国民生活基礎調査における相対的貧困率は、一定基準（貧困線）を下回る等価可処分所得しか得ていない者の割合をいう。貧困線とは、等価可処分所得（世帯の可処分所得（収入から税金・社会保険料等を除いたいわゆる手取り収入）を世帯人員の平方根で割って調整した所得）の中央値の半分の額をいう。これらの算出方法は、OECD（経済協力開発機構）の作成基準に基づく。厚生労働省：国民生活基礎調査（貧困率）「よくあるご質問」より。
5)　国立社会保障・人口問題研究所　press release
　　https://www.ipss.go.jp/pp-zenkoku/j/zenkoku2017/pp29_PressRelease.pdf
6)　「Sustainable Development Report2021」
7)　『百科事典マイペディア』（平凡社、1995 年）
8)　西尾祐吾・塚口伍喜夫監修『歴史との対話』大学教育出版　2018 年 1 月　138 頁〜145 頁参照
9)　同上　144 頁
10)　同上　145 頁
11)　総務省統計局　2022 年 1 月 20 日　推計人口による。

12)　神戸新聞　2022 年 5 月 2 日付。

13)　『概説　社会福祉協議会』全社協　2015 年 3 月　256 頁より引用

14)　同上　6 頁より引用

15)　筆者「市町村合併における社協統合の実情と課題」『地域福祉活動研究』第 35 号　2007 年 3 月　日本済生会

16)　『概説　社会福祉協議会』全社協　2015 年 3 月　資料編　286 頁　2011（平成 25）年 4 月 1 日現在。

17)　『社会福祉協議会の実態と展望』橋本宏子・飯村史恵・井上匡子編者　2015 年　日本評論社　1 頁

18)　この時の兵庫県社協主催の新任事務局長研修は筆者も講師として同席している。

19)　『社会福祉協議会の実態と展望』橋本宏子・飯村史恵・井上匡子編者　2015 年　日本評論社　1 頁

20)　『概説　社会福祉協議会』全社協　2015 年 3 月　257 頁

21)　このことの詳細は、塚口伍喜夫、笹山周作編著『社会福祉法人の自律その意義を問う』2021 年 9 月　大学教育出版　第 8 章　196 頁に記載。

第2章
社協組織と事務局のあり方

はじめに

　もう 30 年以上も前の話になるが、平成元（1989）年に 10 年間勤務した民間企業を退職し、もう少し直接人の役に立つ仕事がしたいと宝塚市社会福祉協議会に転職した。実際に社会福祉協議会（以下「社協」）で働いてみると、この組織はこれまで働いてきた民間企業とはまったく異なる原理で動いているという違和感を覚えた。そして、その違和感は社協職員として 30 年以上務めた今も続いている。

　違和感の第 1 は、企業のように利益を上げるという明確な目標がなく、職員個々は真面目に働いているが、仕事の目指す方向がそろっておらず、加えて仕事の効率も悪いために、組織として成果が上がっていないことであった。多くの人が長時間働いているのにその成果が見えない組織であった。第 2 に協議会の名が示すように、理事会、評議員会を筆頭に様々な会議が行われるが、協議と意思決定を行う場というよりは予定調和の形式的なものがほとんどで、アリバイづくりのような会議であった。企業時代にうるさく言われた論点をわかりやすくした簡潔な会議資料とは真逆の、詳細な分厚い資料を提出し、延々と事務局が説明した上で、ろくな質疑もないまま原案通り決定するといったことが当たり前に行われていた。そして第 3 には、社協は民間組織であり行政とは違うと強調しているが、実際に管理職は行政出向者や行政 OB で、仕事の仕方や組織内のルールは行政のそれに倣って作られたものであった。そして、職員

の意識も民間団体というよりは、行政の外郭団体の職員のそれではないのかと思われた。行政でもない、民間でもないという組織の立ち位置は、どこに基本を置いてよいのか定まりにくく、外から見ても非常にわかりにくい組織となっていると感じた。そして、この時筆者が覚えた社協組織、職員に対する違和感が、住民や行政、他の専門機関から、社協という組織の理解を得る上でマイナスの要因となっているように思える。行政に近い仕組みで運営されてきたことが要因として大きいのであろうが、かといって、問題点のすべてが行政に倣っていることに起因しているというわけでもない。これこそが、「官」ではないがかといって「民」でもない、社協組織が持つ固有の組織風土の負の部分ではないかと考えている。そして、この違和感を覚えた点を克服していくことが、筆者の社協での命題となった。

　本章では、政策化が進み注目を集める地域福祉分野の中で、長年にわたってこれを推進してきた社協が、推進役として期待される一方で、なぜ充分な評価を得られていないのか。その組織特性と組織マネジメントという点に着目して考えてみたい。

1.　社協は今どのような状況の下にあるのか

　捉えにくい社協組織を見るために、まずその組織の使命である「地域福祉」を概観するとともに、社協組織の特性を法の規定の面から確認する。その上で、社会福祉分野の中で現在脚光を浴びている「地域福祉」の現状と、社協の位置づけについて再確認してみたい。

（1）　地域福祉とは何か、そしてそれを推進する社協とは何か
1）　地域福祉とは何か
　社協は、社会福祉法に「地域福祉を推進を図ることを目的とする団体」であると明記されている。では、その推進するべき地域福祉とは何なのか。実は、この地域福祉は学問的に明確な定義がなされていない。研究者間でもいろいろと議論があったが、多様な解釈があり統一された定義は存在しない。筆者が

勤めていた宝塚市社協では、市民に地域福祉をわかりやすく説明するために、「誰もが、住み慣れたところで、その人らしく暮らせる、まちと仕組みを、みんなでつくる」という関西学院大学教授の藤井博志氏の説明を利用してきた。要するに、対象を限定せず、地域に住む人みなを対象として、住みなれたところで、これまで築いてきた人や場所、物との関係性を基礎に、社会的役割をもって自己実現をしながら生活を継続することによって、その人らしくいきいきと暮らすことができる町と仕組みを作ることをあらわしている。しかも行政だけで、専門職だけで、住民だけで進めるというのではなく、そこに住む住民・当事者を中心に据え、行政や関係機関、専門職も一緒になって作っていくというのが地域福祉ということである。対象を限定しないヨコ割りの福祉、総合的な社会福祉であり、住民が参加・参画し公私の協働によって進める自発的な社会福祉であることが、他の分野の福祉とは異なる地域福祉の特徴であると捉えている。

2) 社会福祉協議会とは何か

　そして、その「地域福祉」を推進するための組織として、社協が自治体ごとに置かれている。社会福祉法第109条の規定では、市区町村社会福祉協議会とは、「地域福祉の推進を図ることを目的とする団体」であり、その地域福祉推進のために行う4つに事業を挙げている。この事業の中で、特に注目したいのが「**社会福祉を目的とする事業（※）の企画及び実施**」「**社会福祉を目的とする事業に関する調査、普及、宣伝、連絡、調整及び助成**」という記述である。"社会福祉を目的とする事業"であって"社会福祉事業"ではないことが、社協が何たるかを端的に表している。社会福祉法人という法人格は、国民に憲法によって規定された生存権を保障するために、行政に代わって社会福祉事業を行うために作られた法人格である。もちろん現在では、社会福祉事業の範囲にとどまらず問題解決に向けた幅広い事業展開をしている社会福祉法人も多く存在する。しかし、元来は、社会福祉事業を行うために作られた法人格であり、住民参加や協働を想定したものではない。

　一方、社協は、制度で対応できない問題、つまりは社会福祉事業では解決

できない問題に対応するために、民間側の衆知を結集し、制度横断的に開発性を活かした対応を行う仕組みとして作られた組織である。まさに地域福祉の特徴の一つである対象を限定しない、ヨコ割りの福祉を実現していくための組織といえる。もともと構想された時点で、事業を自ら実施して問題解決をするということは想定されておらず、調査で地域の生活課題を明らかにしてそれを地域内で普及・宣伝することで共有し、皆で力を合わせてそれが解決できるようにしていくために連絡、調整、助成を行うための協議の場として設定された。しかも、住民参加のための援助をして一緒に行うことが、地域福祉推進のための事業の一つとして同じ条文の中の項目に規定されている。地域福祉の2つ目の大きな特色である、住民が参加・参画し公私協働で勧める自発的な社会福祉を体現しており、社協の事務局組織が独力で事業を行って解決するということは、地域福祉の推進を目的とする社協組織の本質ではない。

　しかし、実際には、民間とはいいながらも、行政によって全国一斉に組織化が進められた社協は、制度で対応できない課題への対応について、長年にわたって行政の意を受けて、事務局が直接事業を行う方法で解決する対応を行ってきた。つまり、現行の制度・サービスで対応できない課題に対して、協議体としての機能を活用し、既存の資源をつないだり新たな資源を開発して解決するのではなく、行政とのやり取りの中で、補助事業や委託事業等の様々な事業形態を模索し、行政の依頼により事務局が直接動いて解決するという解決方法を選択してきたのである。

※社会福祉を目的とする事業＞社会福祉事業
　社会福祉事業は、制度・サービスとして社会福祉法に規定された第1種と第2種の限定列挙の事業であるが、社会福祉を目的とする事業はそれより幅広く生活課題の解決を図るために行われるものを含んだ開発的な意味を持つ。

（2）　地域福祉の政策化の流れとそれが意味するもの

　ところが、以下に述べるように一転して地域福祉が注目される状況となり、本来社協が果たすべきである社会福祉分野全体を横につなぐ協議・協働の場づくりの機能が求められるようになっている。それに対して社協に対する期

待が高まる一方で、これまでの社協の実態をよく知る行政や関係機関、住民からは、社協中心でこれを進めることに疑義がある旨を耳にするようになった。特に積極的に地域福祉を進めようと自治体が中心になって取り組みを進めてきたところや、NPO 法人や社会福祉法人が動かない社協に代わって横につなぐ役割を果たしてきたところほど、この声が強い。社協は、地域福祉の政策化の流れの中で、いったいどのような状況に直面しているのだろうか。

1) 社会的孤立と多様化・複雑化する生活課題

　少子高齢化と人口減少が進行する現代社会の中で、世帯人員の減少、単身世帯の増加が顕著であり、家族の問題解決の力は弱くなる一方である。併せて、地域内での人と人のつながりが薄れ、家族を補完するべき地域社会の問題発見力や支え合う力もどんどん弱くなっている。その一方で、リーマンショック後から進む格差の拡大により貧困化が進むとともに、社会的孤立が広がり、それらに起因する生活課題の多様化・複雑化が大きな社会問題となっている。そして、この生活課題の多様化、複雑化の進行によって、これまでの社会福祉の縦割りの制度・サービスでは、対応できないケースが頻発するという状況になっている。

2) 地域福祉の政策化

　この状況に対応するため、社会保障制度、社会福祉の仕組みの抜本的な見直しが必要となっている。つまり、制度サービスだけをいくら充実させても、現状の社会的孤立に起因するところの多様で複雑な生活課題の解決は困難であり、人と人のつながりを取り戻し、孤立状態から脱するために、住民とともに問題解決を目指す「地域福祉」に取り組まざるを得ない状況が生まれているのである。これが、地域福祉の主流化、政策化と言われる流れである。厚生労働省は、平成 27（2015）年、「我が事丸ごと」地域共生社会実現本部を設置し、以後「地域共生社会づくり」のスローガンのもとに、「包括的支援体制整備事業」「重層的支援体制づくり事業」というように、次々と地域福祉を進めるための施策を打ち出している。

　今までは、家族や近所の支え合う力で解決できていた問題が、家族の力が弱くなり、近所とのつながりが希薄化する中で対応が困難になり、税金や社会保険を財源とした専門職によるサービスで、これらの課題すべてに対応することになれば、早晩、財源も人材も払底するのは目に見えている。つまり、この流れが出てきた大きな要因は、現行のままの施策ではお金がもたない、人材がもたないということである。しかし、この場面で、住民や社協として押さえておくべきことは、問題の根底に社会的孤立があり、つながりが失われることによって、人の生活をどんどん苦しいものにしているということである。しかも制度サービスの支援だけを受けて生活をすることは、生活がどんどん受け身になるということにつながる。受け身の生活は、当事者の主体性を奪い、有意義で生きがいのある生活を送ることを困難にし、どんどん状態を悪化させる。社協としては、財源や人手の不足という観点からでなく、住民が自分の生活がより豊かになるよう、より主体的に生活に関われるようにしていくことが、この地域福祉の政策化の時代の大切なポイントである。住民の労働力を当て込んだ安上がりの福祉を実現するための流れではないということをあらためて確認しておく。

3）　地域福祉施策とは

　実際に地域福祉の政策化の流れの中で、どのような施策が展開されているのだろうか。

　一つは、地域包括ケアシステムと言われる高齢者分野の総合化の取り組みである。介護保険制度の中で、生活支援サービス体制整備事業、新しい総合事業という仕組みが平成27（2015）年度から動き始めた。地域支え合い推進員（生活支援コーディネーター）が自治体域（第1層）と日常生活圏域（第2層）に配置され、それぞれで協議体と言われる課題を協議する場を運営し、住民参加型も含めた多様な事業、活動で課題解決を図ろうというものである。

　今一つは、貧困問題、社会的孤立への対応を突き詰めて考える中で出てきた生活困窮者自立支援事業（平成27（2015）年度〜）による自立相談支援事業である。既存の制度で対応できない問題に対して、制度にないからと入口で

断るのでなく、受け止めて対応できるような縦割りでない仕組みを制度として作るということで出てきたものである。課題が深刻になって生活保護でしか対応できないような状況になる前に対応を始め、自立した生活に戻れるようにしようというものである。

　生活支援コーディネーター事業、生活困窮者自立支援事業の自立相談支援事業ともに、社協が行政から委託を受けて事業を行っているところも多い。しかし、事業の内容をよくみると、これは今まで社協が地域福祉推進のために進めていた、地域でつながりづくりをしていこう、住民同士で気にかけ合い助け合いをしていこうという、制度で対応できない問題には皆で知恵を絞り、力を合わせて対応していこうと働きかけ行ってきたことに他ならない。それを行政の事業として、委託を受けて仕様書に基づいて行うという状況が出てきているということである。

　そして、これらの動きに続いて地域共生社会づくりということで、総合相談支援体制整備による制度狭間への対応、包括的支援と多様な参加・協働の推進による断らない相談、地域づくり、重層的支援体制整備事業による総合相談と参加支援、地域づくり支援というように、社会福祉法の改正を行って、矢継ぎ早に施策が打ち出されている。

4）　社協と地域福祉施策の展開

　この状況を俯瞰してみると、今から20数年前に、介護保険制度が導入されたことにより在宅福祉サービスの市場化、供給主体の多元化が一気に進んだように、地域福祉分野でも推進主体の多元化が起こることが予測される。これまで、地域へ働きかけて地域福祉を推進することは社協が専売特許のように進めてきたが、施策に位置づくことで財源が担保され、お金が流れて人が雇用できる事業となり、多様な主体が一気に参入するようになる可能性があるということである。そして、社協の実施する在宅福祉サービスが、介護保険の導入による在宅福祉サービスの市場化、供給主体の多元化でどうなったかを思い起こしてほしい。平成12（2000）年、介護保険制度導入時点では、在宅福祉サービス、特にヘルパー等における社協のシェアは、かなり高い状況にあった。それ

が、介護保険制度によって社会保険制度を使ったお金の流れる仕組みとなる中で一気に需要が増え、市場化されて参入規制が大幅に緩和された。当面は需要の伸びが大きく、社協ブランドも信用に結びついていたために大きな問題はなかったが、時間の経過とともに、民間企業も含む多様な供給主体との競争に対応できず、赤字基調となり、撤退した社協、撤退を検討する社協が少なからず出てきている。社協のシェアも提供量の大幅な増加もあいまって、大きく落ち込んでいる。これと同様の状況が、地域福祉分野でも起こることが考えられないか。

　地域福祉政策の一環である介護保険の生活支援体制整備事業における生活支援コーディネーター事業も生活困窮者自立支援事業の自立相談支援事業も、事業委託の対象を社協に限定しているわけではない。現実に行政が直営で行う以外に、社会福祉法人、地域包括支援センター、NPO法人、民間企業がこれらの委託事業を担っている自治体も相当数出てきている。そして、在宅福祉サービスと大きく異なるのは、地域福祉の推進は社協組織の目的だということである。地域福祉分野から撤退することは、イコール組織の消滅ということに他ならないのではないだろうか。社協が地域福祉の推進施策の受託ができないという状況をどう考えるか、大きな問題である。

5）　社協が進めるべき地域福祉と受託事業としての地域福祉

　加えてあと一点、地域福祉の施策化の中で考えておく必要があるのは、社協が組織使命として推進すべき地域福祉は、行政の委託事業として行う仕様書通りのものだけでよいのかということである。行政は、行政の立場で進めるべき地域福祉について地域福祉計画を作成して、目標を達成するために必要であれば事業を起こし、仕様書を作って委託して進めていくことになる。しかし、社協が行う地域福祉は、住民とともにあるべき地域の姿を考え、住民がこれを主体的に進めていけるように、住民の側に立って進めていくものでなくてはならない。行政が作った仕様書に従って委託事業という枠の中だけで行う地域福祉で、住民主体で地域福祉が進むように支援していくという社協組織の使命が果たしえるのだろうか。もちろん、委託を受けないで独自路線だけで実現す

るということを言っているのではなく、委託を受けて仕様書に則して行う部分は、それはそれでしっかり行うべきであることは当然である。しかし、それに加えて、地域のニーズ、当事者や住民の側に立った独自の視点を加えた事業を行う必要があるということである。地域福祉が制度化されれば、必ず制度で対応できない部分が出てくる。そこも含めた、開発的な取り組みが必ず必要となる。そこに対応できるからこそ社協の民間組織としての存在価値がある。そして、それこそが、これまで社協が、市民からも行政からも関係機関からも期待されてきたことではないのだろうか。

2. 社協組織の課題

地域福祉が期待され主流化し政策化されていく中で、地域福祉を推進するべく社会福祉法に定められた組織である社会福祉協議会は、この流れにいかに位置づくのであろうか。これまで見てきた限りでは、これまでにない追風の中にあるとは言い難い。この項目では、過去からの状況も合わせて考えてみる中で、社協組織の抱える課題を明らかにしておく。

（1） 長年にわたって変わらぬ社協組織の課題

基礎構造改革以後、社協組織が事業体化し住民主体が担保されていないとか、行政依存が強く民間側に立てていない等々の課題が指摘されている。しかし、それは今に始まったことではなく、創設以来同様の課題が繰り返し提示されているのではないかというのが、この項の問題提起である。

市町村社協が創設されて 10 年が過ぎた昭和 37（1962）年に出された社協基本要綱の前文の中に、当時の社協が抱える課題が列挙されている。それによると、「市町村社会福祉協議会の多くは、社会福祉関係者中心の組織であって行政機関に対する依存度が高く、その活動も狭義の社会福祉事業が主となっている傾向がみられ、広く住民の福祉に欠ける状況を解明し、その解決をはかるには、なお不十分な状況にあると言わざるを得ない」とある。

そして、それから 45 年が過ぎた平成 19（2007）年度に実施された、筆者も

委員として参加した厚生労働省社会援護局の「これからの地域福祉のあり方に関する研究会」の報告書「地域における「新たな支え合い」を求めて」（以下「あり方報告」）によれば、既存制度の見直しの単元の中で社会福祉協議会の項目の課題には、基本要綱前文とほぼ同様のことが指摘されている。基本要綱の前文の指摘内容に沿って比較してみると以下のようになる。

1）　住民主体・住民参加の担保が十分でない

　基本要綱前文の第1の指摘は、組織構成として、住民主体、住民参加の担保ができていないというものである。この点については、あり方研報告でも「住民主体・住民参加の点で見ると、法的には社会福祉事業者の団体という色彩が濃く、事業の形成や実施にあたって住民参加は必ずしも十分とは言えない状況」との指摘をしている。住民主体の協議体組織であるべき社協が、一貫してそうなっていないという指摘を受け続けていることになる。

2）　行政機関への依存度が高い

　第2に行政との関係については、行政機関に対する依存度が高いとされている。これが、あり方研報告でも「役職員の人材や事業展開において行政との関係が強く、行政との区別がつきにくい地域もあるなど、民間の立場で地域福祉を進める団体として住民に認識されるに至っていない」との指摘で、民間団体としては認識されていないというものである。のちにも述べるが、人事面や財政面を見ても行政との関係が非常に強いことは事実であり、ある意味、外から見るとそう見えるというのは当たり前のことなのであろう。

3）　事業中心である

　第3の事業中心であるという点については、活動も狭義の社会福祉事業が主となっている傾向がみられ、広く住民の福祉に欠ける状況を解明し、その解決を図るには、なお不十分な状況にあると指摘されている。これが、あり方研報告では「介護保険事業や行政からの受託事業の割合が高く、地域福祉活動支援の取り組みを強化する必要がある」と指摘されている。事業体部分のみが活

表 2-1　社会福祉協議会の課題の新旧比較

課　題	社協基本要項前文（1962 年）	これからの地域福祉のあり方に関する研究会報告書（2008 年）
①組織構成「住民主体・参加の担保」	社会福祉関係者中心の組織である。	住民主体、住民参加の視点で見ると、法的には社会福祉事業者の団体という色彩が濃く、事業の形成や実施にあたって住民参加が十分とはいえない。
②行政との関係「民間性と公共性」	行政機関に対する依存度が高い。	役職員の人材や事業展開で行政との関係が強く、住民の立場で地域福祉を進める団体として住民に認識されるに至っていない。
③事業中心「協議体・運動体と事業体」	活動は狭義の社会事業が主で、ひろく住民の福祉に欠ける状態を解明し、解決を図るには不十分な状態にある。	介護保険事業や行政からの受託事業の割合が高く、地域福祉活動支援の取り組みを強化する必要がある。
④その他	全国、都道府県、市区町の各段階で組織、活動が系統的に整備されていない。	職員の専門性の確保が課題である。

発に動き、協議体・運動体としての機能が不十分であることに加えて、既存の制度・サービスに位置づけられた事業を行っているのみで、新たな生活課題に対応する動き、住民の活動支援ができていないとの指摘を受けている。しかも45 年にわたってその状態が継続しているということになる。

　昭和 37（1962）年の社会福祉協議会基本要綱から 45 年を経過した平成 20（2008）年にまとめられたあり方研報告でも、組織使命にかかわる本質的な課題とされる部分は改善されておらず、ほぼ同様の指摘を受けている。45 年の間に改善された時期はあって、再び同様の指摘を受ける状態となったとは考えにくく、指摘をされた項目はずっとそのような状態が続いていたとみるべきであろう。そして、地域福祉の政策化の時代を迎えた今、この課題が解決済みであるとは言い難い。課題とされる部分は一貫して同じで、組織体質として定着しており、常に改善を意識したマネジメントを行わなければこの課題は解消し

ないということであろうと考えられる。

　つまり、社協という組織は、常に意識してマネジメントをしていない限り、住民主体・参加の担保がされずに事務局だけが動き、民間性として重要な即応性や開発性が発揮できず行政と区別がつかない。加えて、既存の社会福祉事業や行政の委託事業への取り組みが中心となる事業体としての側面が強くなるという組織的な特性を持っていることになる。そして、これらの点は、地域福祉を推進するという社協の使命を果たす上で、非常に大きなポイントとなる部分である。これらが適切にマネジメントできていないということになれば、今求められている地域福祉の政策化の中での社協の立ち位置は保てず、期待される役割を果たすことは難しいのではないかと危惧する。

（2）　社協組織と事務局

　上記の、長期にわたる課題を見ると、社協組織とは何なのかを考えさせられる。この項目では、特に住民主体の協議体としての根幹をなす理事会・評議員会が本当に充分に機能しているのか、また、事業体としての側面ばかりが強調され事務局が社協総体であるかの如く映っているが、理事会と事務局の関係はどのようにあるべきなのかを考える。

1）　理事会・評議員会

　社協の協議体としての象徴であるべき理事会と評議員会は、協議の場、意思決定機関として本当に機能しているのだろうか。最近では、住民主体が担保できずに事務局だけが動いている社協のことを揶揄した「事務局社協」という言葉さえ聞くことがなくなっている。住民にとっても、社協の理事・評議員や職員にとっても、「社協」イコール「事務局」ということが当たり前になっているのではないかと推察される。

　本来、社協の法人としての意思決定は、定款の改正や役員の選任、事業計画や収支予算、事業報告や決算等の組織として重要なものについては評議員会が行い、業務執行にかかるものは理事会が行うことと定款に定められている。しかし、実際には、理事会・評議員会が実質的な協議の場、そしてその上での

意思決定の場として機能している社協は多くはなく、事務局の提案を追認する機関となっているのが現状ではなかろうか。全社協による平成30（2018）年度市町村社会福祉協議会活動実態調査によると、理事会の開催回数が社会福祉法人の法定の最低回数である4回の社協が28.8%、3回以下の社協が45.1%、合わせて73.9%に上る。2か月に1回以上となる6回以上開催している社協は10.2%にしか過ぎない。法定回数以下は論外だが、協議体・運動体であるとともに多様な事業を行う事業体でもある社協の日常の業務執行に係る意思決定が、この実施回数で適切な協議を経て行われているのだろうか。

　また、評議員会については、社協として最低限である2回以下の社協が38.0%、3回の社協が42.8%で、足すと8割を超える。役員の選任、事業計画と予算、事業報告と決算の議決を行うだけであればこの回数で対応可能ということであろうが、事業計画を策定するための意見聴取や課題への対応の検討、事業報告作成のための事業の進捗の評価等は、評議員会の協議を経ずに事務局が作成し、出来上がった案を追認するという手法で運営されている、ということになる。

　筆者の経験からも、多くの市町村社協において、事務局の手によって作成された議案を理事会・評議員会が追認するという議事進行の形が、永年にわたり作り上げられている。その回で絶対に決めなくてはならない議案を次々と提案し、専門職集団である事務局が作成する膨大な資料に基づいて長時間を使って議案説明を行う。当然ながら幅広い社協の事業について精通し、質問や意見が言える理事・評議員は少なく、質疑もほとんどないような状況下でスケジュールに従って着々と議決が行われる。これが一般的な社協の理事会・評議員会ではないか。しっかりそれぞれの立場で意見を述べてもらい、課題を共有して多様な視点から協議し、より良い事業を作る、対応をしていくという協議体である社協の核として機能しているとは言い難いのではないか。行政の議会対策のように、できるだけ意見、異論の出ないような案を作成し、根回しも万全に行った上で、着々と議決していくことをよしとしてきたことが、このような状況につながったのではないだろうか。このような状況で、住民のニーズを把握して住民の参画・参加を担保しながら、本来の使命である地域福祉を推進

するための多岐にわたる事業を実施できるのであろうか。本当に、当事者や住民の声が反映された事業を、住民や関係機関とも協働しながら企画・実施していけるのだろうか。

2）　理事会と事務局の関係

　上記のように、多くの社協は、理事会・評議員会を中心とした協議体としての機能が弱体化し、事業体として事業を進める事務局が前面に出ている組織になるという流れになってしまっているのではないか。加えて、課題・問題の共有、合意による意思決定に時間がかかる協議体・運動体である社協が、民間事業者と伍して事業体として成果を出していくためには、執行に関する意思決定機関である理事会と、実際の事業を行う事務局とが緊密に連携することが重要となる。しかし、社協組織は図2-1に示されるように、会長（理事長）を頂点とした理事会と事務局長を頂点とした職員組織である事務局が、事務局長を結

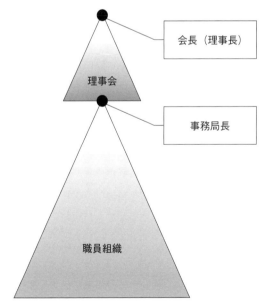

会長（理事長）

理事会

事務局長

職員組織

図2-1　組織の不安定さと事務局長の位置
出典：滋賀県社協基盤強化研究会報告　2010.7　P6　より

節点にしてつながる不安定な形の組織となっている。それぞれの活性化を図りながら、全体として安定的な組織運営を行うことは難しく、いきおい事務局主導で進めるということになりがちなのである。

　民間企業であれば、図の中の職員組織の大きな三角形の上部がそのまま役員組織（取締役会）となり、外部取締役は入るにせよ、役員の多くは職員から抜擢され、図形としても安定した形になる。ところが社協組織は理事会という意思決定機関の中にはほとんど職員が入っておらず、協議体・運動体の核となる理事会・評議員会と事業体としての実践を受け持つ職員組織（事務局）との接点が点になり、不安定な状況となっている。そして、この２つの三角をつなぐ接点に位置するのが職員組織（事務局）のトップである事務局長である。当然、意思決定機関と実戦部隊とをつなぐ事務局長の役割が非常に重要になる。しかも、その事務局長が理事になるというルールになっていない。社協以外の社会福祉法人においては、法人が経営する施設の施設長は理事となることが定められている。社会福祉法人自体が社会福祉事業を行う事業体として制度設計されているので、当然といえば当然のことである。協議体・運動体である社協においても、事業体の比率が高くなっている現状では、最低限、事務局長を理事（業務執行理事）に、可能であれば事業の管理者を理事に加える必要がある。

3. 地域福祉政策化の時代の社協事務局組織のマネジメント

　ここまで見てきたように、社協組織は意図的な組織マネジメントを行わない限り、基本要綱制定以来同様の課題に悩まされて、組織本体の持つ力を発揮できないことが分かった。では意図的な組織マネジメントとはどのようなものであろうか。この項目では、これまで挙げてきた課題を見ながら、それに対応する社協組織のあるべきマネジメント方法を示していく。

（1）　住民参加、住民主体を担保するための組織マネジメント
　共生社会づくりを進める上で、社協がその使命に照らしてまず取り組むべきは、社協組織全体が協議体として機能するようなマネジメントを行うことで

ある。

1）　理事会、評議員会の協議の場としてのマネジメント

　まず、理事会・評議員会が、それぞれ協議体としての社協の執行機関、意思決定機関として適切に機能するようにマネジメントされていなくてはならない。そのためには、完成された事務局案の追認議決を求めるような会議運営ではなく、課題、ニーズについて議論する場として機能するようにすることが必要である。理事・評議員は多様な選出区分から構成されており、社会福祉の専門家ばかりが就任しているわけではない。積極的に情報提供や情報開示を行い、論点を押さえたわかりやすい会議資料を作成して、議論しやすい状況を作る必要がある。

　また、開催頻度についても、理事会は隔月から毎月の開催、評議員会も最低でも年4〜5回程度は開催する必要があるのではないか。忙しい理事・評議員に、そこまで手間を取らせるのはどうかという声が聞こえそうではあるが、法的には、理事はもちろんのこと評議員も社協の経営に対して責任を持つ立場で参画している。これまでのように、十分に組織や事業にコミットできず、意義も感じられないままに選任されている状況を抜本的に改善する必要があろう。理事・評議員が、社協という組織の重要性、有効性、可能性を理解し、会議への参画は当然と感じられるように運営される必要があるし、そう感じない人が理事・評議員に選任されるべきではないということである。そのためには、職員だけではなく役員や評議員に対しても、社協の使命や法的位置づけ、現在置かれている状況、組織体制、事業内容、理事・評議員の責任について、就任前のみならず就任後も引き続き伝え続けることが不可欠である。

2）　多様な参加・参画の場の確保

　また、事業活動への住民の参加・参画を高めていくためには、理事会・評議員会だけでなく、事業ごとや事業拠点ごとに住民や関係機関の様々な話し合いの場をつくることが重要である。事業に関わる当事者や活動者に加えて、近隣住民や専門職等が事業に参加・参画できるような仕掛けをどこまで行うかが、

地域福祉を推進する協議体としての社協らしい事業展開を可能にするカギになる。社協の事業や拠点が、人と人、人と福祉をつなぐ場となるように意識する必要がある。

　さらに言うと、地域共生社会づくりを目指して、分野を限定しない幅広い連携・協働が求められている今日では、広くいろいろなところから声を集め、組織外でも積極的に協議の場を設け、対応に当たっては、幅広い連携によって協働で解決していくという姿勢が求められている。そのためには、理事会、評議員会や事業や拠点に関連する場等の社協組織内の場づくりだけでは不十分で、様々な場面で協議・協働の場を作る働きかけをしていくことが求められる。協議体として、他の事業体とは異なる立ち位置から地域福祉を進めていくためには、多様な話し合いの場を持つことが不可欠なのである。

3）話し合いの場の運営

　様々な話し合いの場が動き出したら、今度はその話し合いの場が活性化するように運営支援することが求められる。見ているだけでは活発な話し合いは行われないし、意思決定も難しい。それどころかその場自体の継続も難しくなる。1）のところでも記述しているが、理事会・評議員会が協議の場として機能していないのは、事務局による会議の運営支援が適切に行われていないことが大きな要因である。社会福祉法改正によって議案の事前送付は義務付けられたが、議案とその資料が1週間前に送られてきたところで、福祉全般にわたる専門的な知識の十分でない理事、評議員にとっては、福祉専門職の集団である事務局の作成した膨大な量の資料はハードルが高く、見てもどこが分からないか質問すら難しいというのが現状であろう。結局は何の議論もなされないままに、事務局の提案した原案通りに予定調和で議決が行われることになる。本来は、原案を作成する前に、現状に対する課題やニーズ等を協議する機会が必要であり、その協議結果に基づいて事務局が事業計画なり予算、規定の改正等の原案を作成してそれに基づいて議論された結果で議決がなされるようにするのが筋であろう。それを担保しない社協が、住民主体や協議体というのは少しおこがましい。

理事会・評議員会以外の協議の場でも同じことが言える。住民が参加する様々な協議の場において、活発な議論が起こるような運営支援ができることが、協議体組織である社協の事務局職員に対して一番求められる資質ではないか。分かりやすく論点が的確にまとめられた議論しやすい資料を作成し、それに基づいたわかりやすい簡潔な説明をすること、会議中に出席者が発言しやすいような運営を準備すること等々、本来社協職員が担うべきコミュニティワーク、コミュニティオーガニゼーションの手法が、様々な協議の場で活用されなければならない。

4）　計画の策定と進行管理、評価への参加・参画

　次のポイントは、計画の策定と進行管理に住民が参加・参画する仕組みになっているかどうかである。事務局（＝専門職）だけで考えて計画策定し、それを実施して、その進捗や評価についても事務局だけで行うようになっていないか。中長期計画である地域福祉活動計画（兵庫県下では地域福祉推進計画）だけでなく、この中長期計画を実現するために作成される毎年度の事業計画の策定も合わせて、住民の参加・参画の手立てが機能しているか。理事会・評議員会での議論に加えて、中長期計画では策定委員会を設け、各分野からの幅広い層の住民の参加を得ることが必要であり、ヒアリングや聞き取り調査の機会を持って多様な意見を入れていく必要がある。年次ごとの事業計画策定にあたっても、理事会・評議員会において原案作成のための準備段階での協議を行うこととともに、事業ごとの委員会・部会等で関係機関や市民・当事者の意見を入れた各事業の事業計画案、予算案が策定されるような手順を取り入れることが必要である。

　また、計画策定についてだけでなく、出来上がった計画の進行管理や評価についても、事務局だけで行うのではなく、策定時と同様に住民の参加・参画で進められるべきである。特に、理事会・評議員会については、事業の成果についての責任を持つ立場であることを考えると、事業の進捗状況をその都度報告した上で、計画の修正、事業の改善等の議論をしてもらう必要がある。そのような過程を踏むことで、実際の事業活動に対して、社協の構成メンバーであ

る当事者、住民、関係機関等の参加・参画の意識が醸成され、社協の特徴と言える連携・協働の事業展開が可能になるのである。

（2） 社協の多面性を活かす組織マネジメント

　社協の組織マネジメントの難しさは、社協が相反する組織特性をいくつか併せ持っていることに起因する。しかも、その相反する組織特性を活かした運営をすることが、地域福祉を推進する組織としての社協の期待される役割を果たすことにつながるのである。第2節の課題の新旧比較のところでも見たように、この課題・問題に気付き適切な対応をしてこなかった市町村社協が多くあったことが、長年にわたって同じ課題を克服できていないという評価につながっていると考えられる。そして、その相反する特性の最たるものが、民間性と公共性であり、また、協議体・運動体でありながら事業体であるというものである。これらの多面性をどのようにバランスをとりながら並立させ運営していくことが良い社協組織のマネジメントと言えるのか、この項目の中で考えてみたい。

1） 民間性と公共性

　社協が外から見て非常にわかりにくく、また、運営の難しい組織であるというポイントの一つが、民間性と公共性というまったく相反する特性を併せ持つことを宿命づけられた組織であることによる。そして、その民間性と公共性それぞれを社会から期待されるようにうまく発揮できていないことが、長年にわたる社協組織の課題となっているのである。

　まず、民間性として社協組織に求められるのは、既存の制度やサービスで対応できない課題・問題に対する即応性、開発性である。平等性・公平性や制度枠に拘束される行政にはすぐに対応できない課題・問題であっても、民間組織である社協は多様な資源をつなぎ、構成員の知恵と力を集め、制度やサービスに依らずとも対処することができる。しかし、実際の現場では、社協は公共性が強い組織なので、公平性、平等性に問題がある、これまでに例がない、制度の枠を超えた対応はできない等の理由で、「できない」という返事をしては

いないだろうか。

　一方、公共性という点でいうと社協に求められるのは、いざという時に何としてでも住民の命や生活を守るセーフティネット機能を発揮することである。当該自治体に1つだけしかなく公共性の高い社協は、住民の生活を守るためであれば、制度で対応できない課題、委託も補助もなく持ち出しでの対応が必要になる課題であっても、解決に取り組む必要がある。しかし、実際の場面では、民間組織なのでお金や人が付かないことには対応できないというような対応になってはいないか。

　行政でできる公共性、民間事業者でできる民間性しか発揮できない組織でしかない、平たく言えば、行政のできないことは社協もできない、民間組織としてできないことも社協はできないということであれば、税金を財源に他の社会福祉法人にはない補助金を出してまで存続させる必要がある組織なのかということになる。

　では、公共という行政と同じところから、利益追求が第一義の民間企業の位置まで幅広い立ち位置が考えられる中で、この民間性と公共性をどのようにバランスさせていくことが望ましいのだろうか。一つの立ち位置ですべての状況をカバーできないところが社協マネジメントの難しさであり、だからこそ社協の役職員にはバランス感覚が求められるのである。例えば、住民と社協組織との関係を見ただけでも、実に多様な関係性が存在する。組織の一員としての住民、サービス利用者（顧客）としての住民、理事や評議員といった意思決定をする役割をもった組織の構成員としての住民、事業に協力するボランティア、活動者としての住民、それぞれの立場の住民と社協との関係は、まったく異なった多様なものとなる。これは行政に対する関係についても同様で、委託事業の発注先（顧客）・契約相手としての行政、協働して事業を進めるパートナーとしての行政、組織の一員としての行政等様々な関係性が存在する。そして、これらの多様な関係性をベースにいろいろな事業・活動が進められていることを考えると、それぞれの事案の状況や時期に合わせた立ち位置を、民間性を強めたり公共性を強めたり常に意識しながら事業活動を行うことが求められる。したがって、事務局職員は、この民間性と公共性のバランスを意識しなが

ら日常の業務にあたる必要がある。

2） 協議体・運動体と事業体

　社協組織のもう一つの大きな特色は、協議体・運動体としてつくられた組織が、時代の要請によって多様な事業を展開する事業体として発展してきたということによるものである。つまり協議体・運動体という組織特性を尊重し活かしながら、多様化して比重の大きくなっている自らが行う事業を効率的に運営していく必要があるということである。つまりは、住民参加・参画を中心に位置づけ、理事会・評議員会での意思決定をもって、事務局組織が適切に事業経営をしていくことが求められるということである。

　地域組織化や住民の主体形成を支援する力を向上させていかないと、協議体・運動体としての機能を高めることは難しいのだが、事業経営に事務局の力が割かれる中で地域づくり支援、組織化や主体形成のための動きが十分に進められていない感が強い。前述した社協の新旧の課題比較の中でも、事業中心で地域福祉への取り組みが不十分ということが一貫して言われている。時間をかけて積み上げていく成果の見えにくい地域福祉関連の事業に対して、成果も明確で対応の緊急性も高い様々な事業（特に個別支援である介護サービス事業や相談支援の事業）が優先される結果となり、徐々に協議体・運動体としての機能が弱くなる。社協本来の地域福祉を推進するという組織使命に立ち返り、協議体・運動体としての機能を高めるマネジメントを意図的に行う必要がある。

（3） 中間支援組織としての機能を高めるためのマネジメント

　地域福祉の政策化の時代に求められる社協マネジメントの今一つのポイントは、中間支援組織としての機能強化である。既存の制度・サービスで対応できない課題の解決が求められるようになる中で、社協への期待は協議体としての機能、協議・協働の場を作り、そこに参加・参画する住民も含めた多様な主体がいかに本領を発揮できるように支援していくかという点である。本項ではその中間支援組織としての機能を強化するマネジメントについて考えてみる。

1）協議・協働の場づくりと運営支援

　住民主体の協議体としての機能強化のために、話し合いの場づくりやその場をうまく運営することの支援が重要なことは、前述のとおりである。これに加えて、包括的支援体制づくりや総合化という政策の流れの中で、社協組織外の様々なところで協議・協働の場を作り、連携・協働を生み出していくことが、中間支援組織として多様な構成員からなる社協であるからこそ可能になることとして期待されていることであろう。そして、特に住民主体の協議体である社協であるからこそ期待される役割は、専門機関を横につなぐだけでなく、その横につながった専門職と行政のネットワークを、地域住民とつなぐことである。包括的支援体制づくり、重層的支援体制整備事業を推進する中でも、総合相談、専門職連携にばかりに意識が行っている都道府県社協、市区町村社協が多く見受けられる。

　しかし、本来包括的支援体制づくりの中で社協が受け持つべきは、専門職連携のかなめとしての役割というよりは専門職のネットワークと住民をつなぐ役割、行政と住民をつなぐ役割である。そして、この役割を的確にこなすためには、住民に信頼される地域づくり支援の確かな積み重ねが必要となる。これを果たせている社協が全国にどれほどあるか。それが充分にできていない社協事務局が、専門職連携に特化して注力するのは本末転倒ではないのか。再度、社協組織の使命、特性を確認し、本来の使命を果たすべき事業の重点を見直してほしいものである。

2）組織としての問題解決能力の向上

　中間支援組織として、協議・協働の場づくりを進めていくためには、他の主体に協働のパートナーとして認知してもらうための自組織内の課題解決能力を高めることも、同時に重要になる。縦割りになっていて、組織内連携がうまく機能しない、組織内で情報共有がうまくいかないというような状況では、専門職と住民をつなぐ、行政と住民をつなぐと言っても、住民からも信用されないし、専門職や行政からも相手にされないということになる。まず、事務局組織内の総合化を進め、理事会や評議員会と事務局の意思疎通がスムーズにできる

ような組織マネジメントを徹底することが求められる。

　また、総合力が発揮できる事務局組織の仕組みづくり・マネジメントとともに求められるのが、個々の職員の資質向上である。結局は個々の職員の能力の積み重ねが組織の力となる。それぞれの担当事業に係る業務の処理能力を高めること、それぞれの資格に関わる知識・技術を高めることに加えて、社協職員として必要な資質（知識・技術）を高めていくことが強く求められる。そのためには社協という組織の持つ特性、固有性を十分理解し、その使命を達成するために必要な知識と技術を、組織的に高めていく取り組みが必要となる。個々の資格の専門性を高める研修には熱心だが、社協職員としての専門性・質を高めるために組織的な取り組みが行われている事例は多くない。地域福祉の歴史的変遷や現状の理解、コミュニティワーク、コミュニティオーガナイジングといった地域づくり、地域に働きかける方法についても、地区担当の職員だけでなく全職員を対象とした研修として、組織的な取り組みを進める必要がある。社会福祉士の養成課程の中からコミュニティワークの文字が消えて久しい。ソーシャルワークを学ぶ者でさえ、地域に働きかける具体的な方法論を身に付けないままに現場に出ている現状で、ぜひこれだけは、すべての社協で実現してほしいと切に望みたい。

　あと一点、事務局職員の能力開発の中で個々の職員の力量の向上とともに忘れてはならない点が、集団凝集性を高め組織としての力を発揮できるようにするマネジメント能力の向上である。社会福祉基礎構造改革以後、社会福祉分野では多様な主体の参入が進むとともに、事業体の規模の拡大が進んでいる。社協もご多分に漏れず事業部門の拡大によって組織規模が大きくなっている。個々のワーカーの力だけで問題解決や連携・協働を進めることがかなうわけではない。組織としての力が発揮できるようなマネジメントができる職員を育てない限り、期待された役割を果たし使命を全うすることはできない。ソーシャルワーカーでも地区担当者でもチームで力を発揮していくような養成がなされているとは言い難く、どうしても個人の能力に頼った仕事の進め方をし、それが評価されるような状況が散見される。チームで仕事を進め、そのチームがうまく機能するようにマネジメントすることができる力をつけることが、社協の

組織内連携だけにとどまらず、広く様々な主体と連携・協働して課題を解決し地域づくりを進めるための地域福祉のマネジメントにつながっていく。

（4） 社協らしい介護サービス事業の展開とそれを可能にするマネジメント

　社協に求められる組織マネジメントという点でどうしても言及しておきたいのが、介護サービス事業にかかるマネジメントである。全国の市町村社協の状況を見ると（全社協　社会福祉協議会活動実態調査2018年度より）、約7割が何らかの介護サービス事業を実施しており、介護サービス事業に係る収益は全体の4割以上を占め、従事する職員の数は職員総数の半分を超える状況になっている。実質的に社協事業のかなりの部分をサービス事業が占めていることが分かる。しかし、社会福祉基礎構造改革、特に介護保険制度導入後20年以上が経過し、社協の介護サービス事業は大いに苦戦を強いられている。収支決算が赤字の社協がかなりの比率で存在し、赤字脱却が難しいと判断し介護サービス事業から撤退したところも少なからず出てきている。組織の財政基盤が脆弱な社協で赤字が継続したのでは、組織自体の存続も危ぶまれることから、やむを得ない選択ということもあろうが、本当にそれでよいのだろうか。

　本項では、社協の介護サービス事業経営にスポットを当て、なぜ介護サービス事業を行うのか、社協らしい介護サービス事業とは何かについて考え、地域福祉を推進するための事業としての介護サービス事業の在り方とそれを社協が実施する意義について考えてみたい。

1） 都道府県社協による市町村社協の介護サービス事業の経営に関する支援のあり方

　介護保険制度創設時期には、全社協をはじめ都道府県社協においても、介護保険制度下での介護サービス事業実施について社協が実施する意義も含め様々な検討が行われ、介護サービス事業を継続実施する方向で指針なり対策が打ち出された。しかし、時間が経過するとともに、収支差額が生じ経営責任が問われる介護サービス事業は、都道府県社協による市町村社協の支援の項目から除外され、多くの都道府県社協でこれを市区町村社協の課題として取り上

げることがなくなっている。直接事業を実施しない都道府県社協の中二階意識
と、事業経営に直接影響するようなリスクを取りたくないという意思の表れで
あろうと推測する。しかし、管内の市区町村社協を支援するという都道府県社
協の役割を考えたときに、事業構成の中で予算的にも人的にも比率の高い事業
に対応しない現状の姿は正しいのであろうか。ちなみに全社協では、地域福祉
推進委員会の中に介護サービス経営研究会を常設し、社協の介護サービス事業
の経営改善に向けた取り組みや、介護保険制度改正による総合事業への取り組
み等の、状況に合わせた指針提示や手引きを発信し続けている。しかし、都道
府県社協がこれを市町村社協に積極的に普及させる役割を果たさないため、指
針や具体的な対応方法が伝わっていない。地域福祉推進の中で、地域自立生活
を支える地域ケア（介護サービス事業）の重要性に対する都道府県社協の見識
の低さに疑問を呈しておく。

　そのような状況下で、令和元（2019）年度に、兵庫県社協では市町社協から
の強い要望に応えて、県内の市町社協の実施する介護サービス事業の状況を確認
し、その経営能力の向上に資するために「地域福祉・介護サービス事業経営検討
会議」を組織化した。介護事業経営の実態把握のために県内 40 社協を対象とし
た「社協経営に関する調査」を実施するとともに、介護事業経営に課題を抱える
3 市町社協へのヒアリング調査を行い、検討会議にて調査結果の分析と対応の検
討を行った。そしてその結果を「社協の介護・障害サービス事業経営の考え方と
工夫」としてまとめ、社協が介護・障害サービス事業を実施する意義、経営の改
善ポイント《総論》と事業ごとの改善ポイント《各論》を示している。

　兵庫県社会福祉協議会　地域福祉・介護サービス事業経営検討会議報告書
「社協の介護・障害サービス事業経営の考え方と工夫」 令和 2（2020）年 3
月　より
　〇社協が介護・障害サービス事業を実施する意義

1. 地域自立生活の実現
2. 包括的な地域ケアシステムの促進
3. 地域の「ともに生きる力」を高める

○社協の介護・障害サービス事業経営の改善ポイント《総論》

1.　経営に関する考え方の問い直し
2.　サービスの質の向上　選ばれる・魅力あるサービスづくり
3.　地域を支え、地域に支えられるサービス運営の推進
4.　「断らない」「重度化対応」の推進
5.　介護担当職員と地域福祉担当職員の連携による地域福祉推進
6.　事務局長による経営改善のイニシアティブの発揮
7.　介護人材の確保・育成
8.　事業改善方針の早期検討

○社協の介護・障害サービス事業経営の改善ポイント《各論》

1.　サービスの質の向上と利用者の確保
2.　積極的な加算の取得
3.　定員数・営業日・営業時間の見直し
4.　収支シミュレーションの作成とサービス向上の検討
5.　目標に基づく月次・事業別の実績管理
6.　訪問介護編：身体・重度化対応の体制強化等
7.　通所介護編：「魅力あるサービス内容」と「利用率（稼働率）」等
8.　居宅介護支援編：ケアマネジャーによる住民ニーズの積極的な把握等

2)　組織使命の確認とサービス提供理念の明確化 ⇒ なぜ社協が介護サービ
　　ス事業を行うのか

　先に挙げた兵庫県社協の「地域福祉・介護サービス事業経営検討会議」での
検討の中で明らかになったことの一つは、社協が介護サービス事業を実施する
中で、組織使命である地域福祉を推進することに寄与しているのかということ
を意識していないことであった。社協が介護サービス事業を実施することで、
どのように地域福祉を推進していくのかということが、組織内でまったく共有
されていないということである。社協は地域福祉を推進することを目的として
設立されている団体であるから、当然介護サービス事業の実施においても、そ

れが地域福祉の推進に資することにならなければならない。社協の介護サービス提供の理念として、地域の福祉力を向上させることや地域自立生活支援を推進するということが明確になっている必要があるのだが、そのことがほとんどといってよいほど理解されていなかった。つまり、介護サービス事業を実施することに関していえば、他の事業体と何ら差別化できるような対応がなされていないということであり、事業に従事する職員に対しても何らそのことについて意識付けがなされていない。これでは、地域福祉の推進に資する事業が行われるわけもなく、介護職員の中に社協職員であるというアイデンティティが生まれる要素もない。

これを改善するためには、それぞれの社協が、地域福祉を推進するという社協組織本来の使命に照らして、介護サービス事業を実施する意義を明確にし、それを、組織全体（介護サービス事業に従事する職員のみならず、役員や組織マネジメントを行う職員、地域福祉推進事業に関わる職員等も含めて）でしっかり共有することが必要である。それが明確でなければ、社協らしい介護サービス事業が何かということは明らかにはならないし、他の事業所との差別化もできない。

3） 社協らしい介護サービスとは

介護サービス提供理念が明らかになれば、それに基づいて社協らしい地域福祉を推進するための介護サービス事業の形を明確にし、実際の事業をそれに向けてすすめていくことになる。その第1番目は、本人が望む限り地域で生活し続けることを支え切るということ、つまり、地域自立生活支援にこだわるということである。そのためには、当然ながら365日24時間のサービス提供をする必要があるし、重度化へ対応も求められる。したがって、それに耐えうるサービス事業展開を考える必要がある。特に入所型の施設サービスがベースにない社協の介護サービス事業は、この展開が十分できずに、軽度対応にとどまっていることが多い。当然のことながら報酬単価も低く、経営的にも苦しくなる。決して軽度対応することが悪いわけではないが、利用者の状況の変化に合わせて重度にも対応できなければ在宅を支援し続けられないし、事業として

成り立たなくなるのは当然のことである。小規模多機能居宅介護事業や定期巡回随時対応型訪問看護・介護事業等の事業に取り組み、365日24時間の生活を支える体制づくりを目指す必要がある。

　第2番目には、地区担当職員等としっかり連携しながら、地域住民と協働した事業を行うことである。介護サービスが関わることで、これまでつながってその人を支えていた家族や近隣住民との関係を切る、もしくは希薄にすることは、これまでも様々な場面で言われてきた。しかし、在宅でこれまでの関係性を大切にしながら生活を継続していくためには、家族や友人、近隣住民との関係性は欠くことのできないものである。関わる社協のケアワーカーたちには、つながりを切らない支援、切れたつながりを結び直していく支援ができる技量が必要となる。ソーシャルワーカーの寄り添い支援の方法が云々されているが、月に一回様子を見に来るソーシャルワーカーの関わり方にも増して大切なのは、日々その人の生活に関わるケアワーカーの支援方法である。専門職だけが取り囲んで寄り添い支援を行うことは、かえって地域からの孤立を助長することにもなりかねない。抱え込むのではなく、周囲とつながり続けられる支援が求められるのであり、そこには地域自立生活支援にこだわるケアワーカーの専門性が必要となる。

　今、社協が力を入れて育成すべきは、もともと地域を基盤としたソーシャルワークを行うことが資格の基礎にあるコミュニティソーシャルワーカーよりも、地域とつながる意識を持ち、それを可能にする力量を持つコミュニティケアワーカーではないのだろうか。日常の生活支援の中で、地域とつなぐこと、周辺住民から切り離さないケアを行うことが、地域の側に見守り合う力や支え合う力をつけていくことを促すことになり、加えて予防活動に取り組むことを働きかけることにもなる。社協のケアワーカーが関わっていることで、地域住民がいざというときにも不安なく介護の必要な人の生活に関わり続けることが可能になる。まさに地域の福祉力を、介護サービス事業を行うことをもって高めているのである。

　第3番目に、社協らしい介護サービスの大きなポイントは、制度の側、サービスの側から課題を抱える人を見ないということである。介護保険の対象にな

るかどうか、制度に乗るかどうかがその人に関わるかどうかの判断基準という
のであれば、民間企業と変わらない。あくまで生活者が抱えている問題全体を
生活者の側から見るという姿勢が必要である。自分の担当するサービスで対応
できなければ、組織内外で対応できる事業につなぐ。制度やサービスで対応で
きなければ、地域住民も含めた支援の枠組みを地区担当とともに考えたり、事
業の枠を少し広げてでも必要な支援を行うという姿勢がなければ、社協らし
い介護サービス事業とは言えない。「断らない」介護サービスを実施すること
が、まさに前述した公共性を発揮するセーフティネットである社協に求められ
ている。

（5）　行政とのパートナーシップ

　社協の組織マネジメントを考える中で、欠くことができないのが行政との
関係である。社協組織は、その成り立ちからして行政とは切っても切れない関
係がある。財政面で見ても、まず、地域福祉推進に関連する事業については、
他に収入の目途がなく行政の補助金に依存せざるを得ない場合が多い。また、
社協組織を大きくした在宅福祉サービス事業についても、介護保険制度以前
は行政からの委託事業という形で取り組まれていた自治体がほとんどであろう
し、介護保険導入後も委託事業や指定管理事業として実施している社協が相当
数ある。それ以外の事業についても、多くが行政からの委託事業、指定管理事
業として行われている。そして、それに付随して、多くの社協で常務理事や事
務局長を筆頭に、管理監督職に行政のOBや出向者を受け入れている。

1）　財政面での関係

　介護保険事業も障害者の総合支援事業も公費（社会保険料・税等）が財源
であると捉えれば、市区町村社協の財源の8割以上、多いところは9割以上が
行政からの収入に依存していると言える。筆者が勤務していた宝塚市社協にお
いても、財政状況については大きく変わるところはなく、介護保険・総合支援
事業が総収入の約5割を占め、続いて委託事業・指定管理事業が3割強、次い
で行政からの補助金が1割弱という構成であり、9割以上の財源を行政からの

収入に依存していた。社協の最大顧客は行政であると常々訴えている所以である。しかも、地域福祉の政策化の流れの中で、地域共生社会づくりによる重層的支援体制整備事業や、介護保険の生活支援体制整備事業、生活困窮者自立支援制度の各事業等の新たな委託事業が出てきている。これまで、独自財源や補助金を活用して行っていた制度狭間への対応や地域福祉推進に係る事業が委託事業となり、財政的にもさらに行政との関係が強くなる傾向にある。事務局だけでなく理事会や評議員会においても、社協組織が使命を全うするために進めるべき事業の重要性を共有し、次に記述する中長期の地域福祉活動計画（地域福祉推進計画）に位置づけつつ、組織ぐるみで行政との協議を重ねて必要な財源を確保していく取り組みが必要となる。併せて、収支差の出る介護事業等で一定の収支差を確保していくことも、開発的な実践を行う上では重要なことである。

2）　人事面での関係

　人事面では、財政面での強いつながりに合わせて、常務理事や事務局長等のトップマネジャークラスは、行政OBや出向者が就任しているケースが多い。しかし、行政の出向者・行政OBの数は徐々に減少してきていると言えよう。兵庫県内で見ると、事務局長はプロパー職員が就任する市町社協が増加し、半数以上の社協で事務局長がプロパー職員となっている。これまで、行政出向やOBがトップマネジャーに座っていることで社協の事業が進まないという声をよく聞いたが、プロパー職員が局長になることで成果が上がるのだろうか。人事面で筆者が課題と考えているのは、上司が行政出向者やOBで、短いスパンで交代することで実績が上がらない、事業が進まないと言われ続けている点である。確かに、社協という組織の特性や背景を十分理解しないままにこれまで培ってきた行政の価値で事業を進めようとすると、様々な問題を引き起こすことがないわけではない。しかし、筆者の経験でいえば、行政出向やOBの上司であっても、ほとんどの場合、充分に状況を説明すれば的確な判断がなされた。また、行政の判断基準や行政への働きかけの方法等、以後の業務に役立つ指導を受けることもできた。民間企業においても、マネジャークラスが短

期間で変わることは珍しいことではないし、責任者が変われば仕事のやり方が変わるのは当然の事であり、それを狙って人事異動を行っているところもある。ただ民間企業では、そのことが部下の仕事の目標達成ができないことの言い訳にはなりえない。組織マネジメントとして押さえておく必要があるのはこの部分で、仕事が進まない理由を上司に責任転嫁するのではなく、職員各自が自分の仕事に対して責任を持つことを徹底する必要がある。

3）　事業面での関係

　社協は、これまで委託事業や補助事業を行政の意向に則って積極的に展開することで、行政との信頼関係を培ってきた。在宅福祉サービス事業しかり、権利擁護関係の相談援助に係る事業しかりである。そして現在では、地域福祉の政策化にかかる様々な事業を委託事業として実施しつつある。しかし、本来社協の行う事業について、委託契約に定められた仕様書のみに基づいて事業を行うという姿勢で、社協が果たすべき地域福祉を推進するという使命を全うしうるのか。事業の受託に当たっては、仕様書通りに事業を行うという下請け事業化しないよう、理事会や評議員会、職員間で検討を行い、社協側からも事業の枠組みや方法を提案する等の対応をして、住民にとって少しでも使いやすい有効な事業となるような働きかけを行うことが必要であろう。併せて、当事者や住民、関係機関等も入れた協議の場を作り、事業への参加・参画の道を作るとともに、受託後は、事業の運営員会に昇華させる等の運営の工夫が求められる。

　また、制度やサービスでは対応できない課題・問題に対して、民間性を活かして積極的に対応することによって、行政と相互補完の関係を築くことができる。行政が対応できずに困っている時こそ、社協が民間の知恵と力を動員してフォローする姿勢を見せる必要がある。加えて、民間の側のとりまとめ役、組織化を行う仕事は、協議体組織である社協の得意とする分野である。民間事業者のネットワークづくりや社会福祉法人の協議体組織づくり、さらに幅広い協議・協働の場づくり等は、行政に言われるまでもなく先行して実施し、そのネットワークを住民とつなぐ、行政とつなぐことで存在価値を示すことも重要なことである。

4）　自治体の地域福祉計画と社協地域福祉活動計画（推進計画）との関係

　平成 30（2018）年の社会福祉法の改正により、これまで任意策定であった市町村地域福祉計画が努力義務化されるとともに、福祉の各分野における共通的な事項を記載するいわゆる「上位計画」として位置づけられた。加えて、包括的な支援体制の整備に係る事業に関する事項が計画に盛り込むべき事項として新たに追加され、自治体が地域共生社会づくりを推進する計画としての位置づけが明確にされている。従来の縦割り型の福祉行政を、生活課題への対応を優先させる地域ケアシステムとしての包括的相談支援体制の福祉行政に切り替えていく見取り図となるものであり、行政の基盤計画として策定される。策定に当たっては、地域住民等の意見を反映させることが社会福祉法に定められているが、当事者や関係機関、事業者等も策定に関わることが求められる。加えて社協は地域福祉を推進することを使命とすることが同じ社会福祉法に規定された組織であり、地域福祉計画策定に参画することは非常に重要なことである。

　一方、地域福祉活動計画は（兵庫県内では地域福祉推進計画）は、基盤計画である行政の地域福祉計画を基礎としつつ、社協が中心となって地域福祉を推進する具体的な方法を、当事者や住民、行政、社会福祉法人、関係機関など様々な主体とともに、民間の合意による協働の計画として策定するものである。基盤として共通する部分はあるが、おのずと役割も、策定の視点も異なっており、地域福祉計画と一体で策定することが正しいとは思えない。地域福祉計画、地域福祉活動計画が未策定の自治体が多かった時点で、策定を促進するという意図があって一体型の計画策定が推奨された時期があった。しかし、地域福祉計画が努力義務化された現在においては、両者の共通する部分を押さえつつも別建てで策定するべきであろう。

　　まとめにかえて

　ここで取り上げた社協組織の課題は、最近になって出てきたものでないことは前述した通りである。もともと、成り立ちの時から抱えていた問題・課題が、地域福祉の主流化、政策化に伴って社協組織に注目が集まったために、顕

在化されただけのことである。決して社協組織が劣化しているわけではなく、社協職員の質が低下したわけでもない。もともと多くの社協の事業成果はこのレベルであったのである。

　社会福祉の枠の中で、地域福祉が制度施策としてお金の流れる分野になり、多くの事業主体がこの枠の中で仕事をしようと動いている中で、これまで通りでやっていては存在価値を問われる状況にさらされることは間違いない。他の社会福祉法人とはまったく異なる協議体・運動体という組織の特性を持ち、他の非営利組織と比較しても、多様な主体や地域住民の参加・参画を得ることが可能で、幅の広い事業展開ができる。地域福祉を推進するということでいえば、他の組織と差別化できる要素がたくさんあるという現状をしっかり見据え、その強味を生かし、積極的な組織マネジメントをしなければならなくなってきたということである。

　この地域福祉の主流化、政策化というこれまでにない突風のような追い風を、社協組織を変革する機会と捉えて、これまで言われてきた組織課題を一掃することができればと願っている。

（佐藤寿一）

参考文献

・全社協『社会福祉協議会基本要綱』1962 年
・厚生労働省「これからの地域福祉のあり方に関する研究会報告」／ 2008 ／厚生労働省
・滋賀県社協「地域福祉の事務局としての社協基盤強化」滋賀県社協基盤強化研究会報告／ 2010 ／滋賀県社協
・藤井博志監修　宝塚市社協編『改訂版市民がつくる地域福祉のすすめ方』／ 2018 ／全国コミュニティライフサポートセンター
・藤井博志編著『地域福祉のはじめかた』／ 2019 ／ミネルヴァ書房
・全社協地域福祉推進委員会・全国ボランティア・市民活動振興センター「社会福祉協議会活動実態調査等報告書 2018」／ 2020 ／全国社会福祉協議会
・兵庫県社協「社協の介護・障害サービス事業経営の考え方と工夫」／ 2020 ／兵庫県社協
・和田敏明編『改訂 2 版 概説 社会福祉協議会』／ 2021 ／全社協

第3章
社協人に知力がなぜ必要か

はじめに

　筆者が兵庫県社協に入職したのは昭和33（1958）年9月1日であった。入職後2か月ほど経ったころだと思うが、神戸市内の社会福祉施設に実習に出された。期間は1か月ほどだったと思う。

　筆者の実習先は神戸報国義会という社会福祉法人が運営する施設であった。この法人は児童養護、養老院など異業種の施設を運営していて、そこの理事長は阪神内燃機工業（株）という会社を経営する企業のオーナーで、小曽根真造さんだったと記憶する。小曽根さんは視力障害があり、秘書とおぼしき方の肩につかまって歩いておられる姿を時々見かけた。神戸報国義会を実際に指揮監督されていたのが高田金治という怪老であった。

　実習日の当日、緊張して報国義会を訪ねると、その高田金治さんに迎えられた。さっそく役員室に通され高田さんからあれこれと質問された記憶がある。そのうち、机の引き出しからウイスキーを取り出し、「塚口君、まず一杯やろう」とコップに半分ほどそのウイスキーを注ぎ、差し出されたのにはびっくりした。筆者はアルコールに弱く、赤い顔をして施設内を毎日見学させていただいたが、まったく恥ずかしい思いをしたのを憶えている。その後、実習は高田さんとのウイスキーの乾杯から始まるというものであった

　実習が終わりそのレポートをまとめ提出した。そのレポートを、当時の兵

庫県社協の会長、朝倉斯道さんが目を通された。

　そのレポートを筆者に返す時の朝倉会長の言葉は今でも覚えている。「塚口君、『専門バカ』という言葉を知っているか」「君のレポートは書生言葉で語彙に乏しくまったく面白くない。朝っぱらから酒を飲ますために実習に出したのではないわい」と叱られ、レポートを放って返された。

　さてここで、専門バカ、とは何を指すのか、ということ。

　社会福祉の専門家たらんとすれば、必然的に社会福祉の視点で社会現象を捉えようとする。要するに、「靴に足を合わせようとする、足に靴を合わせるのでなく」ということか、が筆者の理解。「児童養護施設に入ってくる子供はこういうパターンの家庭から発生する」と捉える視点、その視点でしか理解できない、本当にそれでよいのか。の指摘であったと思う。専門家と言われる研究者や学者は、ともすればこうした陥穽（かんせい）に陥りやすい。靴に足を合わせるやり方を教条主義ともいう。

　二つには、前述のことと関連するが、様々な社会現象を俯瞰する視点を指す指摘でもあったと思える。当時、朝倉斯道会長に言われたことは、筆者自身ほとんど理解できていなかったと思う。何十年かの歳を重ねるうちに、こんなことではなかったか、と気が付くのであった。まったく、文化人の言葉は奥が深いとつくづく思う。

　その後も、筆者は、朝倉会長によく叱られ、説教された。「人は、百人百様」とよく言われていた。今でいう人の多様性をいっておられたと思う。社会福祉の根本は、対人関係から生まれる。そのとき、相手の多様性を受け入れられるかどうか、この相手の多様性を受け入れたところからが出発点である。

　社協は、住民主体の原則で活動を進める。その場合の「住民」は一括りにできない多様性を持った人々の集まりである。このことを頭において、住民一人ひとりを主役に仕立てる舞台設定を行う、これが住民主体を実現する第一歩と言えよう。コミュニティオーガナイザーが本領を発揮する舞台である。

　もう一つは、「俯瞰する視点の大切さ」である。「専門バカ」の裏返しで専門家は自己の専門領域については他の追随を許さないかもしれないが、その研究

領域が社会的にどんな意義があり、その研究の成果は人間、あるいは人類のどの部分に貢献しようとしているのか、といった大所高所からの視点を持ち続けることの大切さを指していると思える。

　実習報告書を「書生言葉」と評価された真意は何かということ。この時にはよく分からなかったが、その後、朝倉会長から「塚口君、新聞の三面記事は何年生くらいの児童が理解できる記事だと思うか」と質問されたことがあった。筆者はとっさに「中学2年くらいですかね」と言うと、朝倉会長は「小学校4・5年だよ」と言われた。学者や研究者はことさら難しい言葉を羅列して悦に浸っているが、こんな言葉は住民から見れば「屁のツッパリにもならんと逆に見下しているものだよ」と言われたことが今でも頭にある。筆者はその後、論文やレポートを執筆するとき、魚屋や八百屋のオッちゃんオバちゃんが分かるような内容・書き方を心がけるようになった、と言えば大袈裟か。

　語彙の乏しさ、はその通り。学習の貧しさの反映が語彙の乏しさとなって現れてくる。学習の基本は、自分で学ぶ「独習」が基本になると思う。筆者が仕えた先達たちは大変な勉強家であった。流通科学大学を起された中内功さんは、その蔵書が図書館並みと言ってよいくらいの量であった。筆者が同大学に在職中にそれら図書の無料頒布会があり、20冊ほどいただいたが、この蔵書の範囲と量には正直驚いた。

　兵庫県社協の初代会長の朝倉斯道さん、初代事務局長の小田直蔵（兵庫県の初代社会事業主事）さん、2代目会長の関外余男（元内務官僚、終戦時の埼玉県知事）さん、3代目会長の金井元彦（元内務官僚、終戦時青森県知事、兵庫県知事、環境大臣）さん、4代目会長三木眞一（広島での原爆被爆者、兵庫県副知事、全社協副会長）さん、など大変な読書家であった。

　小田直蔵さんにいただいた色紙が我が家の和室にある。曰く「この道は、わが生きるみち　今日も又　老いを忘れて歩み続けむ」。筆者が挫けそうになった時、この言葉になんと励まされてきたことか。

　話は逸れるが、2代目会長の関さんは、「知力のない社協なんて何もできない、社協の武器は知力しかない」が信条であったと思う。だから、兵庫県社協に全国に先駆けて資料室を作り、図書・資料を集めて活動に資された。そうし

た知的環境が後々に OB、OG が研究者として大学教授などに転出する下地になったと思われる。

3代目会長の金井元彦さんは、読書を通していっそう知力を高められ、昭和58（1983）年頃に少子化問題を考えておられた。その当時、総選挙の前に自民党が「政経懇談会」を府県で開催し、兵庫県でもそれが行われた。その政経懇談会に金井会長は出席し意見を述べたいとのことで、筆者は鞄持ちで金井会長に同道した。その時の厚生大臣は斎藤十朗氏（前全社協会長）であった。金井会長は斎藤大臣に3つの政策を提言された。その一つが、少子化問題を国策として考える時だ、ということ。二つ目として、寝たきり高齢者を減らす方途の一つとして骨粗鬆症の予防が大事であること、その三つとして、子どもへの手厚い医療支援が必要と訴えられた。斎藤大臣は、二つ目と三つ目は金井先生のおっしゃる通りですから厚生大臣として頑張ります。一つ目については、個人の価値観の問題ですからね…といった返答であった。帰りの車の中で金井会長は「少子化問題について、厚生大臣があんな認識では困ったものだ」と愚痴っておられたのを憶えている。子どもの医療支援と少子化問題はリンクするが、金井会長は兵庫県知事の時に全国に先駆けて「子ども病院」を設立された。その経験も踏まえた問題提起であったと推測する。「知を養うことは次の新たな行動を生む」。そのモデルが金井会長であったと筆者は認識している。

さて、では、社協の知力とは何かについて考えてみたい。

1. 社協人の知力とは何か

本題に入る前に、はじめにでその触りになる事柄について論じてみたが、筆者が生きてきた過程でどのような経験や失敗を重ねながら「知力」なるものを養ってきたかを披歴してみたい。その前に、「知力とは何か」を社協の専門職の立場で考えてみた

まず一つは、専門職としての「知識」ではなかろうか。その二つは、「教養」だと考える。教養は持てる知識を仕事にどのように適用させるか、または、応用するかの能力につながる流れを作るものではないかと考える。知力の最後

は、豊かな人格ということではないかと考える。いくら豊かな知識を披歴して
も、またその知識を応用しても、その人が豊かな人格を備えていないと住民は
そっぽを向く。

（1）　社協人の知識とは

　筆者がある市社協の職員研修会に招かれ、つたない講演をした時のこと、
20名程度の職員のうち、社協基本要項を知っているものは一人もいなかっ
た。職員にしてこんな状態だから、役員に至ってはほとんど知らないのではな
いか、と心細くなった。

　筆者は、西尾祐吾先生と、『現代福祉の源流を探る・歴史との対話』を監修
出版した。その序章で西尾先生は、社会福祉学習において歴史が軽視されるよ
うになったと嘆かれ、その原因を指摘されている。軽視されてきた原因の一つ
が、厚労省が医療と福祉を合わせて所管しているためだと指摘し、その一例と
して厚労省が管轄している医師、看護師、保健師、助産師の国家試験に歴史は
まったく登場しない。例えば、医学では近世まで医療の手法として瀉血を行っ
ていた。この手法は現代では根拠のない手法となっているが、歴史を知らなけ
れば、そんな手法があったことすら医療関係者は知ることはない。社会福祉に
ついてみれば、その長い歴史の中で培われてきた哲学・理念・手法が今日の社
会福祉の礎となり、援助技術の原型をなしてきたことを理解し、初めて今日の
社会福祉を理解することができる。西尾先生の指摘に加えていうと最も大切な
ことが欠落している。それは、地域福祉論であり地域福祉援助技術論の欠落で
ある。

　コミュニティワークの原型となったシーボーム報告では、ジェネリック
ソーシャルワーカーの配置を掲げ、家族への総合的支援を促したが、日本の厚
労省は社会福祉士の業務を相談業務に狭小化し、地域福祉への支援業務などは
その業務から除外している。その一方で、地域福祉は住民同士の共助・互助活
動であると喧伝し、社会福祉法人は連携して地域福祉に当たる義務があると宣
うなど支離滅裂である。

　社協職員は、自らの、あるいは集団の学習を通してソーシャルワーカーと

しての基礎知識は身につけておかねばならないだろう。そして習得した知識を実践で検証し、さらに発展させる作業を積み重ねることでソーシャルワーカーとして成長するのであろう。

　知識を豊かにする試みは、専門領域に限らず、読書などを重ねて、ひろく深く学ぶことだと思う。筆者が導かれた先達たちは多くの本を読み知識を広げ思考を深めてこられたのではないかと思う。

（2）　社協人の教養とは

　教養が乏しいと知識を活用したり試したり統合したりする能力を失うのではないか、と考える。

　ソーシャルワーカーがその職分を理解しようとすると、その倫理綱領を学ぶ必要がある。この倫理綱領は、<u>知識を超えた文化理想</u>と位置づけられるのではないか。

　日本ソーシャルワーカーの倫理綱領では、その前文で「われわれソーシャルワーカーは、すべての人が人間としての尊厳を有し、価値ある存在であり、平等であることを深く認識する。われわれは平和を擁護し、社会正義、人権、集団的責任、多様性尊重および全人的存在の原理に則り、人々がつながりを実感できる社会への変革と社会的包摂の実現を目指す専門職であり、多様な人々や組織と協働することを言明する」（中略）「社会変動が環境破壊および人間疎外をもたらしている状況にあって、この専門職が社会にとって不可欠であることを自覚するとともに、ソーシャルワーカーの職責についての一般社会および市民の理解を深め、その啓発に努める」と宣言している。

　この日本ソーシャルワーカーの倫理綱領は、教養として理解しその真意を深めなくてはならないものであると考える。残念ながら多くの社協人の頭からはこの倫理綱領は抜け落ちている。

（註）**知識とは**（『広辞苑』より）①ある事項について知っていること、又はその内容。②物事の正邪等を判別する心の働き（仏）、③知られている内容、認識によって得られた成果、等と解説している。

　　　教養とは（『広辞苑』より）①教え育てること、②単なる学殖・多識とは異なり一定の文化理想を体得し、それによって個人が身に付けた創造的な理解力や知識。

　この教養に触れて、大阪大学名誉教授の加地伸行氏はその著「『教養は死ん
だか』HP新書／ 1996」の中で、江戸時代の儒教古典について述べておられ
る。儒教についての大方の理解は「仁義礼智信」といった道徳ないしは倫理の
範疇に押し込んでしまう傾向にあるが、実は、行政、財政、徴税、建設、天文
歴法など今日流に言えば人文科学、社会科学の全体、そして自然科学の一部に
亘っていたと指摘されている。教養というものの全体像を把握する一助になる
指摘であるが、儒教古典は道徳・倫理の枠を超えて社会のあるべき方向を探求
する学問へと広がり深められていった。

　江戸時代後期の儒学者佐藤一斎は江戸末期の日本を変えたといわれる『言
志四録』を著すが、明治維新を成し遂げた志士たちはこの本の中に「生きる意
味」「人生の使命」を見つけ奮起した、と伝えられている。深い教養はその人
の人生観すら変える力を持っていると言える。

　社協について考えると、基本要項にいう地域の「福祉に欠ける状態」とはど
のような状態を言うのか、その福祉に欠ける状態を緩和し、あるいは解決する
にはどのような手段があるのか深く掘り下げた研究と実行が求められる。加地
氏の言を借りればこの福祉に欠ける状態とは狭義の社会福祉の枠で捉えるので
はなく社会、政治、経済の広い視点からこれを見、その方策を探求することで
はないか、と思える。

　社協基本要項が新基本要項に変わり変化していくプロセスで「なぜ、そう
なっていくのか」という総括もなく流れていく様は社協人の教養の薄さを象徴
しているようで情けない。

　教養という代物は、くせ者ではあるが必要な怪物でもある。教養が乏しい
と雑多に詰め込んだ知識をコントロールすることができなくなるのではないか
と考える。

　先日、筆者が顧問を務める NPO法人で社会福祉セミナーを開催した。この
セミナーは何人かのシンポジストが保育をはじめ社会福祉施設の経営方針につ
いて意見を発表した。その中で、高齢者介護サービスを提供する施設を経営す
る方の意見発表で、「高齢者介護施設の経営収益は全国平均で 2.1% に留まって

いる、この収益率は経営上危険な状態を示す」という意見であった。

　一方、コメンテーターは、プロジェクターを駆使しながら所見を述べられたが、この所見は、例えば、「介護報酬は今後絶対に上がることはない、これからの施設経営には大変な自己努力が求められる」とのコメントであった。介護報酬の引き上げは期待できないとする見解は、実は厚労省の意思である。高齢者介護施設の経営者は、介護職員の確保に苦労をし、その処遇の向上に苦慮し、メンテナンス費用も調達しなければならず、その上、地域福祉の推進は社会福祉法人の責務である、と責任転嫁され四苦八苦の状態にあり、将来展望が持てないと嘆いている。この経営者達に向かって厚労省を代弁し、介護報酬のアップは絶対にない、などと公言する。実は、このコメンテーターは全国社会福祉法人経営者協議会（略称「全国経営協」）の役員である。

　何が言いたいかと言えば、このコメンテーターは社会福祉施設経営については豊富な知識を持ち、厚労省の動向にも詳しい。だから、プロジェクターを駆使して弁舌爽やかに話は進むが、結局は厚労省の代弁者に過ぎない。このコメンテーターに今少し教養があれば、厚労省の代弁者に徹することはなかったであろうと、筆者は邪推する。知識と教養の関係はこうしたものではなかろうか。

　今まで、知識と教養の関係について筆者なりにつたない見識を披歴してきたが恥ずかしい限りである。知識は豊富なほど良い、その知識を適切に駆使できるのは教養である。

2. 人徳（豊かな人格者）について考える

　前節で、社協人の知力について考えてきたが、社協人として、はたして広い意味の知力だけでよいのか、知力に加えてその人がどんな徳を備えているのかが最後に問われるのではないかと考える。

　筆者は今、兵庫県社協が昭和 46（1971）年に発行した兵庫県社会事業先覚者伝『福祉の灯』に改めて目を通している。この先覚者伝には 69 人の社会事業先覚者の伝記が収録されている。かつての兵庫県社協にはこうした伝記を出

版する力があった。69 人の先覚者と言われる方たちの伝記を調査するだけで
も大変な労力を要する。財政規模や事務局人員の規模からしても現在とは比較
にならない小規模であった。兵庫県社協が今日のように肥満体になっているが
こうした作業を進める力はまったくない。

　さて、こうした先覚者の伝記を見ながら、ここに登場する先覚者の人徳に
ついて触れてみたい。そうした過程で人徳とは何かについても読者と共に考え
てみたいと思う。

（1）　社協人の教養とは

　その一つは、まったく私欲がない、と見える。

　先覚者に共通する人格に、私欲がまったく見られないことだ。その一人、
三浦正義についてみて見たい。三浦正義は明治 41（1908）年、兵庫県赤穂郡
上郡町に生を受けた。3 歳にして父を失い、若い母は他家に再婚し、7 歳の時
に淡路由良の心蓮寺の徒弟になるなど苦しい幼少期を過ごした。正義はいつも
良寛の姿を脳裏に描きながら成長した。正義は良寛の淋しさに徹した赤裸々な
姿に打たれ自らも裸になることに努めた。正義は長じて子どもの養育に力を入
れ、保育所、児童養護施設などを開設・運営するが、昭和 39（1964）年 1 月
過労がもとで急逝した、56 歳であった。正義は「恵まれぬ子供たちに毎日楽
しい家庭的な気分を味わわせてやりたい、今の僧はもっともっと社会のために
奉仕しなければならない」と常日頃思い、自らが裸（無欲）に徹しながら子ど
もたちのために奉仕を続けた生涯であった。

　先覚者伝に登場する慈善事業家たちは、自らも貧しかった姿が見て取れ
る。世間とは私欲の深い人には手を貸さない。自分と同じような貧しさを身に
纏いながらも、なおかつ、他者のために貢献しようとする姿に情を寄せる。こ
れは、今も昔も変わらない情景ではなかろうか。筆者は簡単に人徳を口にした
が、これほど奥の深いものはない。人徳、豊かな人格とはその人が生きる目
標・信念に裏打ちされたところから湧き出る清水のようなものだと思う。

（2）　生きるテーマをもつ

　筆者は兵庫県社協に40年も勤めた。その後縁あって教職の道に入り、宮崎県延岡市で6年間、神戸に帰ってからは西区の大学に5年間勤めた。筆者の生涯は福祉と共にあったと言える。教職を離れたのちは、いくつかの社会福祉法人の役員に迎えられたり、理事長に据えられたりした。

　その間、社会福祉法人の経営者を手助けするためのNPO法人を立ち上げ、今もその顧問をしている。筆者の生きるテーマは社会福祉の向上をどう図るか、といったもので、この道は遠く続く。

　数年前に、兵庫県内の社協や共同募金会に勤め退職した方々の組織を立ち上げた。50名程度の会員数であるが、立ち上げ時は会長をしていたが今は顧問である。80歳を過ぎるとどれもこれも「顧問」である。

（註）顧問とは（『広辞苑』より）①意見を問うこと、相談すること。②諮問に応じて意見を述べること又はその職にいる人、③顧問官　天皇の諮問に応じた官職　などとある。

　本題に入ると、退職者会会員の何人かは、社協や社会福祉のあれこれからまったく縁を切って謡を習ったり、楽器いじりをしたり、登山などに興じている。一緒にこんな本を作りませんかと誘っても、「本や資料はすべて廃棄してしまったのでできませんわー」の返事が返ってくる。羨ましいような淋しいような気持ちになってしまう。

　先覚者伝を読んでいると、慈善事業や社会事業に生涯にわたって打ち込んでいる方がたがほとんどである。そのことが生きるテーマだったのだと今になって分かってくる。社協を離れて新しく趣味やスポーツに興じることができるのは、まさに今日的な生き方なのかもしれない。今日的な生き方に切り替えられる様は羨ましいと思うし、その一方で、何十年間にもわたって打ち込んできた社協の仕事や福祉との関わりは、その人の生きるテーマにはならなかったのか、と淋しくなる。

　ある時、何人かの友人で、路上占いを揶揄したことがある。その占い師は顔相を見るのが得意とのことであった。あなたは神主さんですね、あなたは会社の社長さん、筆者はどう言われたと思われるか、「質屋の親父さんですか」

と。特に、顔相は人格がにじみ出ている、と言われるが、筆者は海千山千の質屋の親父にみられた。嬉しくもあり、嬉しくもなし。今はどんな顔相に映っていることか。その占い師曰く、「政治家はすぐ分かりますよ」と。

　その人の人格や人徳は顔に色濃く現れるといわれる。筆者も八十路に入ると頭は薄く白髪、目はしょぼしょぼ、鼻水はしょっちゅう、という有様。でも、ヤクザには見られないだろうし、質屋の親父は卒業して荒れ寺の生臭坊主、といったところか。よい含嗽になるためには教養を積んで人生の修行を重ねることか。いや、先覚者に学んで生涯のテーマを追いかけることか。

（3）　他者の痛みをわが痛みとする

　筆者が若かりし頃、当時神戸女学院大学教授であった雀部猛利先生より神谷美恵子さんの話を聞いたことがあった。その時受けた感動は今でも忘れない。その神谷美恵子さんを紹介したい。その紹介は、「西尾祐吾・塚口伍喜夫監修『歴史との対話』／ 2018 ／大学教育出版」p108 〜 109 に亘る執筆者荻田藍子氏の文を引用することを許していただきたい。

神谷美恵子（1914 〜 1979）

◆「なぜ、私たちでなくあなたが」／ハンセン病患者との出会い

　神谷美恵子は、ハンセン病患者との出会いで医師を志し、国立療養所・長島愛生園（以下「愛生園」）に勤務した精神科医であった。（中略）

　神谷は、愛生園で「らいと精神医学調査」を行った。このころ愛生園では7割の患者が特効薬プロミンの治療を受け治癒した人も多かったが、隔離政策は続行され、調査では半数以上の人が将来への希望がないと回答した。特に、神谷が心を痛めたのは、老朽化した木造家屋に閉じ込められた精神障害の患者の姿であった。新しい治療薬は投与されず、精神的治療もなされていなかった。偏見と差別により存在自体が社会から切り捨てられていたハンセン病患者の中でも、精神障害を持つ人々はさらに差別をされていた。美恵子はこれを国辱だと園長に訴え、精神科医として園に通うことになった。美恵子は15年間通い昭和47（1972）年に職を辞した。

美恵子は、ハンセン病患者とのつながりの中で生きる意味を問い続けた。彼女の晩年は病に苦しんだが、昭和54（1979）年65歳の生涯を閉じた。

（余談）

　筆者は、兵庫県社協入職5年目くらいの12月、歳末助け合い運動で集まった義援金の一部を長島愛生園に届ける役を仰せ付かった。いかほどかの義援金を持って出発する前日、職場の先輩から、忠告を受けた。曰く「愛生園から帰ったときは、玄関に入る前に服を脱ぎ、その服は洗濯槽に入れて水を張り2日後くらいに洗濯すること」「2〜3日は家族と一緒に食事をするな」といった忠告であった。

　愛生園には、確か岡山の日生港から連絡船に乗って渡った。愛生園では何人かの兵庫県出身の患者から話を聞けたし要望も受けた。もっとも強い要望は、「故郷をこの目で一目見たい」というものであった。ほとんどの患者は、騙されてここに連れてこられた。家族とも自分が「らい患者」であることを理由に絶縁状態であることなど、想像を超える話を聞いた。

　筆者は、彼らの里帰り旅行の要望をどうしても実現させたいと思い、同僚の沢田清方君（故人）と図り、奔走したが実現できなかった。まず、バス会社からは断られるし、休憩場所もとれない、弁当屋からも断られる等々でハンセン病患者に対する偏見はとてつもなく強いことを改めて実感した。長島愛生園の県内出身患者の皆さんにお断りの返事を書くときは悔しくて涙が出た。

　2021年度の文化勲章受章者に巨人軍名誉監督の長嶋茂雄氏が選ばれたニュースを見た。仮に、長嶋茂雄氏が現役選手を引退したのち、自分の趣味のギター（これが同氏の趣味かどうかは分からないが）の練習に打ち込む。あるいは、トレッキングにはまっているといった姿を見ても誰も感動しないのではないかと思う。やはり、長嶋氏は生涯をかけて野球に打ち込んだ人であることが似合うし文化勲章の受賞に値する。

　ちょっと見方を変えると、長嶋氏が現役を引退するとき、どこからもお呼びがかからないとその後は、趣味に生きるしか道が無くなってしまうのかもわからない。

　筆者が兵庫県社協を引退後、どこからも何のオファーがなければ福祉や社協とも縁を切らざるを得ない道を歩んだと思う。世間は、その人の生きてきた

様を丸ごと評価してオファーしてくるのではないか、その人の生きざまに値打ちがないと判断すれば、誰も声をかけない。その意味では世間の評価は厳しい。

　その人の生きざまの最終の評価は、「人徳のある人」ということになるようだ。いくら知識が豊富で教養が高くても「人徳」が低いと評価されると、どこからもオファーは来ない。

　社協が介護福祉事業に参入したことを契機に、介護サービスを担う職員が増え、もともとの職員数の数倍の規模になった。

　これら職員に社協の理念やコミュニティオーガニゼーションの手法、ノーマライゼーションなど社会福祉理念の学習はどのようになっているのか知りたい。また、社協が介護福祉事業に参入した意義。特に、在宅介護に関わった意味などをどのように理解しているのだろうか、関心のあるところだ。

　介護福祉事業に関わる職員たちの大半の雇用状態は非正規雇用あるいはパート雇用であろう。また、そうした雇用条件でないと経営が維持できないという厳しい介護報酬システムが続いている。介護福祉サービス事業は社協にかかわらず施設も含めて、こうした経営環境に押し込まれ、常態化している。

　社協が在宅介護サービスを経営するにあたって、そのサービスの向上をどのように図るか、経営のひずみをどのように改善するか、職員処遇をどう引き上げるか、サービスシステムの是正を国にどう働きかけるか等を検討する専門委員会を設けているかどうか。設置しているのであれば、どのような論議がなされているか、その様子を議事録などで拝見したい。

　社協が在宅介護福祉事業に参入したその段階から、介護福祉サービス事業を別物として切り離してきたのではないか。筆者が、兵庫県社協在職中に介護保険事業にどのように参入するかの論議は重ねたが、参入後、介護保険事業の動向を注視しながらも社協にふさわしい経営をどう進めるかの処方箋は提示しなかったのではないかと反省している。この対応が不十分であったがために社協の理念や手法の味付けも薄められてきたと考える。

結論は、豊富な知識とそれを生かす教養、それらが集積した人徳、これら
を豊かに実らせる道こそ、総じて「知力」と言えよう。社協人一人ひとりはこ
の構図を頭に描いて、「一人の百歩より百人の一歩」をこころがけ着実に前に
進んでもらいたいものである。図体が大きくなった社協が、社協としての基本
理念を貫いていく道筋を失えば「独活の大木」になってしまう。すでにそのよ
うに劣化してしまっているのかもしれない。企業も総じてその寿命は 30 年と
も言われている。社協は 70 年生きてきたが、その間いろいろな部分に劣化が
生じている。否、部分ではなく社協総体が空洞化し劣化しているのかもしれな
い。そのことを認識する知力さえ衰退しているのではないか、と悲観してしま
う。まずこの立て直しの先陣はプロパーの職員集団が負わねばならないだろ
う。

3. 知識と教養を活用した一つの提案

（1） 忖度のし過ぎは正道を曲げる

　社協の現状を変える力は職員の英知と行動力である。特に、行動力は相当
な覚悟がないと生まれてこない。

　筆者が兵庫県社協に入職 5 年後に全職員（職種を超え、年齢差を超えて）が
一致団結して労働組合を結成した。この労働組合結成で不利益を被るものあれ
ば、全職員がそれに対処するという連判状に署名捺印し結成にこぎつけた。委
員長は筆者、書記長は同僚の野上文夫さん、執行委員は若手がかってでた。正
直言って筆者も首を覚悟しこの結成に臨んだ。大阪府社協がすでに労組を結成
していたこともあり、若手職員は何度も大阪府社協に足を運び労組活動につい
て事前学習を重ねた。

　労組結成は地元新聞に報道されたこともあり、県内の福祉関係者に大きな
衝撃を与えた。労組結成の動機は給与設定やボーナス査定の不明瞭さにあった
と憶えている。その後の活動は処遇改善にとどまらず、社協の在り方や人事、
特に県庁からの天下り人事に反対する活動も展開した。結果、県庁からの天下
り人事は常務理事までとし、事務局長以下はプロパー職員を登用するルールが

県民生部との間で不文律の約束となった。この不文律の取り決めは現在においては消滅状態で、事務局長やそれ以下の職員にまで県職OBや出向者が座る。労働組合の対応はまったく見えない。

　日本国憲法第28条は勤労者の団結権及び団体行動権を規定している。曰く「勤労者の団結する権利及び団体交渉その他の団体行動をする権利は、これを保障する」と。

　憲法規定よりも上役や会長の意向を忖度して動けない職員集団に何が期待できるのか心もとない限りである。結局は、事業請負団体に成り下がり、それを口実に肝心なことは何もできない状態を諦めの目で見るしかないのか…。

（2）　頼りにならない「労組」に代わる代案

　社協組織は結成以来今日まで縦組織（ヒエラルキー）で動いている。このピラミッド型縦組織の頂点に行政OBが座り、次席の常務理事にもOBがいる。彼らはヒエラルキー崇拝者であり、この縦組織こそが最上のものと認識している。

(註) この組織形態は明治期の官庁や軍隊にその起源を求めることができる。新卒者の一括採用、定期人事異動、大部屋型オフィス、人事考課など今日に至るも基本的な変化はない。住民主体の新たな理念を掲げた社協が、その組織形態に何の疑問も抱かず、社協の組織形態の核である事務局組織において、この明治期の組織形態を綿々と引きずり、行政の首長の意向を拝した会長や常務理事をこの組織形態の頂点に据え、その意向のままに動いている実態に社協の職員集団は何と無能であることか。

　ここ3年余りのコロナ禍で働き方も変化し、ヒエラルキーが機能し難い状態が生まれてきたのではないか。ピラミッド型ヒエラルキーがコロナ禍でどのように働いたのか検証してみる必要がある。

　①　最終決裁者が会長一人でよいのか

　ヒエラルキーでは、担当者がある事業を起案する。それが係長、課長、部長と承認され、最終的には会長の決済で事業執行が決定する。その場合、会長個人の価値観が大きく働く。このヒエラルキーは専制・独裁につながる。今日では、社協に相応しくない組織形態ではないかと思える。職員の多くの意思が反映できる組織形態にできないかと考える。

② ネットワークで機能する組織形態

　ヒエラルキー組織に対して、ネットワークで結びつき、機能する組織形態が考えられてよいのではないか。このネットワーク組織は横組織で、参加職員の上下関係は薄められ、選挙でいえば、会長も常務理事も事務局長も平職員も平等に1票を持つ。

　ある事業が起案されると、ネットワークで全職員に知らされる。職員は賛否の意思表示をするとともに自己の意見を表明する。それらの集約で決する、といった進め方をすれば会長一人の意向で決する弊害はなくなり、その日のうちに事業（案）は次の段階に移せる。

　さらに、このネットワーク組織を発展させるとマトリックス組織に至るのではないか。

(註) マトリックス組織とは、従来の職能と事業部またはエリアの2つの系列を縦・横の組み合わせで網の目のようになった組織を言う。職員は自らの部局に所属するとともに、特定の事業プロジェクトにも所属するため2つの所属を持つことになる。

　社協職員は、コロナ禍で労働環境も働き方も大きく変わった中で、依然と旧態のままの組織環境で働き続けるのか、先を見て新たな職場環境を創設するのか、その岐路に立っていると言える。

（塚口伍喜夫）

引用文献

・小熊英二著『日本を支配する社会の慣行』／2019／講談社現代新書　第5章「慣行の形成」の要点から一部引用
・西尾祐吾・塚口伍喜夫監修、荻田藍子ほか編著『歴史との対話／現代福祉の源流を探る』／2018／大学教育出版　神谷美恵子／荻田藍子著の一部を引用

参考文献

・朝倉斯道随想抄編集委員会編『朝倉斯道随想抄』／1973／兵庫県社会福祉協議会
・兵庫県社会事業先覚者伝編集委員会編『福祉の灯』／1971／兵庫県社会福祉協議会
・大阪文化政策研究会編『都市文化を耕す本』／1983／日本機関紙出版センター
・稲垣佳世子・波多野誼余夫著『人はいかに学ぶか』／1989／中公新書
・筑紫哲也・福岡政行編『これからの日本をどうする』／1998／日本経済新聞社

・加地伸行著『〈教養〉は死んだか』／ 2001 ／ PHP 新書
・佐藤一斉著『人の上に立つ人の勉強』／ 2002 ／三笠書房
・堺屋太一著『文明を解く／東大講義録』／ 2003 ／講談社
・立正大学社会福祉学部編『福祉文化の創造』／ 2005 ／ミネルヴァ書房
・暉峻淑子著『助け合う豊かさ』／ 2011 ／ FORUM BOOKS
・検証チーム編『官僚劣化／中央公論 2018. 6 月号』／ 2018 ／中央公論社

第4章

社協の基盤であるコミュニティワークを
改めて考える
― 地域包括支援体制下での社協職員の専門的スキルとは ―

は じ め に

　本章のねらいは、社協の専門機能であるコミュニティワークのあり様について考察することにある。

　社協は、社会福祉法（第109条、第110条）に規定されているように「地域福祉の推進を図ることを目的とする団体」である。そして社協組織は、地域の社会福祉について協議する住民組織の形態をとっている。ゆえに社協事務局の役割は、住民による地域福祉に関する協議及び住民活動をサポートすることが基本となる。そして多くの社協の組織目標は、当事者も含めたすべての住民が共生する社会＝福祉のまちづくりであろう。社協事務局は組織目標である「福祉のまちづくり」に向け、コミュニティワークの技法を使い、住民活動を支援するのが基本的役割のはずである。「はずである」と記載したのは、多くの社協事務局職員はこの基本的な専門機能である「コミュニティワーク」について認識が一致していないと、感じるからである。なかにはコミュニティワークとコミュニティソーシャルワークを同一視したり、社協職員を単なる団体事務員と混同している例が目に付く。地域福祉関係者の中には、「昨今の社協事務局はコミュニティワークが弱くなり、地域福祉を担う住民組織の事務局（専門職集団）の任を果たしていない」との指摘もある。

　今日、政策的にコミュニティワークが求められている。そこで本章では、最初にコミュニティワークが求められている政策動向を確認する。そして社協

がその任を担うのならコミュニティワークはどのようなものかを考察する。その上で改めて、社協職員が保持すべきコニュニティワークの方法論について考えていきたい。さらに、社協職員がコミュニティワークを進めていくための課題を考察し、改善点を提案していきたい。

1. 政策的に求められている「地域づくり支援」

今日、コミュニティワークが政策的に注目されている。政府は平成29（2017）年、令和2（2020）年の社会福祉法を改正し「包括的な支援体制の整備」および「重層的支援体制整備事業」（法第106条の2〜11）を規定した。包括的な支援体制整備の中で「地域づくりに向けた支援」を主要な取り組みの一つとした。「地域づくりに向けた支援」を素直に英訳すればコミュニティワークである。まず、包括的な支援体制整備の中でコミュニティワークがどのような形で位置づけられているのかを確認してみよう。

（1）　地域の包括的な支援体制づくりと「地域づくり支援」

厚生労働省の施策説明資料[1] を見れば、包括的な支援体制づくりは「断らない相談支援」「参加支援」「地域づくりに向けた支援」の3つの支援を一体的に実施することを目指している。その事業枠組みは表4-1のとおりである。要約すれば「断らない相談支援」とは従来からの政策を継続した包括的・総合相

表 4-1　包括的支援体制整備の事業枠組み

断らない相談支援	本人・世帯の属性に関わらず受け止める相談支援
参加支援	本人・世帯の状態に合わせ、地域資源を活かしながら、就労支援、居住支援等を提供することで社会とのつながりを回復する支援
地域づくりに向けた支援	地域社会からの孤立を防ぐとともに、地域における多世代の交流や多様な活躍の機会と役割を生み出す支援

出典：厚生労働省社会・援護局地域福祉課地域共生社会推進室長『地域共生社会の実現に向けた包括的な支援体制整備について』（2020）より抜粋

談の強化であり、「参加支援」は当事者の社会参加支援である。そして「地域づくりに向けた支援」とは、社会的孤立防止と地域づくりへの住民参加の促進を謳っている。

「地域づくり」（≒コミュニティワーク）が政策目的に包含されるようになったのは生活困窮者自立支援法（平成 25（2013）年）からである。生活困窮者自立支援法は、住居確保給付金、就労支援等の支援を通じて「生活困窮者の自律の促進を図る」ことを目的としている。立法化にあたり社会保障審議会の報告書では、谷間のない相談支援体制の構築とともに「（前略）…本人と本人を取り巻く地域の力を抜きにしては課題への対応は難しいことから、新たな相談支援事業の運営機関が中心となって地域づくりを行っていくことが必要であり…（後略）」（下線筆者）と記載し、専門機関による「地域づくり」の必要性を謳っている[2]。

生活困窮者自立支援法施行時に、福祉専門機関による「地域づくり」に関して地域福祉関係者からは目立った論争はなかった。しかし、「地域づくり」とは本来、地域に住む住民が主体的につくっていくものであり、社会福祉制度（システム）の専門機関から地域づくりを行うものではない。しかし、その是非の議論がないまま、生活困窮者自立支援法から流れを踏襲し、包括的な支援体制整備では、行政、福祉専門機関が「地域づくり」の支援を政策的に位置づけたのである。

（2） システムだけでは「社会的孤立」は解決できない

では、なぜ社会福祉政策として「地域づくり」支援に取り組もうとしているのだろうか。その背景を社会福祉法改正に向けて検討をした地域力強化検討会の「最終とりまとめ」（2017）では次のように整理している。それは①深刻な人口減少社会の到来、②課題の複合化・複雑化、③社会的孤立、④地域の福祉力の脆弱化の 4 点である[3]。当事者が抱えている「社会的孤立」は様々な生活・福祉問題をより複雑化、深刻化する要因である。そのため、当事者の社会的孤立から「つながりを再構築」する必要があり、つながりの場である地域社会の現状に目を向けることになった。そして地域社会は「地域の福祉力の脆

弱化」していると現状認識し、今日の福祉課題の一つとして取り上げることになった。当事者の社会的孤立が生活・福祉問題をより複雑化、深刻化していくことは確かである。そのため生活・福祉問題に対処するには「社会的孤立」の課題にも取り組む必要がある。しかしこの課題は、社会福祉制度（システム）だけでは限界がある。なぜなら「孤立」とは物理的要因だけには留まらず、人々の心情、地域の文化的要素などが絡んでくるからである。そのため地域社会にその課題対応の一翼を期待せざるを得ない状況を「最終とりまとめ」は示している。これは、生活困窮者自立支援法の立法化（2013）の際の認識と同じである。それゆえに行政、福祉専門機関が「地域づくり」の支援を必要としたと推察する。

（3）　3つの「地域づくり」の方向性

　地域力強化検討会の「最終とりまとめ」では、地域づくりの取り組みの方向性として、次の3点をあげている[4]。

　この報告書は平成28（2016）年に閣議決定された「ニッポン一億総活躍プラン」の一つである「地域共生社会」政策の「我が事・丸ごと」の具体策として打ち出された。ここで注目したいのは、「地域づくり」は福祉に限定しない暮らしの場としての「まちづくり」を視野に入れていることである。その上で、福祉ネットワークづくりを通して地域づくりにつなげようとしている。つまり、専門機関（専門職）と住民の連携で成り立つソーシャルサポートネットワーク（以下、SSNという）づくりを通じて地域づくりを進めようとしている。個別対応のSSNをシステム化したものが地域包括ケアシステムである。表4-2の2点目の「ネットワーク」とは地域包括ケアシステムづくりを通じて「地域づくり」を進めると読み解くこともできよう。このような状況を踏まえ、平野隆之（2019）は「地域包括ケアシステムそのものが、地域づくりへと舵を切っている」と指摘する[5]。では、具体的にどのように舵を切り、地域づくりとどのように繋がっていくのだろうか。それについては「最終とりまとめ」の記述では、それぞれの地域づくりによって相乗効果を生み出されることを期待するに留まっている。

表4-2　３つの地域づくりの方向性

・「自分や家族が暮らしたいと考える」という主体的・積極的姿勢と<u>福祉分野以外の分野との連携・協働のまちづくりに広がる</u>地域づくり ・「地域で困っている課題を解決したい」という気持ちで、様々な取組を行う<u>地域住民や福祉関係者によるネットワークにより共生の文化が広がる</u>地域づくり ・「一人の課題から」、地域住民と関係機関が一緒になって解決するプロセスを繰り返して気づきと学びが促されることで、一人ひとりを支えることができる地域づくり という方向性は、互いに影響を及ぼし合うものということができる。「我が事」の意識は、その相乗効果で高まっていくとも考えられる。　　（下線は筆者が加筆）

出典：厚生労働省社会・援護局　地域における住民主体の課題解決力強化・相
　　　談支援体制の在り方に関する検討会「地域力強化検討会最終とりまとめ」
　　　（2017）より

（4）　住民自治がない「地域づくり」支援は、「社会的孤立」を深める

　「最終とりまめ」の３つの方向性を見て、ある疑問が生じる。地域包括ケアシステムの構築は介護保険法施行以降、社会福祉政策の主要な柱であった[6]はずである。20年近く地域包括ケアシステムの構築に取り組み、一定の成果をあげているにもかかわらず、当事者の「社会的孤立」の問題は深刻さを増している。地域包括ケアシステムでは、生活支援体制整備事業等により地域住民の協力も得ながら進めているにもかかわらず、である。地域福祉関係者はこの現象をどう受け止めるべきであろうか。これまでの取り組みで何が欠けていたのかを検証する時期に来ている。

　地域力強化検討会の座長であった原田正樹（2019）は「そもそも地域に合った福祉力を奪ってきたのは誰かという問題もある。つまり福祉の制度やサービス、福祉専門職が地域の支え合う力を奪ってきたのではないかという反省も必要である」[7]と指摘している。地域社会の脆弱化を社会福祉制度や福祉専門職のみに求める原田の論はいささか乱暴な感はある。しかし原田が指摘する点は、社会福祉制度や福祉専門職が主導する「地域づくり」に警鐘を鳴らしているのではないか。

　筆者は、原田の指摘を検討した際、政策側が求める「地域づくり」に「住民自治」の要素がないことに気がついた。住民自治なき地域づくりは、政策側が「支援」を重視した機能的コミュニティを求めることになり、専門職（機関）主導になりやすい。住民自治がない機能的コミュニティを求めることで本当に「社会的孤立」がなくなるのだろうか。住民による「支援」という機能を重視したコミュニティは、当事者・住民の生活状況をますます悪くするのではないだろうか。このような思いに至ったのは、小野達也（2014）がいう「システムが生活世界を包摂的に植民地化する（侵食する）」という考えを知ったからである。小野はハーバーマスの理論を援用しつつ、システムが住民の生活世界への浸食が進むと「物的な生活資源は得られるが、その人らしい生き方を可能とするための文化、人間関係、人格的形成という資源が失われる」と指摘する[8]。つまり、社会のシステム化（制度化）が進むほど個人の「社会的孤立」は進み、当事者・住民の生きづらい生活環境を増進しかねないとの指摘である。これは専門機関（専門職）主導の「地域づくり」への警鐘ではないだろうか。

　社協は「住民主体」を標榜する。そうであるのなら、住民主体、住民自治を基盤とした「地域づくり支援」にどのように取り組むべきかを具体的に検討すべきだろう。

2.「福祉のまちづくり」の内容を問い直す

　社協の組織目標である「福祉のまちづくり」と「福祉コミュニティづくり」を同じ意味として使用する社協が散見される。一見すると同じように見えるが、学問的には福祉コミュニティは岡村重夫が定義しているのに対し、「福祉のまちづくり」の定義は特にされていない。この用語の混同が社協職員に「住民自治」の概念を抜けさせる要因になっているのではないかと懸念する。そこで、改めて福祉コミュニティと福祉のまちづくりの概念を整理し、両者をつなぐ方策を探っていきたい。

（1）福祉コミュニティはソーシャルサポートネットワークなのか

　瓦井昇（2003）によれば福祉コミュニティの概念は複数存在する[9]。そのなかで、社協をはじめ多くの地域福祉の実践団体、福祉教育機関（大学等）に影響を与えたのは全社協の定義であろう。全社協（1992）が発行した『小地域福祉活動の手引き』では福祉コミュニティを次のように定義している[10]。

　地域福祉や在宅福祉サービスの推進という目的と関心に基づいて作られるネットワーク・共同関係を福祉コミュニティと呼び、福祉コミュニティと言うのは包括的なものではなく、いくつもの福祉コミュニティが時には重なりあいながら形成され、これを通して、地域社会の福祉的な再編成を図るというのが、福祉コミュニティの考え方である。　　　　　　　　　　（下線は筆者加筆）

　さらに他の全社協発行物を見ると、「福祉コミュニティは単なる目標ではなく、コミュニティが構成する1つの社会状態をつくるという考え方である」とし、利用圏としての地域内に次の3つが成立することで福祉コミュニティがつくられるとした。その3つとは、①社会福祉施設ないしは在宅福祉サービスや在宅福祉活動、②それを支える公私のネットワーク、③それに参加・協力する住民の意識・態度の変容、である[11]。全社協の定義では福祉コミュニティとは専門機関と住民との協働による支援ネットワーク（SSN）の集積であり、「まちづくり」と距離をとっている。それゆえ、「まちづくり」に欠かせない住民協議、住民自治といった概念はあまり強調されない。瓦井によると全社協の福祉コミュニティの定義の前提には「コミュニティの再建は従来の地域共同体をノスタルジックに求めるのは不可能」との認識があった[12]という。つまり当事者への支援ネットワークづくりを多くつくることで、住民の意識・態度の変容を期待するが、地域福祉はコミュニティ再編にはアプローチしないことを示している。むしろ、住民の意識・態度の変容によりコミュニティが再編することを期待するに留めている。

　全社協の福祉コミュニティの概念に従えば、住民自治を意識しなくても済む。むしろネットワークづくり、コーディネーションなどといった専門職アプローチだけに留まり住民の内発的力を向上させる支援に辿り着きにくい。

（2）　コミュニティソーシャルワークは全社協定義の実践方法？

　全社協の福祉コミュニティの概念を見ると、ある1つの実践理論を想起する。それはコミュニティソーシャルワーク（以下、CSW という）である。CSW の理論と実践方法を示した図書『コミュニティソーシャルワークの理論と実践』（2015）[13] は、全社協の福祉コミュニティの概念に即していることが分かる。同書では CSW の展開方法として、①個別アセスメント、②地域アセスメント、③プランニング、④地域福祉計画、⑤進行管理と評価をあげている。地域住民が関与する地域福祉計画の解説では、地域福祉計画は「コミュニティソーシャルワークを展開可能とするシステムの形成」[14] とし、住民協議、住民自治の支援といった視点は見受けられない。同書では住民へのアプローチとして「福祉教育」を挙げている。これも専門職アプローチであり、地域住民の内発的動機を喚起し、住民協議を促したものにまで至っていない。つまり、CSW は福祉専門職の手法として位置づけられている。

　しかし、同書が目指す地域社会は、全社協定義の福祉コミュニティに留めていない。同書序章で大橋謙策は「一般コミュニティを福祉コミュニティに作り変えていき、地域に住んでいる社会的不利条件を持つ少数者の特殊条件に関心を持ち、それらの人々を受容し、支持しつつ、援助できる新しい地域社会（包摂型地域社会、ケアリングコミュニティ）を創造することが求められている」[15] と述べている。それゆえに「新しい地域社会の創造」のために CSW が必要であると主張している。この考えは地域力強化検討会の「最終とりまとめ」の3つの地域づくりの方向性と符合する。しかし大橋が主張する CSW の展開だけで「新しい地域社会の創造」が果たせるかは、同書を読む限りでは見えてこない。それでも CSW は全社協定義の福祉コミュニティ論の具体的な技法として普及されていく。

（3）　福祉コミュニティと住民自治

　大橋の「新しい地域社会の創造」論の前提には、岡村重夫の福祉コミュニティの概念への批判がある。大橋は岡村が示した福祉コミュニティは一般コミュニティの下位集団であり「社会福祉サービスの利用者ないし対象者の真実

の生活欲求を充足させるための組織である」とした。そのため、岡村の概念はコミュニティの二元論であり、"地域における新たな「支え合い」"を構築する政策と矛盾すると批判している [16]。

　確かに岡村は『地域福祉論』(1974) では福祉コミュニティを一般コミュニティと区別した上で定義している。しかし、岡村は大橋が指摘するように福祉コミュニティを一般コミュニティの下位集団に留めた二元論で語ってはいない。むしろ岡村は、福祉コミュニティの中核である福祉問題を抱える当事者が「人権意識と生活主体者としての自覚をもって一般的な『地域コミュニティ』の構成員とならなければならない」とした。つまり岡村は福祉コミュニティと地域コミュニティ（市民化社会型地域社会）の双方にアプローチをしながら、両者が相互作用する関係性をつくっていくことを述べている [17]。

　そもそも岡村の地域社会の認識は、多元的な価値や多様な関心を持つ人々が存在することを前提としている。そのため、地域社会の中には多元的な価値や多様な関心ごとを持つ下位集団が存在し、各下位集団が関係を持ちながら地域コミュニティを形成している、と認識している。この認識は、価値観が多様化する今日の地域社会を捉える上で参考になる考えである。岡村が福祉コミュニティの組織化を述べた背景には、福祉問題を抱える当事者が社会から排除され、孤立している状況があったからである。排除され、孤立している当事者の状況を脱却するため、まずは福祉コミュニティの形成（福祉組織化活動）を図り、その上で当事者が地域コミュニティの構成員となるような働きかけを目指した。福祉問題を抱える当事者が地域コミュニティの構成員になることで、当事者の生活・福祉問題が「地域住民の問題」になる。そして地域コミュニティが問題解決行動するには、住民の主体性、住民自治を必要とする、といった論理展開をする [18]。岡村の地域福祉論と比べて、全社協の福祉コミュニティ論、CSW 論を見ると何が不足しているかが見えてくる。これらの論には、当事者が地域社会の構成員となるような支援や地域社会が生活・福祉問題の解決行動をとるために必要な住民自治力への支援が不足している。

　岡村重夫の理論を継承する地域福祉研究者は住民主体、住民自治等を地域福祉の基本要件に据えて論じる者が多い。その論者の１人に「自治型地域福祉

論」を提唱する右田紀久恵がいる。今日の社会福祉政策である「地域共生社会」に関して、20年以上前に右田は予言的な見解を示している。それは「あたらしい公共」「自治型地域福祉論」の考えの中で示されている。その内容に若干触れてみたい。

　右田は"ともに生きる"（共生）原理は公共性にあるとした。そして公共性とは「人間の『生』の営みにおける共同性を原点とし、その共同関係を普遍化したものに他ならない」とし、「さまざまな私的利害を住民が主体的に調整していく構造」とした。そして地域福祉実践は「市民的共同社会への論理＝あらたな公共の概念の構築」[19] としたのである。この「あらたな公共」とは「地域における社会生活の一定の自治的な共同性と、そこにおける公共性を含んだ全体関係＝地域的な公共関係」[20] とした。つまり、地域福祉とは「あらたな公共の構築」の一翼を担うものとし、そのためには住民の「自治的な共同性」を基本要件としたのである。そして福祉コミュニティは、「あらたな公共」のベースとした[21]。さらに、右田は専門職主導に対しては、地域を外から操作対象化し、施策化することを「地域の福祉」であると批判し、地域福祉とは異なるとした。つまり、地域福祉は新たな質の地域社会を形成していく内発性（地域社会形成力、主体力、共同性、連帯性、自治性を含む）を基本要件としたのである[22]。

　この右田の理論は、今日の地域包括支援体制整備における「地域づくり支援」の問題点を指摘している。つまり、専門機関・専門職（地域社会の外）による地域操作は「あらたな公共性」を生み出さないことを指摘している。これは先に紹介した原田や小野の指摘と符合する。住民の自治的な共同性と離れた専門職主導の「地域づくり支援」は地域福祉とは呼べないのである。

（4）「地域の福祉力」を高める ―住民自治を基盤とする「福祉のまちづくり」―

　右田の自治型地域福祉論は容易に理解するには難しい概念であり、多くの住民と共有するには困難が伴う。しかし、住民自治に基づいた「福祉のまちづくり」に取り組むには、当事者・住民と社協事務局が共有できるワード（スローガン）が必要である。そこで筆者が提案したいワードは「地域の福祉力」

である。つまり「福祉のまちづくり」とは「地域の福祉力」を高めることで福祉コミュニティとまちづくりをつなげていく（≒福祉のまちづくり）、という考えである。

　「地域の福祉力」という言葉は、先に挙げた原田の「地域に合った福祉力」など類似用語も含めて最近目立つようになった。しかし、その言葉の定義が示されることは少なく、住民の助け合い力（相互扶助力）を表す言葉として使用しているケースが目立つ。実は、「地域の福祉力」という言葉は、最近現れた言葉ではない。平成6（1994）年、沢田清方（1991）の理論を踏まえて、兵庫県社協が市町社協への活動方針書の中で示した用語である。兵庫県社協は「地域の福祉力」の構成要素として、表4-3のように定義している[23]。

　表4-3を見れば「地域の福祉力」とは単に住民の助け合い力（相互扶助力）に留めていない。住民が主体性・共同性をもって問題発見、行動、開発そして専門機関を活用する力、そして、住民が共同して「福祉のまちづくり」の構想を立て、福祉のまちづくりを運営する「地域福祉経営」の6つの力の総体として定義している[24]。「地域の福祉力」を高める取り組みを通じて「まちづくり」に繋げていく考えなのである。そのための基本要件は、住民の主体性、共同性、住民自治である。つまり、コミュニティワークは専門職の専売特許ではなく、住民自身によって取り組まれるものである。その観点に立つと「地域の福祉力」と右田の自治型地域福祉論の基本的な理念は相通じる。

　しかし「"地域の福祉力"を高める」というワードは十分普及しなかった。この言葉を定義した兵庫県社協のお膝元である兵庫県内の市町社協ですら知る

表4-3　「地域の福祉力」の構成要素

1	住民が地域の生活課題を発見し、共有する力
2	住民が課題解決に向けて主体的に行動し、協働する力
3	住民が地域にある資源を活用・開発する力
4	住民が専門機関・行政と連携する力
5	住民が「福祉のまちづくり」計画をつくる力
6	住民が計画に基づき、地域福祉経営をおこなう力

兵庫県社会福祉協議会『ささえあうまちづくり推進プラン4』（2005）p.9より

社協は少ない。なぜ普及しなかったのだろうか。兵庫県社協に在籍していた筆者が当時を振り返ってみると、それは「"地域の福祉力"を高める」を運動方針（スローガン）として掲げなかったからである。当時は、全社協の「事業型社協」に対抗して「総合型社協」（協議体、運動体、事業体の3つの組織特性を相対的に取り組む社協）を打ち出し、その普及に力を入れていた。「地域の福祉力」は総合型社協が目指す方向性として示す程度であり、住民と共有する運動方針（スローガン）として普及を試みなかった。しかし、専門機関主導の「地域づくり支援」の考えが政策的に打ち出された現状を見ると、「地域の福祉力」という考えを、地域福祉活動の運動方針（スローガン）をきっちり打ち出すべきであった、と反省している。

3.　「福祉のまちづくり」への基本技術：コミュニティオーガニゼーション

　「地域の福祉力」形成（福祉のまちづくり）のためのコミュニティワークは具体的にどのように進めていけばよいのだろうか。本章では紙数の関係上、その詳細な方法論は他の先行研究に委ねたい[25]。本節では、「地域の福祉力」形成に繋がるコミュニティワークの基本視点について述べる。この視点に立ち、次節の社協のコミュニティワークの課題の考察に繋げていきたい。

（1）　前提：対話と相関関係づくり
　住民自治の基本要件は住民同士の共同意識（同一性の感情）である。この感情を育むものは日常生活における「対話」である。『広辞苑』（第7版）では対話とは「向かい合って話すこと」と規定している。対話には協議のように目的を持って話し合う以外の会話も含まれる。対話は言葉を交わすことを通じて互いの感情を交流する行為である[26]。対話のためには互いの立場の対等性が担保されなければならない。近年、当事者の交流媒体として普及しているインターネットにおいても一方的な情報発信ではなく、相互の言葉や感情の交流があれば「対話」と見なせよう。感情を交流することで相互に存在を認め、共通

の認識（賛否は問わない）や共同意識が芽生えてくる。孤立の要因の一つに、感情の交流がある「対話」の機会が少ないことがあげられるだろう。

　対話によって生み出される住民間の関係は「相関関係」である。相関関係とは、互いに存在していることで互いが変化し合い、共存し続ける関係のことを言う。それは、「要支援者 ― 支援者」といった二項関係ではない。また、互いの不足を補いあう相補関係でもない。福祉コミュニティの①当事者、②同調、代弁する市民、③支援する専門職の三者の関係も相関関係が望ましい。ややもすれば「要支援者 ― 支援者」や「利用者 ― サービス提供者」といった二項関係や、不足を補い合う相補関係に陥りやすい。それでは「相互に利用し合う」関係になってしまい、「共に生きる」という感情や関係性につながりにくい。コミュニティワークをすすめる前提は、当事者を含む住民同士の相関関係をつくることにある。そのためには日常的な対話の機会がない人達の出会い、交流（例えば当事者と市民）が必要になる。そして「対話」の機会をつくる必要がある。そのことが「対話」を通じて住民同士が問題を自ら発見し、共有していくことにつながっていく。

　また、社協職員と当事者・住民との関係も相関関係になるべきだろう。社協職員のなかには専門職意識が強く、当事者・住民に「支援・指導」をしようとする者がいる。そのような「支援者 ― 対象者」といった当事者・住民と距離を取っていては、右田が言う「外による地域操作」になるだけである。社協職員も当事者・住民の中に入って感情の交流を行い、自身も変化（成長）していく存在だと自覚すべきである。住民と相関関係になることで、住民と共に問題を発見し、住民との対話と協働を通してまちづくりに携わることにもなる。そのことが、地域特性に応じたコミュニティワークに繋がっていくのである。住民と相関関係を築くことで社協職員はコミュニティワークに携わる資格を得るのである。

（２）　基軸となる方法論：コミュニティオーガニゼーション

　「福祉のまちづくり」とは地域社会を変化させようとする行為である。地域社会に働きかける方法、技術としてコミュニティオーガニゼーション（以下、

「CO」という）を基軸に置き、地域社会の文化風土に応じた方法で取り組む必要がある。それでは住民とともに取り組む CO の方法とはどのようなものか、先行研究を参照しながら確認していきたい[27]。

1） タスクゴール、プロセスゴール、リレーションシップゴールの設定

CO の目標には、タスクゴール（課題達成目標）、プロセスゴール（問題解決能力の形成）、リレーションシップゴール（権力構造の転換）の３つがある。この３つの目標は別々にあるのではなく相互につながり、重なり合った関係である。

例えば「ゴミ屋敷に住む一人暮らしの精神障害者の生活支援」という目標は「タスクゴール（課題達成目標）」である。タスクゴールを達成するため、ヘルパー派遣や日常生活自立支援事業の支援員の派遣などがあげられよう。しかし生活支援サービスの提供だけでは当事者の孤立問題は解消されず、また地域社会の構成員にもなれない。当事者が地域の行事に参加したり、役割を担ったり、地域の会合で発言できる関係づくりは「リレーションシップゴール（権力構造の転換）」となる。この関係づくりに向け、住民同士が民主的に話し合い、具体的な解決策を見つけ出し、行動に移すことが「プロセスゴール（問題解決能力の形成）」となる[28]。実践する上で CO の３つの目標を常に意識しながらすすめることが大切である。

2） CO における「計画」の機能

CO 理論に最も影響を及ぼしたのはロス（M. Ross）とロスマン（J. Rothman）である。

ロスは 1955 年に著した『コミュニティオーガニゼーション ― 理論と方法』で、計画立案を問題解決に不可欠な要素として位置づけた。しかし計画立案の過程は、「全体的調和に関する原則」との関わりで進められなければならない、とした。ロスは CO の不可欠な要素は「計画立案」と「地域共同社会の調和」であるとし、それを支えるものとして次の５点をあげている。それは①自己決定、②共同社会固有の幅、③地域から生まれた計画、④共同社会の能力増

強、⑤改革への意欲である。ロスはCOに「計画的変革」という特質を明確にした。

COにおいて「問題解決志向」が強まり、その方法としての計画立案に関心が持たれていた。その一方で行政施策として地域・都市計画等の物理的計画が進められていた。ロスマン（J. Rothman）は1968年に著した『コミュニティオーガニゼーションの3つの方法モデル』で実践理論を整理する。ロスマンが示した3つの方法モデルとは①地域開発モデル（住民参加を重視しつつ、コミュニティの組織化を図る）、②社会計画モデル（効率的な社会資源の配分による課題達成を目標とし、それを可能にする計画の立案を機能とする）、③ソーシャルアクションモデル（不利益を被っている住民が組織化し、地域社会の変革を図る）である。この3つの方法モデルを2つずつ混成し、「開発・行動」「行動・計画」「計画・開発」の複モデルを組成して、コミュニティの問題解決を図る技法とする理論であった。さらに3つの方法モデルをすべて重ね合わせるアプローチ（混合アプローチ）が有効であることを述べ、行政の物理的計画と異なるCOの計画機能を示した。ロスマンが混合アプローチを用いる理由については、複雑な現代社会において「単独のCOモデルでは十分な効果が得られないこと」と「複数の成果が求められていること」をあげている。

2人はCOの技術として住民協議、地域組織化とともに「計画」をあげている。社協の地域福祉活動（推進）計画は、社協の中期経営計画ではない。計画を基点にしたCOの実践であることを改めて確認すべきであろう。

（3）　当事者組織化活動 ― ボランティア・市民活動 ― 小地域福祉活動の「重ね合わせ」

市町村社協の地域福祉活動は大別すれば3つあげられる。それは当事者組織化活動、ボランティア・市民活動、小地域福祉活動の3つである。この3つの活動はいずれも住民活動（市民活動）である。この3つの活動を支援する部署は、都市部等では独立した部署が専属で担っている。この方法はよほど注意して取り組まないと3つの住民活動を分断しかねない。先述したように岡村（1974：69-71）は福祉コミュニティの構成員は①当事者、②当事者に同調、

代弁する市民、③サービス提供機関・団体等としている。それゆえに当事者組織とボランティア・市民活動は基本切り離せない。さらに福祉コミュニティと地域コミュニティを繋ぎ、当事者を地域コミュニティの構成員にすることを岡村は重視する。そのためには小地域福祉活動は当事者と住民との相関関係に基づく内発的な住民活動が基本となる。つまり３つの住民活動の支援は独立して取り組む性質のものではない。

　しかし、この３つの住民活動支援を別々に取り組む社協がある [29]。そうなるとそれぞれの活動・事業自体が目的化し、活動を通じて何を目指すのか（COの３つのゴール）が見えなくなってしまう。目的が見えにくい活動・事業には参加する人も少なくなる。社協が支援する住民活動の基点は当事者組織である。しかし当事者組織と繋がっていない社協すらある。なかには当事者組織とサポートグループの違い [30] すら分からない社協職員もいる。当事者組織と協働できないボランティア活動支援は単なる事業協力者を集めるコーディネート業務が中心となる。これでは福祉のまちづくりとしてはまったく意味をなさない。

　３つの住民福祉活動を重ね合えるように支援するのがコミュニティワーカーの役割である。つまり３つの住民福祉活動に携わる住民同士で「対話」と「共同作業」（共通体験）の機会を作ることが必要になる。当事者と小地域福祉活動（地域活動）を繋ぐ役割を果たすのがボランティア・市民活動となる。ボランティアは地域コミュニティの一員である。ボランティアが福祉コミュニティと地域コミュニティの触媒となり３つの住民福祉活動が重なり合っていくことになる。

　このような３つの住民活動の役割を踏まえ、全体像を描きながら３つの住民活動の現状及び関係性を分析し、重なり合えるように支援することが必要であろう。なお、支援段階で社協職員はそれぞれの活動に携わる当事者・住民と相談（対話）しながら進めることが肝要である。間違っても社協職員の意見を押し付けることだけは避けたい。

　３つの住民福祉活動の「重ね合わせ」支援が日常の地域福祉活動で展開されている例は全国各地で見ることができる。この「重ね合せ」を繰り返すこと

で、当事者の生活・福祉問題を住民が地域の生活・福祉問題として共有する機会につながる。つまり、個人の生活・福祉問題を「地域の問題・課題」に発展させる機会を作ることが大事なのである。

（4）　地区福祉計画づくり支援
　　　— 住民による「まちづくり構想」に繋げる取り組み —

　３つの住民福祉活動の「重ね合わせ」を通じて住民の生活・福祉問題を「我々の問題（地域の問題）」としていくことと併せて、住民自身が地域の問題にどのように対峙し、解決策に臨むのかが重要になる。そのためには、住民同士の対話、そして共同行動に向けた合意が必要となる。そのような場面が「地区福祉計画」の策定の場である。つまり CO のプロセスゴール（問題解決能力の形成）の場として取り組むのである。

　地区福祉計画においても CO の３つの目標（タスクゴール、プロセスゴール、リレーションシップゴール）を踏まえる必要がある。地区福祉計画の協議の場がプロセスゴールの場である。ゆえに当事者を含む住民同士の「対話」が重要となる。そのため計画策定委員会だけでなく、計画づくりの過程で多様な「対話」の機会を作ることが肝要になる。しかし社協職員のなかには、計画書の形式にこだわるあまり、策定マニュアルを提示し、年次計画を含んだ行動計画書を地域に強いる例がある。地区福祉計画書は、住民相互の「対話」を積み重ね、合意したものを文書化するものである。資源調達・配分や年次行動計画まである計画書は、専門的見地からは好ましいかもしれない。しかし、計画書に至るまでの住民同士の対話こそ重要である。計画書の形式より、住民の問題解決能力の形成にこだわるべきであろう。住民同士の対話を重視し、問題解決能力の形成にこだわる計画書の例は兵庫県養父市社協の取り組みに見られる。養父市社協の第３次地域福祉推進計画（2019-2023）では策定委員会の他、地区福祉委員会等の協議を丁寧に行い、その記録を計画書に掲載している。この丁寧な「対話」の積み重ねこそが、住民が主体的に地域福祉活動に取り組む原動力となる。

　市町村社協職員は、地区福祉計画づくりの支援をする一方で、全市町村の

地域福祉の推進の戦略を立てる必要がある。そのためには、地区福祉計画と社協の地域福祉活動（推進）計画と地域福祉計画との連動できる仕組みをつくることである。例えば兵庫県西宮市では地区福祉計画から市社協・地域福祉推進計画と市地域福祉計画の両計画にボトムアップを図る仕組みをつくっている（図4-1 参照）。

　この仕組みを実現するには、市町村社協が行政及び住民組織（自治会や地区社協等）と「対話」できる関係を築くことである。先述したが「対話」ができる関係の前提には相互の対等性を担保することにある。社協と行政が事業の補助・委託関係に留まっていては対等な関係は結びにくい。補助・委託関係はどうしても予算を介在するため交渉関係に陥りやすいからである。社協と行政が対等な関係を結ぶには、住民の主体的な福祉活動を核にした「福祉のまちづく

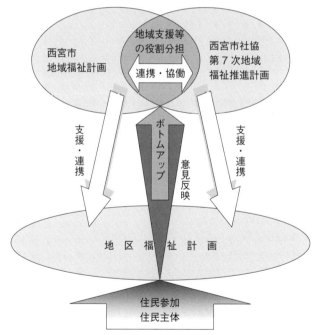

図4-1　公民協働のボトムアップ方式による計画づくり
出典：西宮市社協第7次地域福祉推進計画 p.4 より引用

り」を共通目標に据えることがまず第一歩であろう。その上で地域福祉を推進するための日常的に協議・調整する場を作ることで「対話」関係が築かれていく。また、社協と当事者組織や住民組織の関係も同様である。つまり社協職員が住民組織を「指導」「説得」しようとすると「対話」は生まれない。筆者も現職時代、事務局で作成した企画案を市町社協や住民組織に「説得」しようとしていたのではないかと反省する。対話がなければ住民の暮らしからのコミュニティワークは生まれてこない。

（5） 地域福祉経営への支援

　地区福祉計画を策定しただけでコミュニティワークは終わらない。計画を行動に移すことが大事である。当事者・住民が主体となって地域福祉の推進行為（住民活動、専門機関との連携、運動等）をすることで地域社会全体の増強に資することが重要となる。計画実行のために資本調達・調整し、住民自ら行動、評価・改善を繰り返しながら運営していくことが「地域福祉経営」である。つまりロス（M.Ross）が示すCOの一つ「共同社会の能力増強」の取り組みであり、住民自治力の増強を支援する取り組みでもある。

　計画した目標を実行に移すためには資本（ヒト、モノ、カネ、情報等）の調達、配分も大事だが、継続的な行動をするには組織が必要である。つまりロスマン（J. Rothman）がいう「地域開発モデル（コミュニティの組織化）」である。多くの市町村社協は地区社協など小地域福祉推進組織を組織化し、その運営を支援している。独自の小地域組織がない場合は自治会やまちづくり協議会等に地域福祉の実践を働きかけている。

　住民の地域福祉実践への支援に「経営」の観点を入れることを推奨する。経営とは金儲けのことではなく、組織を整え、目標達成に向け活動を持続的に取り組むことを言う。地域福祉実践に置き換えると、地区福祉計画で自ら定めた目標に向け、持続的な活動を住民自身が営むようにすることである。その際重要になるのは、営みの主体者は住民（組織）であることを忘れないことである。活動のための資本調達から活用までの意思決定は住民（組織）自身でなければならない。従来の住民活動への助成金事業が住民主体の地域福祉経営に本

当に貢献しているのか、見直す時期に来ている。

　つまり、活動メニューを提示し、提示した活動を行えば助成金を出す方式は、時には「お金ありきの活動」になりかねない。もちろん、いきなりすべてを住民組織に委ねてしまうのは状況次第だろう。それでも活動資金の調達方法、担い手の確保、活動場所等の確保等については住民が自ら行えるよう丁寧な支援が必要である。そして、資金等の活動資本の活用の権限を段階的に住民組織に委ねていくことが大切である。例えば西宮市社協のように、社協会費を地区社協に全額還元し、活用方法は地区福祉計画で決める方式も良いだろう。

　留意したいのは、地域福祉経営は行政や企業のような経営スタイルではないことを認識することである。経営母体である住民組織は行政、企業とは根本的に違う。行政、企業の構成員は労使契約関係で繋がっている。そのため「命令一元化」による経営学的な組織運営が可能となる。しかし、住民組織の構成員は契約関係で成立しておらず、「共感と信頼」に基づく対等性のある相関関係で結びついている。そのため構成員（地域住民）に対して住民同士の信頼関係を保持、高める働きかけが必要である。また実践活動に関する広報・情報提供は欠かせない。住民活動に携わった住民が「取り組んで良かった」「よりよいまちづくりが進んだ」といった肯定感が持てるようにすることが大切になる。

　さらに留意すべきは地域福祉を実践する住民組織は、地域社会（地域コミュニティ）の中で下位コミュニティの一つであることを承知することである。地域社会の中にある様々な住民組織は、集団と相互に関係性を持っており、それぞれの組織・集団の影響を受けている（相関関係）。ゆえに、地区福祉計画でいったん方向性や活動を決めたとしても、地域社会の状況によって活動は変化することを承知する必要がある。このような性質を持つ住民組織に対しては、活動の点検・評価と改良の機会（会合）を日常的に取り組めるようにすることが必要になる。それは小地域福祉推進組織内の会合だけでなく、地域内の様々な会合で地域の実践状況を話題にするよう働きかけることも肝要である。このような支援は、ロスがいう「地域共同社会の調和」を図る支援と言える。

（6）　ソーシャルアクション ─ 地域福祉拡充への住民権利拡張運動への支援 ─

　前述までの住民自治活動や支援機関のネットワークだけでは問題解決に至らないケースが存在する。例えば住民の生活圏に障害者サービス等の社会資源が不足していたり、資源や制度があっても内容、水準が当事者・住民のニーズに合っていない場合がある。さらに利用制限があるなど社会資源・制度から排除されている場合がある。このように社会制度の欠如・欠陥・排斥されている状況下では住民自治活動や既存の支援機関のネットワークだけで問題解決には至らない。このような場合、国、地方公共団体等に対して組織的圧力によって当事者・住民のニーズに合った社会資源の創設・改廃を図ることが必要となる。つまり、ロスマンがいうソーシャルアクション（以下、「SA」という）である。

　定藤丈弘（1989）はSAの定義を「地域福祉問題をかかえる諸階層のニードに即した地域福祉資源の改廃や創設を促し、もってその制度的水準の改善や権利としての地域福祉の拡充を図ることを目的とする方法である」[31]とした。つまり、SAは当事者・住民の地域福祉拡充を求める権利活動とも言える。それゆえにSAは当事者運動、住民運動が基点となる。「社会的孤立」が今日の福祉問題であるのなら、当事者・住民がどのような社会資源・制度、社会関係等を求めているのかを丁寧に拾い上げ、要望の組織化を図る必要がある。

　ロスマンが示すようにSAがCOの方法の一つであるため、SAの目的はタスクゴール、プロセスゴール、リレーションシップゴールの3点があげられ、相互に関連しながら取り組む必要が出てくる。つまり、タスクゴールとしてサービスや制度などの地域の福祉資源の開発を求めるとともに、運動に参加する当事者・住民の主体性の向上と民主的運動展開（プロセスゴール）が重要となる。決して福祉専門職が先導することをしてはならない。さらに地域の福祉資源の開発をするための意思決定構造の改変（リレーションシップゴール）を図る必要がある。具体的には政策決定、改良プロセスに当事者、住民が参加する権利を獲得することを目指すのである。

　SAの具体的技術は他に譲ることとし、ここでは社協がSAに取り組む留意点を過去の在宅福祉運動を参考に考えてみたい。SAは首長、議会、行政等の

政策側に働きかけをするが、当事者・住民の参加の輪を広げていくことも重要である。1980年代の在宅福祉活動の展開では、家族中心主義の介護問題を住民に考えてもらうために在宅福祉活動に参加するボランティア（住民）を広めることに努めた。その際、運動のシンボル的事業を旗印に運動を広げていった経緯がある。兵庫県内ではそれが「給食・入浴サービス」であった。これらの活動に参加することを通じて、在宅の独居高齢者問題、家庭介護の問題に触れる住民層を増やし、世論形成を図った。

　また、2つの活動を通じて、見守り活動やサロン、在宅介助員の派遣活動（後のヘルパーにつながる）など住民たちが望む具体的な施策を住民活動を通じて示し続けた。さらに当事者の声を引き出すため介護者家族の会など、当事者の組織化も行った。このことから社協が取り組むSAとしては、次の3点を相互に関係づけながら住民パワーを培うことが重要であろう。それは、①当事者の組織化、②ボランティア・住民活動の広がり、③運動のシンボル的活動の提示である。さらに社協がSAを展開する上で重要となってくるのは、運動そのものを孤立させないことである。関連団体をはじめ全国の運動と連帯をつくることが重要となってくる。

　このような観点に立ち、今日の「社会的孤立」の問題をSAとして展開するには、住民自身が問題に触れ、考える機会をつくることが重要となる。その問題が、個人の問題ではなく社会の問題であることを裏付けるためにも調査活動は必須となってくる。かつて社協事務局に対して「調査なくして活動なし」という言葉があった。これは、社協事務局に社会科学的な視点で問題を分析する力を求めたものである。社会的孤立の問題を既存の資料・データに頼るのではなく、各社協が調査活動を通じてその実態に触れ、問題解決に向けどのような運動展開をしていけばよいのかを住民と協議していく必要が、今こそ求められている。

　社協が目指すべき「地域の福祉力」には住民参加のSAを通じて、地域福祉を前進させることも含まれることを改めて確認したい。

（7）　ソーシャル・アドミニストレーション
― 市町村地域福祉計画に関わる視点として ―

　先に CO の役割である「共同社会の能力の増強」（住民自治力の増強）として地域福祉経営の支援の必要性を述べた。地域福祉経営には地域福祉をマネジメントするだけではない。そこにはソーシャル・アドミニストレーション（social administration）も含まれている。

　ソーシャル・アドミニストレーションの一般的な訳として社会福祉行政、社会福祉運営管理、社会福祉施設経営管理等があり、社協関係者にはなじみがない方もいる。ソーシャル・アドミニストレーションを直訳すれば社会統治（社会運営）となる。単に行政機関の運営や施設運営管理を指すものではない。本項では三浦文夫（1985）を参考 [32] にし、今日社協が求められているソーシャル・アドミニストレーションについて考えてみたい。

　三浦文夫はソーシャル・アドミニストレーションをティトマス（Titmuss）が規定した「一連の社会的ニードの研究と、欠乏状態の中でこれらのニードを充足するための組織が持つ機能」を援用している [33]。筆者なりに解釈すると、ソーシャル・アドミニストレーションは「地域で欠乏している福祉ニーズを充足するために作られた政策（計画）を実現するためにつくられた社会構造、社会資源、社会資源を運営する組織、地域全体を統治する形態を総合的に運営管理すること」である。そこには住民組織や民間組織が行う活動・事業だけに留めるのではなく、公的責任を明確にしながら専門機関、行政等の地域福祉全体を統治していくことと解釈している。社会構造の変革と共に公的責任の拡充と統治の場に当事者・住民が参画していかなければ、住民自治を基盤とした地域福祉活動は閉塞化しかねない。それを防ぐためには社協にソーシャル・アドミニストレーションの理論を理解し、地方政府、行政に対して建設的な牽制関係づくりの実践が求められている。

　では、社協は具体的に何に取り組んでいけばよいのだろうか。筆者の考えでは、社協が取り組むべきソーシャル・アドミニストレーションの実践の場は「地域福祉計画」の策定・運営であると考える。

　市町村地域福祉計画は 2017 年社会福祉法改正により個別福祉計画の上位計

画に位置づけられた。これは当該地方自治体の社会福祉に関するソーシャル・アドミニストレーションの機能を持つことを意味する。その観点に立てば、地域福祉計画が公民協働の行動計画に留めるのではなく、当該自治体内の社会福祉ニーズ充足のための社会資源開発・運営、社会資源の配置、関係性等の構造化を図る取り組みをすべきであろう。その上で公的責任を明確・拡充するために他の社会政策との調整を図り、予算獲得を図っていくのである。しかし多くの市町村地域福祉計画はそのレベルまで到達していないのが実態であろう。社協は地域福祉計画にソーシャル・アドミニストレーションの機能が発揮できるよう働きかけ、住民主体の地域福祉が進む環境を整える必要があろう。

　では、社協は市町村地域福祉計画とどのように関わっていけばよいだろうか。現時点の行政及び社協の力量から見れば、全社協が示す社協計画と地域福祉計画の一体的策定は時期尚早である。社協は地域福祉活動（推進）計画を行政計画とは別立てで独自に策定することが肝要と考える。つまり、当事者・住民が必要と思う施策の提言や見本的活動を示しながら当該地方公共団体のソーシャル・アドミニストレーションを問い続ける必要がある。このような実践は絵空事ではない。事実、兵庫県内の社協の計画の約3分の1は市町村地域福祉計画とは別立てに策定している[34]。そして中には、西宮市社協のように地域福祉財源について提言を図っている。これまでも社協（住民）が開発し、公的責任を伴う施策が生まれている[35]。社協のソーシャル・アドミニストレーションへの関与の仕方とすれば、これまで述べてきた住民自治を基盤とした活動、計画づくり、地域福祉経営、ソーシャルアクション等の総合的な取り組みを背景に成し遂げられるものである。

　本節ではCO方法論を基軸に、ソーシャル・アドミニストレーションを加えた社協が求められているコミュニティワークについて考えてきた。現職の社協職員は本節を検証し、自身の地域福祉実践と照らし合わせ、当事者・住民の生活にとって必要不可欠なコミュニティワークを編み出してもらいたい。

4. コミュニティワークを阻害する社協の組織的課題

　前節の CO 方法論を読み、理想論と感じる方もいるかもしれない。社協組織内ではコミュニティワークを地域福祉担当部局の専門業務と見なし、他の部署は関与していないところもある。そのため少数の地域福祉担当者が孤軍奮闘し、地域に充分関われないことに苦悩している職員をこれまで何度も見てきた。コミュニティワークを組織的に取り組めないのは、事務局に組織課題があるからである。社協の経営課題については他章に譲るとし、本節ではコミュニティワークを阻害する社協の組織課題として次の３点をあげたい。それは、①社協組織が肥大化し、官僚化、分業・専門化が進みすぎた、②社協自身の評価の基軸が「個別支援」に偏重している、③専門機関意識が強くなり、当事者・住民を「支援対象」と見なしている、である。では、この組織課題がなぜ起こるのか、その要因を探った上で、課題を克服するための方策を考えていきたい。

（1）　事務局の肥大化に伴う課題

　社協の３つの組織課題は歴史的経緯により相互に絡み合い、構造的になっている。昭和 58（1983）年の市町村社協の法制化以降、市町村社協は在宅福祉サービスの担い手の一つとして期待された。法制化後約 20 年は在宅福祉サービスの整備時期でもあり、事業と地域福祉活動が連動しながら進んでいた。

　しかし平成 12（2000）年の介護保険施行に伴い在宅福祉サービス（ケアワーク）部門の規模が大きくなった。これは文字通り、利用者、職員、財政規模が大きくなり、独立採算の経営が求められた。さらに同年には社会福祉法の改正もあり、福祉サービス利用援助事業（日常生活自立支援事業）が各市町村社協で実施することになった。つまり相談援助（ソーシャルワーク）を担うようになった。それ以降、ケアワーク部門では障害者のケアサービスが、また相談援助事業では地域包括支援センターや基幹的相談支援センター等の委託事業が増えるようになり、社協事務局（職員集団）の規模は大きくなった。それに

加え、2000年代は市町村合併が進み、それに伴って社協合併したところでは事務局はさらに肥大化した。

　組織管理論上では、肥大化した事務局は「統制範囲の適正化の原則」に従って、分業・専門化と官僚化が進んでいく[36]。これにより社協事務局内でコミュニティワークが相対的に小さくなることにつながった。ケアワークとソーシャルワークの基本は個別支援（直接支援）である。当事者の生活・福祉ニーズにどれだけ対応できたかが重要になる。そのため職員達には高い専門性が求められ、社協は介護福祉士、社会福祉士等の有資格者を求めるようになった。専門資格を持つ職員が増えるほど、社会福祉専門機関の意識が増強され、「個別支援」（直接支援）を重視する風土が社協内に広がっていった。つまり、コミュニティワークの価値である住民自治、福祉のまちづくりといった視点が相対的に小さくなったのである。

　さらに社協事務局の肥大化に伴い官僚化が進行した。官僚化は文書規定に基づく組織統制を築くことにある。官僚化は、ヴェーバー等が指摘するように専門性、合理性、効率性は高くなるが専門閉塞に陥りやすく、環境変化への適応能力は低い。また、制度運営を自己目的化しがちで、他分野との連携は得意ではない[37]。官僚化は制度や事業を自己目的とするため、住民の個別ニーズには着目しても住民の生活全体を見て制度や事業を柔軟に対応する視点は持ちづらい。社協事務局が官僚化になることは、「社会関係の客体的側面」〔岡村重夫（1983：84-92）〕になることであり、当事者・住民側（主体的側面）ではなくシステム（制度）側の論理に陥りやすくなる。

　「個別支援」の部門が大きくなり、組織が肥大化し、分業・専門化が進み、さらに官僚化が加わったことで、社協事務局が個別支援を中心とした社会福祉の専門機関の意識（プライド）が高くなったのではないか。社協職員としてプライドを持つことは良いことだが、専門職意識を高く持ちすぎると知らずに当事者、住民を「支援対象者」として見なしてしまう。これは、コミュニティワークの前提である住民との相関関係、共存関係とは異なった価値観である。この意識を変革しなければＣＯを基軸に置いたコミュニティワークを展開するのは困難だろう。

（2） 課題を克服するために

　構造化された組織課題を克服するのは容易ではない。しかし、組織は人で構成されている。組織課題はその構成員の意識と取り組みによって克服は可能である。ここでは兵庫県内の事例と筆者の提案を交えながら、課題を克服する方法を探っていきたい。

1） 全職員の地区担当制の導入

　社協全職員が「地域社会と共に歩む」という価値観を持つことが社協のコミュニティワークの前提となる。そのためにはケアワークやソーシャルワークの担当職員も含め、すべての社協職員が地域福祉実践に触れることが肝要となる。彼らが持つ個別支援の観点にコミュニティワークの視点を加えることで、個別支援とコミュニティワークを融合した実践が生み出されることが期待できる。様々な職種が地域の会合や地区福祉計画に携わり、地域で当事者や地域住民と対話することが地域社会の課題を理解していくことにつながっていこう。

2） 当事者組織支援センターの設置

　福祉コミュニティづくりはコミュニティワークにおいて重要な取り組みである。その核となるのは当事者であり、社協は当事者の主体性の力を増強することが役目である。そのため、地域福祉担当者は当事者組織化活動に取り組んでいる。しかし、当事者組織支援を社協全体で取り組んでいることが内外に知られていないのではないだろうか。そこで、提案として「当事者組織支援組織支援センター」の看板を社協に掲げるべきと考えてはどうだろうか。1980年代に兵庫県内の社協事務局にボランティアセンターの看板を掲げられた。当時は専従職員もなく「名ばかり」と批判もあったが、看板を掲げることで住民はもとより社協組織内でもボランティア支援を意識するようになった。そして支援体制を徐々に整えるようになっていった。当事者組織支援も同様な戦略がいると思う。当事者組織支援センターの内容については本節では省くが、まずは同センターの看板を掲げ、内外に姿を見せることで住民、社協役職員に当事者組織の重要性を認識させていくことが重要と考える。

3） 住民の協議と活動の情報発信する

　いわゆる広報・情報活動である。宍粟市社協等では機関誌を毎月発行している。SNS を活用して情報発信に取り組んでいる社協もある。重要なのは日常的に行われている住民の活動を頻繁に取り上げることである。先述した養父市社協では計画書に住民協議の内容を丁寧に取り上げている。このように様々な媒体を通して地域福祉実践を見せていくことが大事である。これにより地域社会で地域福祉実践の認知が進んでいくが、社協職員にも当該地域に多様な地域福祉実践があることを認識させ、職員自身の仕事と関連づけて考えるきっかけにしてもらいたい。

4） 地域福祉実践の発表の場づくり
　　　―コミュニティワークの住民評価の場をつくる―

　実践発表は当事者や住民等の活動者だけが行うのではない。社協職員が行ってきた住民活動支援についても発表し、地域住民から評価を受ける場を設けるのである。かつて西宮市社協・青葉園職員は実践発表を地域に対して行ってきた。住民の前で活動者や社協職員が実践発表を行うことは、住民がコミュニティワークの実践を知るとともに、社協職員を知るきっかけになる。そのことが社協職員と住民とが共同してコミュニティワークを実践していくことに繋がっていくと思う。

5） コミュニティワーカーの養成と住民への普及

　ソーシャルワーク教育を受けた職員が多くなってきているなか、改めてコミュニティワーク教育が必要である。この任務は都道府県社協にあるが、市町村社協にも取り組んでもらいたい。つまり、当事者を含む地域住民にコミュニティワークの実践を行える人を増やしてほしい。筆者の持論であるがコミュニティワークは専門職だけのものではない。地域住民が広く使われるようになることが大切である。その観点に立てば、民生委員など地域福祉活動実践者の中には、社協職員より優れたコミュニティワークを展開される方がいる。このような方々を増やすことが、悪しき専門職意識の払しょくに繋がっていくのでは

ないだろうか。

6） 活動者と共同の実践研究

　社協職員は日々の業務に追われがちである。しかし、社協職員が関わっているコミュニティワークを科学的に考察していくことが、次の実践につながっていく。そのためには現場が研究活動に取り組めるよう支援することが重要である。発表の場としては学会などがある。その際、共に実践に携わった地域福祉活動者と共同で研究し、共同発表をすることが望まれる。これが叶えば、住民の間でも社会科学的な視点を持つ地域福祉実践が広がっていくことが期待できる。

― 都道府県社協への期待 ―

　最後に、市町村社協がコミュニティワークを展開できるような環境づくりに都道府県社協は取り組んでもらいたい。都道府県社協はもっと市町村社協の現場に入り、その声を聴き、共に汗をかく関係になってもらいたい。そして、市町村社協のコミュニティワークの実践の評価と発信を積極的に行ってもらいたい。そのことで市町村社協が確信をもってコミュティワークに取り組める環境整備につながっていくからである。

お わ り に

　本章を執筆する直前に井手英策氏の著書『どうせ社会は変えられないなんてだれが言った？』を拝読した。井手氏は共生社会を構築するために、財政学者の立場からベーシックサービスの必要性を唱えている。井手氏は同書の後半で、井手氏の体験からソーシャルワークの必要性も唱えている。そして社会をより良くしていく力は「自治」だ、と強く訴えている。井手氏の著書を読んで、社会制度や専門職を増やすだけでは人は幸せにはなれないことを改めて知らされた。人々が幸せに暮らしていくには、社会システムの改善も大事、個別支援（ソーシャルワーク）も大事、人々のつながりも大事、そして住民自治も

大事なのである。どれか１つが重要なのではなく、これらが重層的に組み合わさっている社会が大事なのだ。

　今日、社会がより複雑になり、社会に参加できず、孤立し、生きづらさを抱えている人が増えている。井手氏のように社会の発展を考えている人達は、「住民自治」の価値に気づいている。社協が地域共生社会（福祉のまち）づくりの一翼を担おうとするのなら、今一度、住民自治を基盤においたコミュニティワークの取り組みを強化する必要があるのではないだろうか。それが社協の存在価値を高めることにつながると筆者は考える。

　社協職員のなかにはコミュニティワークの重要性に気づいている者が増えてきた。今こそ関係者だけでなく、当事者・住民と住民自治、コミュティワークについて語り合おうではないか。

（小林　茂）

注

1)　厚生労働省社会・援護局地域福祉課地域共生社会推進室長（2020）「地域共生社会の実現に向けた包括的な支援体制整備について」https://kouseikyoku.mhlw.go.jp/kyushu/000122498.pdf（閲覧日 2022 年 1 月 10 日）

2)　社会保障審議会（2013）「生活困窮者の生活支援の在り方に関する特別部会報告書」p.25。https://www.mhlw.go.jp/stf/shingi/2r9852000002tpzu-att/2r9852000002tq1b.pdf（閲覧日 2022 年 1 月 3 日）

3)　厚生労働省社会・援護局　地域における住民主体の課題解決力強化・相談支援体制の在り方に関する検討会（2017）「地域力強化検討会最終とりまとめ」を参照、要約した。https://www.mhlw.go.jp/file/05-Shingikai-12201000-Shakaiengokyokushougaihokenfukushibu-Kikakuka/0000177049.pdf（閲覧日 2022 年 1 月 10 日）

4)　厚生労働省社会・援護局　地域における住民主体の課題解決力強化・相談支援体制の在り方に関する検討会（2017）前掲書 p.7

5)　平野隆之（2019）「地域福祉政策研究の対象と方法」日本地域福祉学会『日本の地域福祉』第 32 巻 p.9

6)　地域包括ケアシステムは、平成 15（2003）年の厚生労働省老健局長の私的研究機関である高齢者介護研究会の報告書で提唱される。平成 17（2005）年の改正介護保険法で、介護予防や生活支援などを行う地域包括支援センターの設置などを通じて地域包括ケアシステムの構築を図る政策を進めることになった。以降、全世代対象の包括ケアシステムの構築を目指し

て取り組まれている。

7) 原田正樹（2019）「社会福祉法の改正と新地域福祉計画の位置 ― 地域共生社会の政策動向と地域力強化検討会から ― 」新川達郎・川島典子編著『地域福祉政策論』学文社 p.71

8) 小野達也（2014）『対話的行為を基礎とした地域福祉の実践』ミネルヴァ書房 p.124

9) 福祉コミュニティの概念の類型は、瓦井昇（2003）『福祉コミュニティ形成の研究』大学教育出版 pp.69-85 を参照のこと。

10) 全国社会福祉協議会編（1992）『小地域福祉活動の手引き』p.7

11) 全国社会福祉協議会編（2009）『概説 社会福祉協議会 2009-2010』pp.25-26

12) 瓦井昇（2003）前掲書 p.75. 瓦井は全国社会福祉協議会編（1979）『在宅福祉サービスの戦略』pp.102 ～ 103 を参照して述べている。

13) 日本地域福祉研究所監修 中島修・菱沼幹男共編（2015）「コミュニティソーシャルワークの理論と実践」中央法規出版

14) 日本地域福祉研究所監修 中島修・菱沼幹男共編（2015）前掲書 p.79

15) 日本地域福祉研究所監修 中島修・菱沼幹男共編（2015）前掲書 p.3

16) 日本地域福祉研究所監修 中島修・菱沼幹男共編（2015）前掲書 pp.2-3

17) 岡村重夫（1974）『地域福祉論』光生館 pp.69 ～ 71

18) 岡村重夫（1974）前掲書 pp.65 ～ 101 を参照

19) 右田紀久恵（2005）「自治型地域福祉の理論化」『自治型地域福祉の理論』ミネルヴァ書房 p.15。なお、同論文の初出は 1993 年発行の「分権化時代と地域福祉」『自治型地域福祉の展開』法律文化社である。

20) 右田紀久恵（2005）前掲書 p.16

21) 右田紀久恵（2005）前掲書 p.16

22) 右田紀久恵（2005）前掲書 p.17

23) 「地域の福祉力」の定義を最初に行ったのは沢田清方である。その著書『小地域福祉活動』（1991 年 ミネルヴァ書房）で最初に定義化された。その後兵庫県社協では平成 6（1994）年『ささえあうまちづくり推進プラン 2』で沢田の定義を 5 つに整理しなおした。さらに平成 17（2005）年『ささえあうまちづくり推進プラン 4』で地域福祉経営の考えを加え、6 つの構成要素を示した。

24) 兵庫県社協が提唱する「地域の福祉力」の定義化の中心者は藤井博志である。藤井の近著『地域福祉のはじめかた』（2019 ミネルヴァ書房 p.56）では「地域の福祉力」を、①地域生活課題を早期に発見する力、②地域生活課題を話し合える力、③地域生活課題を協同して解決できる力、④地域の夢をかたちにする力、の 4 つに整理している。しかし筆者はあえて兵庫県社協（2005）の定義を採用したい。

25) コミュニティワークの具体的な方法論としては、岡村重夫の『地域福祉論』（1974 年光生館）、高森敬久他『地域福祉援助技術論』（2003 年 相川書房）等が基本図書である。最近で

は藤井博志編著『地域福祉のはじめかた』（2019年　ミネルヴァ書房）が事例に基づき具体的な方法論として読みやすい。

26)　小野達也（2014：3）は対話行為を「何らかの事柄について妥当要求を掲げて話し合い、合意に基づく了解をすること相互主観性を形成し、それにより互いの行為を調整すること」と定義する。しかし本章ではダニエル・フィッシャー（2016-2019：XV）の情動的対話の立場で捉えることにする。

27)　コミュニティオーガニゼーションの方法論を参考にした図書は次の3点である。高森敬久他『地域福祉援助技術論』（2003年　相川書房）、藤井博志『社協ワーカーのためのコミュニティワークスキルアップ講座』（2009年　全国社会福祉協議会地域福祉推進委員会）、瓦井昇『福祉コミュニティ形成の研究』（2003年　大学教育出版）

28)　この事例は、筆者所属大学の学生が養父市社協（兵庫県北部）で実習した際、体験した地域福祉の実践が基になっている。

29)　兵庫県社協のボランタリープラザが典型例であろう。災害支援時ではボランタリープラザはもっぱらボランティアの動員と派遣に注力を注ぎ、被災地社協支援、災害ボランティアセンター支援は県社協本体が行うという歪な状態になっている。

30)　サポートグループとはソーシャルワーカーなど当事者以外の者によって当事者活動を運営しているグループのことである。病院などで見受けられる患者のグループ活動をこのような名称で呼ぶことがある。それに対し、当事者組織は、当事者自らが主体的に運営している市民活動組織である。

31)　定藤丈弘（1989）「社会資源の動員とソーシャルアクション」高森敬久・高田眞治・加納恵子・定藤丈弘『コミュニティワーク ― 地域福祉の理論と方法』海声社 p.151

32)　筆者のソーシャル・アドミニストレーション論は、三浦文夫（1985）『社会福祉政策研究 ― 社会福祉経営論ノート』に依拠している。

33)　三浦文夫（1985）前掲書 pp.44-45

34)　兵庫県社会福祉協議会（2018）『ひょうごの地域福祉の現況（平成29年度版）』pp.94-95

35)　社協が開発し、施策化した例としては淡路市のコミュニティバスや但馬地方の各社協で取り組んだ障害者の共同作業所（現在の就労B）など数々あげられよう。

36)　藤井賢一郎（2009）「組織構造と組織原則」『福祉サービスの組織と経営』中央法規 pp.93-96

37)　官僚制の特徴は、マックス・ヴェーバー『権力と支配』（講談社学術文庫）を参照されたい。

参考文献

・新川達郎・川島典子編著（2019）『地域福祉政策論』学文社
・井手英策（2021）『どうせ社会は変えられないなんてだれが言った？』小学館

・右田紀久惠（2005）『自治型地域福祉の理論』ミネルヴァ書房

・岡村重夫（1974）『地域福祉論』光生館

・―――（1983）『社会福祉原論』全国社会福祉協議会

・小野達也（2014）『対話行為を基礎とした地域福祉の実践』ミネルヴァ書房

・瓦井昇（2003）『福祉コミュニティ形成の研究』大学教育出版

・沢田清方（1991）『小地域福祉活動』ミネルヴァ書房

・全国社会福祉協議会編（1992）『小地域福祉活動の手引き』

・ダニエル・フィッシャー＝松田博幸訳（2019）『希望の対話的リカバリー』明石書店

・高森敬久・高田眞治・加納恵子・定藤丈弘（1989）『コミュニティワーク ― 地域福祉の理論と方法』海声社

・高森敬久・高田眞治・加納恵子・平野隆之（2003）『地域福祉援助技術論』相川書房

・西宮市社会福祉協議会（2010）『西宮市社協第7次地域福祉推進計画』

・日本地域福祉研究所監修　中島修・菱沼幹男共編（2015）『コミュニティソーシャルワークの理論と実践』中央法規

・兵庫県社会福祉協議会（1994）『ささえあうまちづくり推進プラン2』

・―――（2005）『ささえあうまちづくり推進プラン4』

・―――（2019）『地域共生社会の実現に向けた社協活動指針』

・藤井博志（2009）『社協ワーカーのためのコミュニティワークスキルアップ講座』全国社会福祉協議会地域福祉推進委員会

・―――（2019）『地域福祉のはじめかた』ミネルヴァ書房

・マックス・ヴェーバー＝濱島朗訳（2012）『権力と支配』講談社

・三浦文夫（1985）『社会福祉政策研究 ― 社会福祉経営論ノート』全国社会福祉協議会

・養父市社会福祉協議会（2019）『第3次地域福祉推進計画2019-2023』

第5章
地域福祉計画との関連から社協のあり方を考える

　平成12（2000）年社会福祉法にて第107条「市町村地域福祉計画」が規定され、平成29（2017）年の同法改正では、条文が変更・追加されている。計画策定が「任意」から「努力義務」になったことで、市町村における地域福祉の施策化が進められる契機になっている。社協はこのことを好機と捉えるのか危機と捉えるのか。あるいは、どう向き合っていくことが求められるのだろうか。本章では、この問いを念頭に置きながら、地域福祉計画との関連から社協のあり方について考えていきたい。

　また、筆者はいくつかの市町村地域福祉計画策定委員として関わってきた。その際に社協への期待を込めて苦言を呈してきたところである。この機会にその苦言の意味を内省しながら問い直してみたいと考える。

　なお、地域福祉計画並びに地域福祉活動計画の策定手法等については、多くの研究者の知見を確認いただきたい。ここでは、あくまでも社協との関連に焦点を当てて共に考えていく話題提供と捉えていただければ幸いである。

1. 地域福祉計画の位置づけと変遷から

　平成2（1990）年に福祉関係八法が改正され、市町村に老人保健福祉計画の策定が義務化された。それを皮切りに、障害者福祉、児童福祉の分野においても計画化が進められてきている。いわば、市町村における計画行政の進展である。計画の性質を分類するとすれば、2つに整理できる。一つは、ニーズに応

じた各種サービスの種類や目標量を整備していくための計画である。当然、保険料の算出など財政措置も含まれ、市町村から県、国の施策の方向性を導き出す性質のものである。例を挙げれば、介護保険事業計画や障害者計画・障害児計画、児童育成計画などである。もう一つは、地域社会において福祉サービスが利用者や地域住民等に対して的確に機能していくための基盤を整備していくための計画である。「地域福祉計画」が当てはまる。ただ、この地域福祉計画は、介護保険事業計画等のようにまったく真新しいものではない。位置づけは違えども法定化される以前から存在している計画である。ゆえに、計画行政に至るまでの経緯を確認しないままでは、社協がどう対応してきたか、好機か危機かの問いを探し当てることはできない。さらには、社協がどう向き合っていくことが求められるのかを浮き彫りにすることはできないと考える。

　そこで、改めて地域福祉計画が法定化されるまでの経緯を遡ってみたい。

　まず「地域福祉計画」という名称は、策定主体や内容に違いがあるにせよ市区町村社協を中心とした民間主導により取り組まれてきている。それは、昭和36（1962）年の社協基本要項で確認できる。以下に示すように、社協の機能の一つとして「地域福祉計画の策定」が明記されている。

社会福祉協議会基本要項　　　　　（昭和37年4月）

機能

2. 社会福祉協議会は、調査、集団討議、および広報等の方法により、地域の福祉に欠ける状態を明らかにし、適切な福祉計画をたて、その必要に応じて、地域住民の協働促進、関係機関・団体・施設の連絡・調整、および社会資源の育成などの組織活動を行なうことを主たる機能とする。なお、必要ある場合は自らその計画を実施する。

◆説　明◆

（イ）社会福祉協議会はひろく住民の福祉増進を目的とする組織であるので、その機能は広範かつ多岐にわたることはいうまでもない。しかし社会福祉協議会の基本的機能はコミュニティ・オーガニゼーションの方法を地域社会にたいして総合的に適用することである。

（ロ）社会福祉協議会の基本的機能はまずそれぞれの地域における住民のニードの発見と明確化に努めそのニードに即して、地域福祉計画の策定、住民の

> 協働促進、関係機関・団体・施設などの連絡調整、社会資源の造成・動員を含む一連の組織活動の過程であり、この組織活動は社会調査、集団討議、広報・説得等の方法技術を常時的に活用することによってすすめられる。社会福祉協議会の基本的機能とはこれらの諸活動の総体である。
>
> 　　　　　　　　　　　　　　　　　　　　　　　（下線　筆者加筆）

　次に、昭和59（1984）年に全社協から出版された『地域福祉計画 ── 理論と方法』がある。市区町村社協が昭和58（1983）年に法制化された後である。全社協は地域福祉特別委員会に地域福祉計画研究小委員会を設置し、そこで検討されたことを踏まえて出版されている。その委員会での策定経過について、次のように説明されている。

> 　(2)　審議の過程で最も大きい課題となったのは、①地域福祉計画とは何か、②その策定の主体はどこか、③行政計画との関係はどうか、という点であった。
> 　本委員会では、地域福祉計画は、行政計画とは異なる固有の方法を持つ計画領域であるとし、さらにそれは相互補完の存在であるという関係に位置づけて全体を構成した。なお、策定の主体については、地域福祉計画の性格からしても、市区町村段階で、しかも市区町村社協が主体となって策定することを主眼においてまとめることにした。
> 　　　　　　　　　　　　　　　　　　　　　　　（下線　筆者加筆）

　ここでいう「地域福祉計画」は、行政計画とは異なる固有の方法を持つとし、策定主体を社協に位置づけている。今一度、活動・行動計画としての特徴をもつとされる意味をしっかり確認しておくことが必要だと考える。
　その後、地域福祉計画の捉え方に変化がみられる。それは、平成元（1989）年の東京都地域福祉推進計画等検討委員会答申「東京都における地域福祉推進計画の基本的あり方について」による「三相計画」の考え方から見てとれる。つまり、東京都が策定する「地域福祉推進計画」、市区町村行政が策定する「地域福祉計画」を行政計画として位置づけ、市区町村社協や住民などが策定する「地域福祉活動計画（住民活動計画）」を「民間計画」に位置づけたことである。
　さらに、平成4（1992）年の「新・社会福祉協議会基本要項」では、「地域

福祉活動計画」と明記されている。

新　社協基本要項　　　　　　（平成4年4月）

1・市区町村社会福祉協議会の事業
　市区町村社会福祉協議会は、その機能を発揮して、地域の実情に即して次の
ような事業をすすめる。
　(1) 福祉課題の把握、<u>地域福祉活動計画の策定</u>、提言・改善運動の実施
市区町村社会福祉協議会は、地域におけるニーズの把握、福祉課題の明確化を
すすめる。その課題について、住民・関係者等に周知を図るとともに解決にむ
けての動機づけ、環境改善を含めた提言・施策改善等の運動（ソーシャル・ア
クション）を行う。また、住民、公私社会福祉事業関係者、関連分野関係者と
の協働により、<u>地域福祉活動計画</u>を策定するとともに、行政が行う福祉計画策
定により積極的に提言・参画する。　　　　　　　　　　（下線　筆者加筆）

　そして平成15（2003）年全社協の「地域福祉活動計画策定指針 ― 地域福祉
計画策定推進と地域福祉活動計画 ― 」では、市町村自治体が策定するものを
「地域福祉計画」、市区町村社協が中心となり住民等の活動・行動を計画化した
ものを「地域福祉活動計画」として整理している。また、2つの計画は、とも
に地域住民等の参加を得て策定されるものであり、市町村における地域福祉の
推進を目的として互いに補完・補強し合う関係にあるとしている。

　地域福祉計画の位置づけと変遷について社協との関連に絞って概観してき
た。

　ここで確認しておきたかったのは、2点である。1点目は、そもそも行政計
画に位置づけられる以前から社協に地域福祉の計画的推進が認識されてきたこ
とである。2点目は、計画の位置づけの違いはあろうとも社協には住民参加に
よる計画策定手法の経験値がある（はず）ということである。

　この2点は、計画行政時代の移行にあたり、社協がどのような役割を果たし
ていくことができるのかに大きく関連しているのではないかと考えている。

　社協はこれまで一貫してその方針は変わっていない。言うまでもないが、
計画策定にあたっては、当然地域のニーズを把握し、課題を明確にすること、
解決に向けた提言や運動を行うこと、そして、行政への提言や行政計画に参画

していくことが必然である。そのことが計画行政の時代になったからといって変わるものではない。むしろ、市町村地域福祉計画が努力義務になったことは、社協にとって好機だと考える。なぜならば、地域共生社会の実現という共通理念が強く押し出されたことによって、市町村行政が地域福祉の方向性を明確にしていくことが求められてきているからである。このことは、地域福祉の施策化という表現がなされていることにも通ずる。すなわち、この動向を社協がどう活かすかではないかと考えている。しかし逆も成り立ち、市町村行政が本気になると社協は危機に陥ることも想定される。だからこそ、この機会を逃してはならないと考える。

　周知のことであるが、計画行政が進展してきた起点は、平成12（2000）年の「地方分権一括法」であり、市町村にとって大きな改革の時期であった。国・県から市町村に権限移譲が進み、福祉サービスの提供体制の責任所在も市町村に移行されていった時期である。その後次々に各福祉分野の計画化が進められ、市町村は介護保険事業計画等の策定手法を得て、定型を保てるようになってきた。

　一方、地域福祉計画は、性質上市町村の独自性が求められることから、策定に苦慮しているところや計画を形にすることが目的になっているという印象がある。それが今回の改正でどのように変化しているのだろうか。

　平成29（2017）年の社会福祉法改正によって努力義務化された地域福祉計画の策定に関しては、社協の存在意義を好転させるかは、実は社協次第であると考えている。それまで社協が果たしてきた役割が市町村行政に認識されているのかにも影響されるであろうし、社協の姿勢が問われるところであろう。

2. 改正社会福祉法の地域福祉計画内容と社協との関連性

（1）改正社会福祉法の捉え方

　ここで後述する社協との関連性を考えるにあたり、改正社会福祉法の内容について、少し触れておきたい。平成29（2017）年の社会福祉法改正では、条文が追加され、地域福祉計画に盛り込むべき項目がかなり幅広くそして細か

く、それゆえに項目が数多く列記されている。地域共生社会の実現を掲げた体制整備において、その具体的方向性を示すことを求めている。行政計画としては本格的な福祉の総合計画への道が開かれたようにも受けとれる。

　ポイントとなるのは、①地域共生社会の実現を目指すこと、②「地域生活課題」を定義づけたこと　③「推進方策」として、「地域住民等」及び「支援関係機関」と連携しながら解決を図ることを目指すこと等が挙げられた点に注目したい（法第4条第1項・第3項）。

　さらに地域福祉を推進するにあたり、国及び地方公共団体の責務を定め、市町村の責務として「包括的な支援体制の整備」に努めることとしている（法第106条の3第1項）。

　その体制整備にあたり、重層的支援体制整備事業を行うことができるとしている（法第106条の4第1項）。

社会福祉法第4条　（地域福祉の推進）

第4条　地域福祉の推進は、地域住民が相互に人格と個性を尊重し合いながら、参加し、共生する地域社会の実現を目指して行われなければならない。

2　地域住民、社会福祉を目的とする事業を経営する者及び社会福祉に関する活動を行う者（以下「**地域住民等**」という）は、相互に協力し、福祉サービスを必要とする地域住民が地域社会を構成する一員として日常生活を営み、社会、経済、文化その他あらゆる分野の活動に参加する機会が確保されるように、地域福祉の推進に努めなければならない。

3　地域住民等は、地域福祉の推進に当たつては、福祉サービスを必要とする地域住民及びその世帯が抱える福祉、介護、介護予防（要介護状態若しくは要支援状態となることの予防又は要介護状態若しくは要支援状態の軽減若しくは悪化の防止をいう。）、保健医療、住まい、就労及び教育に関する課題、福祉サービスを必要とする地域住民の地域社会からの孤立その他の福祉サービスを必要とする地域住民が日常生活を営み、あらゆる分野の活動に参加する機会が確保される上での各般の課題（以下「**地域生活課題**」という）を把握

し、地域生活課題の解決に資する支援を行う関係機関（以下「**支援関係機関**」という）との連携等によりその解決を図るよう特に留意するものとする。

第 106 条の 3　市町村は、次条第 2 項に規定する重層的支援体制整備事業をはじめとする地域の実情に応じた次に掲げる施策の積極的な実施その他の各般の措置を通じ、地域住民等及び支援関係機関による、地域福祉の推進のための相互の協力が円滑に行われ、地域生活課題の解決に資する支援が包括的に提供される体制を整備するよう努めるものとする。

第 106 条の 4　市町村は、地域生活課題の解決に資する包括的な支援体制を整備するため、前条第 1 項各号に掲げる施策として、厚生労働省令で定めるところにより、重層的支援体制整備事業を行うことができる。　　　（下線　筆者加筆）

　このことから市町村は、「地域住民等及び支援関係機関」が相互に協力しながら、支援が包括的に提供される体制の整備に努めることとなっている。これまで地域住民等で括られてきた推進主体に加えて各分野領域にわたる「支援関係機関」が明確になされたことは、縦割り制度の枠を超えて、地域福祉の観点から考えていくことの必要性が示されたといえる。

　その意味では、地域福祉の推進体制や具体的方策が、社会福祉法の条文に加えられたことで地域福祉の施策化が進み、一定程度の平準化につながる可能性がある。

　武川（2006：74）は、図 5-1 のように地域福祉の概念を構成する要素を示しており、今回の法改正は、この図が示す内容の具現化でもあると考える。

　ただし見方を変えれば、市町村等の行政責務を位置づけることで社協や民間活動への公的な介入がしやすくなる。あるいは、公の権力の範疇に治めやすい方向に偏ることになりかねない。または、民間活動の自由度が低くなるのではないかとの見方もできる。このことは社協の底力があるか、社協の存在意義が問われることにもつながる。ただ、地域共生社会の実現は、多様な主体の参画と協働が必要であることを前提とした考え方である。だからこそ、社協が本腰を入れて役割を発揮できる好機として捉えていくことが必要だと考える。

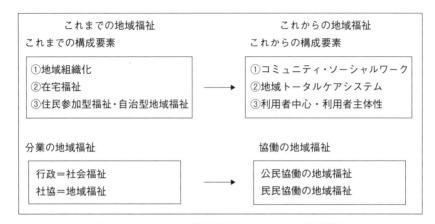

図 5-1　これまでの地域福祉とこれからの地域福祉

筆者作成

（2）　地域福祉計画の変更内容と社協との関連

　地域福祉計画に関連する条文は第 107 条であるが、その改正前後の条文から、変更点として大きく 2 つあげることができる。1 点目は、先にも述べているが、計画策定が「任意」から「努力義務」になったことである。2 点目は、盛り込むべき項目が「2 つ追加」されたことである。この変更は社協にどのように影響するのだろうか。

　具体的変更内容については、平成 29（2017）年に厚生労働省通知として発出されている「地域福祉計画の策定ガイドライン」や 2019 年に全社協から発行されている『地域共生社会の実現に向けた地域福祉計画の策定・改訂ガイドブック』を参考にしながら、社協との関連を考えていきたい。

　図 5-2 は、地域福祉計画の位置づけとして、諸計画との関係性を示したものである。

　地域福祉計画は、他の福祉分野の分野別計画の「上位計画」として位置づけることとなった。したがって分野の全計画を踏まえて、各分野が共通して取り組む内容を地域福祉計画に盛り込むことを求めている。また、地域福祉活動計画との関連では、パートナーシップによる一体的な策定、あるいは一部共有するなど地域福祉計画の実現を支援するための施策を盛り込んだりする等、相互

地域福祉計画の位置づけ：地域福祉計画と諸計画の関係性・イメージ

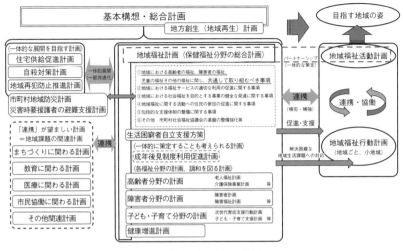

図 5-2　地域福祉計画の位置づけ

出典：『地域共生社会の実現に向けた地域福祉計画の策定・改訂ガイドブック』P49

に連携を図ることを求めている。

　図5-3から第107条の５つの項のうち追加された項目①と⑤について確認していく。

　一つ目は、地域における高齢者の福祉、障害者の福祉、児童の福祉その他の福祉に関し、共通して取り組むべき事項を盛り込むことである。これは福祉の総合化を目指すものであるが、具体的事項については、図5-3の①に16項目が示されている。その16項目はいずれも関連する法律や制度に基づく計画があるため、その計画に位置づけられている計画内容と整合させながら、地域福祉という切り口から共通項を引き出し、再整理することが必要となる。それは分野別の縦割りの計画を総合的かつ包括的に推進していくための地域福祉計画に仕上げていくことである。

　つまり、地域福祉計画の策定にあたっては、すべての分野計画を俯瞰できること、あるいは各分野にかかる行政職員同士が相互に各計画を確認し合い、共通項をすり合わせ地域福祉計画に位置づけていくことが必要になることであ

参考：市町村地域福祉計画に盛り込むべき事項

※「ガイドライン」及び「厚生労働省　地域福祉計画策定状況等の調査結果（平成30年4月1日時点）」をもとに作成

①地域における高齢者の福祉、障害者の福祉、児童の福祉その他の福祉に関し、共通して取り組むべき事項

- 様々な課題を抱える者の就労や活躍の場の確保等を目的とした、福祉以外の様々な分野（まちおこし、商工、農林水産、土木、防犯・防災、社会教育、環境、交通、都市計画等）との連携に関する事項
- 高齢、障害、子ども・子育て等の各福祉分野のうち、特に重点的に取り組む分野に関する事項
- 制度の狭間の課題への対応の在り方
- 生活困窮者のような各分野横断的に関係する者に対応できる体制
- 共生型サービス等の分野横断的な福祉サービス等の展開
- 居住に課題を抱える者への横断的な支援の在り方
- 就労に困難を抱える者への横断的な支援の在り方
- 自殺対策の効果的な展開も視野に入れた支援の在り方
- 市民後見人等の育成や活動支援、判断能力に不安がある者への金銭管理、身元保証人等、地域づくりの観点も踏まえた権利擁護の在り方

- 高齢者、障害者、児童に対する虐待への統一的な対応や、家庭内で虐待を行った養護者又は保護者が抱えている課題にも着目した支援の在り方
- 保健医療、福祉等の支援を必要とする犯罪をした者等への社会復帰支援の在り方
- 地域住民等が集う拠点の整備や既存施設等の活用
- 地域住民等が主体的に地域生活課題を把握し解決に取り組むことができる地域づくりを進めるための圏域と、各福祉分野の圏域や福祉以外の分野の圏域との関係の整理
- 地域づくりにおける官民協働の促進や地域福祉への関心の喚起も視野に入れた寄附や共同募金等の取組の推進
- 地域づくりに資する複数の事業を一体的に実施していくための補助事業等を有効に活用した連携体制
- 全庁的な体制整備
- その他

②地域における福祉サービスの適切な利用の促進に関する事項

- 福祉サービスの利用に関する情報提供、相談体制の確保、支援関係機関間の連携
- 社会福祉従事者の専門性の向上、ケアマネジメント、ソーシャルワーク体制の整備
- サービスの評価やサービス内容の開示等による利用者の適切なサービス選択の確保
- 成年後見制度、日常生活自立支援事業、苦情解決制度など適切なサービス利用を支援する仕組み等の整備
- 避難行動要支援者の把握及び日常的な見守り・支援の推進方策

⑤包括的な支援体制の整備に関する事項

- 「住民に身近な圏域」において、住民が主体的に地域生活課題を把握し解決を試みることができる環境の整備〔社会福祉法第106条の3第1項第1号に規定する事業〕
- 「住民に身近な圏域」において、地域生活課題に関する相談を包括的に受け止める体制の整備〔社会福祉法第106条の3第1項第2号に規定する事業〕
- 多機関の協働による市町村における包括的な相談支援体制の構築〔社会福祉法第106条の3第1項第3号に規定する事業〕

③地域における社会福祉を目的とする事業の健全な発達に関する事項

- 民間の新規事業の開発やコーディネート機能への支援
- 社会福祉法人による「地域における公益的な取組」の推進
- 福祉、保健、医療と生活に関する他分野との連携方策

④地域福祉に関する活動への住民の参加の促進に関する事項

- 活動に必要な情報の入手、必要な知識、技術の習得、活動拠点に関する支援
- 地域住民の自主的な活動と公共的サービスの連携
- 地域住民、サービス利用者の自立
- 地域の福祉の在り方について住民等の理解と関心を深めることによる主体的な生活者、地域の構成員としての意識の向上
- 住民等の交流会、勉強会等の開催、福祉教育の推進
- 福祉活動専門員、社会福祉従事者等による地域組織化機能の発揮
- 民生委員・児童委員活動の充実に向けた環境整備

図5-3　市町村地域福祉計画に盛り込むべき事項
（引用：地域福祉計画の策定・改定ガイドブック（全社協）2019　p.37）

る。その意味でも、「全庁的な体制整備」は非常に重要である。策定に関わる職員には、ガイドライン等を熟知して、具体的な計画策定手法に精通し、かつ、住民参加による策定作業を進めることを求めている。策定に関わる行政職員や関係者は、地域福祉計画の策定意義や考え方についての読み解きや盛り込むべき事項を列記することはできるかもしれない。しかし、策定することが目的となり、計画書の形が整えば良しとする風潮がどこかに見え隠れしているように思う。また、現実的な問題として、盛り込むべき事項の16項目に関連する生活全般の事象を捉えて地域福祉計画に網羅していくには相当の力量が問われるともいえる。

　さらに計画策定にあたっては、前述したように地域住民はもとより支援関係機関も参画できる体制を作ることが必要となる。したがって、「全庁的な体制整備」は行政内部にとどまることなく、地域全体で地域福祉計画策定に向けた体制を整えることが求められる。しかし地域福祉計画は、計画そのものに定型がなく、市町村の創意工夫に委ねられていること、かつ、地域の実情に応じたものであることが策定を難しくしているともいえる。

　実はここに社協が役割を果たす好機があると考える。言うまでもなく、社協は地域福祉活動に関わる地域住民はもちろん、地域生活課題を抱えた生活困窮者や権利擁護の必要な当事者、地域福祉活動団体・関係機関等幅広い層と直接的な関係を持ち得ている。生活者の視点から地域生活課題に関する生の情報を得られることが強みでもあり、地域生活課題を身近に把握しやすい環境にある。また、住民参加の手法として実践してきた住民座談会やワークショップ等をはじめ、施設等連絡会などの支援関係機関のネットワークを構築してきている。これまでの社協実践は地域福祉計画に盛り込むべき項目内容と重なりあうものばかりであり、さらに発展させていく機会になり得るのだと考える。

　さて、追加された盛り込むべき項目の2つ目は、図5-3の⑤に示されており、「包括的な支援体制の整備」に関する事項である。地域共生社会の実現に向け、全世代全対象型の地域包括支援体制を構築することを法的に位置づけた。このことから、それぞれの市町村がその地域において地域生活課題を明確にする必要があること、その解決に資するためには、地域にあるフォーマル・

インフォーマル資源を総動員し、支援の方法や協働関係を見いだして、解決できる地域にしていく姿を地域福祉計画に描いていくことと解される。この内容は、振り返れば社協の基本要項が位置づけていることと何ら変わることのない意味合いを含んでいると理解するには無理があるのだろうか。それを地域福祉計画に位置づけなければならなくなったことは、これまでの公の施策では社会が解決不全状態に陥ってしまったからか、もしくは、公的施策に頼りすぎてしまったことから生活課題の解決力が住民に備わらなくなったのか、極端に社協そのものが基本要項に位置づけられた機能を果たしていないことに起因するのか、いずれも当たらずとも遠からじということが言えるのかもしれない。

　ここで言及するつもりはないが、地域福祉計画に盛り込むべき事項に「包括的な支援体制の整備」が位置づけられたことは、縦割りで整備されてきた制度政策がようやく生活者からの視点に合わせられるようになったと考える。分業化・専門分化してきた制度や支援策を、包括的に一体的に捉えなおすには、地域福祉からの切り口が一番適しているともいえる。その意味で地域共生社会の実現に向けて、地域福祉の捉え方がようやく分野に属しないその他の福祉から、すべてを紡いでいく福祉へと脚光を浴びることとなってきた。そうであるならば、社協にもその光が当てられてよいはずなのだが、はたして実際はどうなのだろうか。社協がますます見えにくくなっているのではないかと危惧している。次節にて、地域福祉計画策定状況と社協との関連から見ていくこととする。

3. 地域福祉計画の策定状況の推移と地域福祉活動計画との関連性の現状

　これまでの地域福祉計画の策定状況はどのように推移しているのか、社協との関連や地域福祉活動計画との関わりの現状を確認してみたい。

（1）　地域福祉計画の策定状況推移と社協との関連

　まず厚生労働省の調査結果から、地域福祉計画の策定状況の推移をみてみる。社会福祉法が改正された直後平成30（2018）年から令和3（2021）年ま

表 5-1　市町村地域福祉計画策定状況の推移

	2018 年 (H30)	2019 年 (H31)	2020 年 (R2)	2021 年 (R3)
策定済	1,316	1,364	1,405	1,444
	75.6%	78.3%	80.7%	82.9%

出典：厚生労働省ホームページ　各年 4 月 1 日時点の調査結果データ引用

での推移として、計画策定率は平成 30（2018）年が 75.6％であるのに対し、3
年後の令和 3（2021）年には 82.9％であり、確実に策定率が上昇していること
がわかる。

　なお、令和 3（2021）年調査結果から、未策定の 209 市町村のうち、125 市
町村（59.8％）が「努力義務化されたことを踏まえ策定する方針はあるが、
いつから取り掛かるかは未定」と回答している。さらに、未策定の理由とし
て、「計画策定に係る人材やノウハウが不足している」が最も多く 163 市町村
（78.0％）であり、必要な支援策として 177 市町村（84.7％）が「すでに策定し
た自治体のノウハウの提供」と回答している。このことから、市町村において
地域福祉計画策定にかかる手法やスキル等の支援を求めていることが考えられ
る。特に策定手法については、住民参加を原則としている以上、社協の経験が
活かされる部分も多くあり、市町村への積極的な働きかけを行うなど協働活動
の機会になり得ると考える。

　次に、2021（R3）年の厚生労働省の調査データから、地域福祉活動計画と
の関係をみてみる。地域福祉計画を策定している 1,444 市町村のうち、地域福
祉活動計画を策定している社協が 1,258 市町村（87.1％）であり、「連動して策
定している」が 665 市町村（46.1％）、「一体的に策定している」「課題把握、
ニーズ調査は一体的に行っている」「連動させて策定している（整合性を図っ
ている）」のいずれか 1 つを回答したのは 1,157 市町村（80.1％）と報告されて
いる。このことから、市町村の地域福祉計画を策定している市町村では、地域
福祉活動計画の策定率は比較的高く、市町村と社協は連動させて取り組んでい
ることが推測される。

（２）　地域福祉活動計画と発展・強化計画の策定状況の推移と市町村行政との
　　　関係

　では、社協における地域福祉活動計画と発展・強化計画の策定状況はどのように推移しているのだろうか。全社協が3年ごとに実施している市区町村社会福祉協議会活動実態調査結果報告書を資料として確認してみたい。

1）　地域福祉活動計画の有無の推移

　平成12（2000）年から平成30（2018）年の資料を表5-2に示した。平成12（2000）年からの推移としては、徐々に策定率が高くなっていることが分かる。各年の調査回答率には差があるため傾向としてしか捉えられないかもしれないが、市町村合併を経て平成24（2012）年には、ようやく50%を超えており、平成30（2018）年には67.9%を示している。同時期の市町村地域福祉計画の策定率（表5-1）は75.6%であり、地域福祉計画の方が地域福祉活動計画よりも策定率が高くなっている。

　また、平成30（2018）年の結果から、未策定社協が30%あることについてどう解釈するかは意見が分かれるところであろう。ただ、この結果から、計画策定が進んでいるとは言い難い状況にあると考える。元来社協においては地域福祉活動計画を位置づけてきたはずであるが、未だ到達できていない社協が存

表5-2　地域福祉活動計画の有無

	2000 年 （H12）	2003 年 （H15）	2006 年 （H18）	2009 年 （H21）	2012 年 （H24）	2015 年 （H27）	2018 年 （H30）
有	1,225 36.4%	794 24.0%	454 27.1%	323 18.9%	694 52.4%	903 62.0%	1,027 67.9%
合併前のみで 新自治体では無			126 7.5%	26 1.5%			
無	2,117 62.9%	2,511 75.4%	1,055 62.9%	1,318 77.2%	624 47.1%	536 36.8%	456 30.2%
無回答	26 0.8%	22 0.7%	39 2.3%	40 2.3%	6 0.5%	18 1.2%	29 1.9%

出典：全国社会福祉協議会　市区町村社会福祉協議会活動実態調査結果データより

在することは残念である。その根本的な要因は何であるのか、社協の課題とし
て認識する必要があると考える。

2）発展・強化計画の有無の推移

　次に社協の発展・強化計画の有無について、上記と同様の資料から表5-3
に示した。

　見てのとおり、社協発展・強化計画が有るところは、20%前後で推移してい
る。このことは、社協の発展に向けた構想がほぼない状態で、事業が実施され
ていると考えられる。この状態で目指す方向性は確認できているのだろうか。
目まぐるしく変化する地域福祉関連政策や制度の進展により、予測できない事
態があることも想定される。それにしても、社協組織の存続危機であるとは考
えないのだろうか。余計な心配かもしれないが、これまで社協発展・強化計画
の有無にかかわらず、社協が存続してきたことがこれからの時代も通用するの
かは疑問である。むしろ、行政主体の地域福祉計画の策定が進められることに
よって、社協の主体性が削がれてしまう、もしくは、奪われてしまいかねない
事態になるのではないかと考えてしまう。一定程度ではあるが、地域福祉計画
並びに地域福祉活動計画の策定率が上向きであるならば、相応して社協発展・
強化計画にもぜひ取り組んでもらいたい。もしくはその必要性を議論する機会

表5-3　社協・発展強化計画の有無

	2000 年 （H12）	2003 年 （H15）	2006 年 （H18）	2009 年 （H21）	2012 年 （H24）	2015 年 （H27）	2018 年 （H30）
有	708 21.0%	463 13.9%	216 12.9%	323 18.9%	293 22.1%	365 25.1%	321 21.2%
無	2,649 78.7%	2,855 85.7%	1,354 80.9%	1,318 77.2%	1,021 77.1%	1,071 73.5%	1,165 77.1%
無回答	11 0.3%	13 0.4%	41 2.4%	40 2.3%	10 0.8%	21 1.4%	26 1.7%

　出典：全国社会福祉協議会　市区町村社会福祉協議会活動実態調査結果
　　　　データより

を設けていくことが必要ではないかと考える。

3) 社協における市町村地域福祉計画への関わり状況

　これまで社協の地域福祉活動計画並びに社協発展・強化計画の策定状況の推移を確認してきた。残念ながら、冒頭に述べた市町村の地域福祉計画策定にあたり、社協がこれまで培ってきた計画策定手法の経験値を頼りにするには力及ばずの印象である。

　願わくば社協から市町村に対して、住民参画による計画策定手法を提示しながら、行政と社協の役割を明確にした上で、共に議論を重ねていくことを期待するところである。

　では、計画策定に関連して市町村と社協とは、どのような関わりがあるのだろうか。先にあげた全社協の平成30（2018）年度市区町村社会福祉協議会実態調査結果報告書から地域福祉計画との関連する資料を表5-4、表5-5に示した。市区町村社協全数1,846社協のうち、1,512社協（81.9%）から得られた

表 5-4　地域福祉計画の有無

	市区町村数	%
あり	1,079	71.4
なし	404	26.7
無回答	29	1.9
全体	1,512	100.0

表 5-5　地域福祉計画の参画方法

	全体	あり
役職員が策定委員として参画している	1079 100.0	766 71.0%
行政と合同事務局を設置して策定にあたっている	1079 100.0	326 30.2%
地域福祉計画の策定作業を受託している	1079 100.0	13 1.2%

調査回答結果である。回答を得た社協の市町村においては地域福祉計画が有り
は70％を超えている状況にある。

　地域福祉計画がありと回答した市町村における社協の地域福祉計画への
参画方法は、表5-5のとおり、「役職員が策定委員として参画している」が
71.0％、「行政と合同事務局を設置して策定にあたっている」30.2％である。ま
た、「地域福祉計画の策定作業を受託している」が1.2％である。

　この結果から、社協が地域福祉計画の策定に何らかの形で関与しているこ
とがわかる。問題はその関わり具合である。策定委員としての関わりが70％
を超えていることをどう解釈するのか。策定委員会委員は、素案に対して意見
を述べることを主な役割とする場合が多い。確かに、それも参画の一つの方法
と捉えることができるが、社協は本来もっと踏み込んだ関わりが必要ではな
いだろうか。その意味では、合同事務局を設置して策定にあたっている社協
が、30％あることは心強い。なぜならば、合同事務局の設置に至るためには、
当然、事前に行政と社協で協議の場を設けることが必要であり、かつ、役割分
担を明確にすることが求められ、協働関係ができていると想定されるからであ
る。共に汗をかくことを前提にしていることに他ならない。

　一方で、わずか1.2％と少数ではあるが、地域福祉計画の策定作業を受託し
ている社協があることは驚きである。行政側はどのような考えで委託すること
に至ったのか、そして社協側は受託するにあたりどのようなメリットを見いだ
していたのか関心が寄せられる。そこには2つの側面が考えられる。一つは、
もともと住民主体の地域福祉活動が蓄積されてきたことが行政に評価され、信
頼のもとに委ねられている。もう一つは、行政自身が策定する労力を割けない
ため丸投げ状態で委託されているかである。一概に判断することはできない
が、そもそも地域福祉計画の策定作業が受託事業として成り立つというのは想
定外であった。地域による多様性が現れていると言えよう。ただ、市町村の行政
計画である以上、その責務としての位置づけが曖昧にされてはならない。

　また、福祉の総合計画、いわゆる「上位計画」にしていくためには、他の関
連計画も視野に入れていく必要があることから、社協が策定作業を受託して遂
行していくためには、行政職員以上に専門性が問われることになる。それに応

え得る社協であるならば、他の模範としてぜひ参考にしたいと考える。

　これまでの計画策定状況の推移や関連を見てきたことを踏まえると、次の4点にまとめることができる。

①　地域福祉計画の策定率は令和3（2021）年には80%を超える状況に推移している。

②　域福祉活動計画の策定率は、平成30（2018）年度現在でもなお70%に満たない状況である。さらに、社協発展・強化計画の策定率は、わずか20%弱である。

③　社協は地域福祉計画の策定に何らかの関わりを持つことができている。

④　行政との関係性により策定過程の関わり方に多様性が現れている。

　上記は、厚生労働省と全社協の調査データを参考にしたものであるため、単純には比較できないが、市町村の地域福祉計画と社協の地域福祉活動計画の策定率では、社協の方が低いことは予想していなかった結果である。ただ、地域福祉計画の策定作業が進められることに影響を受けて、行政からの働きかけもあり地域福祉活動計画策定が誘発されているのかもしれない。

4. 地域福祉計画への社協の関わり方を考える

（1）　地域福祉計画策定への社協の関わり方の再確認

　地域福祉計画の策定体制や手順、評価方法などすべてにおいては、様々な手引書や文献に丁寧に網羅されているため、あえて言うまでもないことばかりである。あとは、具体的にどう動かしていくことができるかであろう。市町村社協においては、行政と均衡ある関係を保ちながら、地域の独自性を活かし、先駆的に地域福祉計画を策定されているところが多くあるのは承知している。ただ、そうではない市町村社協が存在するのも事実である。だからこそ、この地域福祉計画の策定に際して、どのように行政と関わっていくことが必要なのかについて、以下の2点に絞って再確認しておきたい。

　1点目は、ニーズの把握や地域生活課題の提示にあたり、社協の強みを活かすことである。各種計画を策定する際に、行政では人口動態や量的データなど管理している情報を集約して示すことが通例となっている。あるいは、計画策定にあたり新たに各種実態調査を実施しているところも見受けられる。数的データ処理は、行政の得意とする部分でもある。

　一方、社協の強みは何かということである。社協活動においては、数字では表せない地域の生活課題に遭遇する機会が多い。それは、個別相談内容から課題整理できる場合もあるし、地域福祉実践の中で社会的孤立状態など想像にも及ばない現実が突きつけられることも少なくない。その意味から社協の強みとしては、地域住民や地域関係者との接点が非常に近く、直接的に地域生活課題を肌で感じることができていることである。

　また、地域住民や支援関係機関等との関係性が日常的にあるということである。そして、地域福祉活動計画を策定する際には、住民座談会などを開催し、自分たちの地域にどのような課題があると認識しているのか、どう解決していくことが求められるのか。あるいは、どのような地域にしていきたいのか等を議論していると考える。そうであるならば、社協からボトムアップ型でニーズや課題の提起、さらには解決に向けた方向性が提案できるはずである。そこに地域福祉計画と地域福祉活動計画の連動性が生まれると考える。もう少し社協から行政に対して、社協の強みをアピールしていくことを期待したい。なぜならば、行政職員の中には、意外と社協の役割や機能を理解していない者が多いように感じるからである。

　いずれにしても地域福祉計画策定を良い機会にして、まずは行政と社協とのプロジェクトチーム等を編成し、相互理解の上で社協の強みが活かせる計画推進体制を議論していくことが先決なのかもしれない。

　2点目は、計画策定過程における参加のあり方について社協がどう担保していくかである。原田（2014：98-99）は、地域福祉計画策定における3つの参加について述べている。それは「専門職参加」「行政職員参加」「当事者参加」である。また、武川（2006：105）は、「地域福祉計画の場合、何を作るかより、どう作るかの方が重要となってくる」と指摘している。つまり策定過程へ

の参加のあり方であるが、はたして、十分に拡がっているのだろうか。最近、地域福祉計画策定にかける時間、労力、熱意等が低くなっている印象がある。確かに、地域福祉計画策定委員会の設置や公募による委員就任、パブリックコメントの実施は定着してきた。ただ、各種団体の代表者や社協職員も含めて構成された策定委員会を設置したことで参加が保たれているとは言い難く、あくまでも参加の一部である。基本的なことであるが、策定委員会で提案された素案等についてはせめて委員が属する団体会員に戻した上で意見聴取を行い、会議にフィードバックして議論がなされることが望まれるのではないか。時に、社協職員ですら計画策定の進捗状況さえも共有されない現実に遭遇することがある。

　もちろん、フィードバックしながら議論できる体制にしていくためには、時間と労力がかなり必要となることは当然である。現状としては、計画策定期間はほとんど1年以内となり、策定委員会開催は多くて4回、少ないときは年2回で計画案が承認されているところもある。また、参加している策定委員は、各種団体の代表者としての意見を表していることになるが、ある意味個人的見解の発言にならざるを得ない場合もある。このような状況で、住民参加、ましてや当事者参加が実現できているのか疑問である。社協組織もまったく同様である。

　したがって、行政職員参加による全庁的な体制整備に取り組むことが求められているように、社協においても計画策定過程における役職員の参加や、当事者を含む地域住民、そして支援関係機関など、多様な参加を保障するあり方を問い直す必要があると考える。最近ではICTを活用した参加手法も広がりを見せている。あらゆる世代、あらゆる状態の生活者の参加手法を試行しながら、参加度合いを高めていくことが重要と考える。このことは、従来からの社協の本質を問うことでもある。

（2）　地域福祉実践の発展を期して

　最後に、社協への応援メッセージを送りたい。地域共生社会の実現を目指し、各地で重層的支援体制整備事業が展開されているが、社協が果たす役割は

どこなのだろうか。地域において、社協の存在意義はどのように評価されているのだろうか。社協ブランドは確立できているのだろうか。社会福祉法人はもとより NPO や一般企業、福祉関連以外の産業も含めて参画団体は多様化している。それを束ねることができるのは、社協なのだろうか。

　本章では、地域福祉計画の策定と関連づけて社協が好機か危機かと問い続けてきた。結論として、社協自身がその答えをどう見つけるかであり、好機か危機かはどちらにも転ぶということである。そもそも問いの答えは、もともとあるのではなく、それぞれの地域で創り出していかなければ見つけられない。どのように創りだすのか、それこそが地域福祉計画であり、地域福祉活動計画であると考える。地域福祉を推進するために、地域をデザインしていくこととなる。その中で社協がどのように描かれるのか、あるいは、主体的に描くことができるかである。行政をはじめ地域住民、支援関係機関などの総意として社協の必要性が位置づけられることを期待したい。そのためにまずは社協職員が、職員同士であるいは地域住民等とともに議論を交わす機会を持つことが必要に迫られているように感じている。特に、行政以上に縦割りになってしまっている社協事務局はなおさらである。改めて、社協の果たすべき役割・機能は何なのか、そのために何をどうしていくことが必要なのか。社協のあり方について、他の章で述べられていることと関連しているはずである。やはり重要なのは、社協の基本に戻ることなのかもしれない。急がば回れ、これまで積み上げてきた地域福祉の実践が次に繋がると信じて。

（川﨑順子）

引用・参考文献

・厚生労働省ホームページ「地域福祉計画策定状況等調査結果」
　　各年4月1日時点の調査結果データによる地域福祉計画　厚生労働省（mhlw.go.jp）
・厚生労働省（2017）「地域福祉計画の策定ガイドライン」厚生労働省通知
・全国社会福祉協議会『市区町村社会福祉協議会活動実態調査報告書』
　　（2000年、2003年、2006年、2009年、2012年、2015年、2018年）
・全国社会福祉協議会（1984）『地域福祉計画　理論と方法』全国社会福祉協議会。
・全国社会福祉協議会（2002）『地域福祉計画・支援計画の考え方と実際』

162

・全国社会福祉協議会（2003）『地域福祉活動計画策定指針 ― 地域福祉計画策定推進と地域福祉活動計画 ―』
・全国社会福祉協議会（2019）『地域共生社会の実現に向けた地域福祉計画の策定・改訂ガイドブック』
・原田正樹（2014）『地域福祉の基盤づくり ― 推進主体の形成 ―』中央法規　pp.98-99
・平野隆之（2020）『地域福祉マネジメント ― 地域福祉と包括的支援体制 ―』有斐閣
・川島ゆり子・永田祐・榊原美樹・川本健太郎（2019）『地域福祉論』ミネルヴァ書房
・川村匡由（2007）『地域福祉のソーシャルガバナンス ― 新しい地域福祉計画論 ―』中央法規
・新川達郎・川島典子（2019）『地域福祉政策論』学文社
・大橋謙策他（2006）『地域福祉辞典』中央法規
・武川正吾（2005）『地域福祉計画 ― ガバナンス時代の社会福祉計画 ―』有斐閣
・武川正吾（2006）『地域福祉の主流化　福祉国家と市民社会Ⅲ』法律文化社　p.74 p.105
・塚口伍喜夫他（2010）『社協再生 ― 社会福祉協議会の現状分析と新たな活路 ―』中央法規

第 **6** 章

コロナ禍における特例貸付にみる社協のこれから

　本章では、新型コロナウイルス感染拡大に伴い、令和2（2020）年3月25日より全国で開始された生活福祉資金特例貸付（以下、特例貸付）を巡る現状と課題を報告する。

　筆者の問題意識は大きく3つある。1つ目は特例貸付を通してみえる今日的な生活・福祉課題が何か、2つ目は政策や施策の不備の改善を求めるという意味で、社会福祉協議会（以下、社協）は特例貸付に関連してどのようにソーシャルアクション機能を発揮し、何が課題であったのか、3つ目は社協が地域福祉実践として生活福祉資金貸付を展開する上での現状と今後の展開はどうあるべきかである。

1.　セーフティネット施策の一翼を担った貸付

（1）　未曽有の規模となった特例貸付

　特例貸付は、予期せぬ新型コロナウイルス感染症拡大に対し緊急措置として、生活福祉資金貸付制度を活用して令和2（2020）年3月25日から開始された。令和4（2022）年5月現在もその申請受付は継続している。当初は令和2（2020）年7月末までの申請期間であったが、これまで計9回、おおよそ3か月単位での期間延長が繰り返され、終了時期はみえない。

　特例貸付の実施主体は各都道府県社協、貸付種類は緊急小口資金と総合支援資金である。緊急小口資金は一世帯20万円以内、総合支援資金は複数世帯

表 6-1　兵庫県内の特例貸付決定件数・金額

（令和 4 年 4 月 30 日現在）

資金種別	決定件数	決定金額（円）
緊急小口資金（特例）	74,511 件	13,639,688,000
総合支援資金（特例）	92,041 件	64,944,251,000
合　　　計	166,552 件	78,583,939,000

【参　考】
■平成 21 年度 総合・つなぎ資金（リーマンショック時、約 6 か月）
　4,118 件、22 億 7,900 万円
■平成 6 年度 阪神・淡路大震災の特例貸付（約 2 週間）
　54,011 件、77 億 1,400 万円

の場合は月 20 万円以内を原則は 3 か月、その後 3 か月の延長とさらに 3 か月の再貸付が行われ[1]、両資金をあわせると一世帯あたりの貸付は最大 200 万円である。

　全国における特例貸付の決定件数（累計）は約 367 万件、決定金額は 1 兆 4,000 億円（令和 4（2022）年 5 月 21 日現在）、兵庫県内では 165,552 件、決定金額 782 億 4,900 万円を上回る（表 6-1）。

　これはどのくらいの規模なのか。兵庫県内だけでみれば、昭和 30（1955）年の生活福祉資金制度発足から特例貸付が開始する 2019 年度までの貸付累計の 3 倍以上の件数を 2 年間で貸付したことになる（阪神・淡路大震災時貸付を除く）。また、複数の貸付を利用した借受人を名寄せした世帯数でみれば、県内の約 3% の世帯が特例貸付を利用したことになる。多い日はコロナ禍以前の年間貸付件数と匹敵する 1 日 1,300 件以上もの申請を受付し、毎日欠かさず審査・送金を行ってきた。特に、初めて緊急事態宣言が発出された令和 2（2020）年の 4 月から 6 月にかけては、毎週倍増する申請件数に加え、相談や問合せ対応に追われ、県社協も市区町社協も社協をあげてほぼ全職員が対応にあたることとなった。

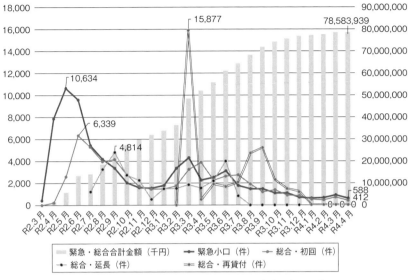

図6-1　月別貸付状況（決定件数と決定金額累計）
出典：兵庫県社会福祉協議会作成

（2）　特例貸付の特徴と果たした役割

　　― セーフティネット機能の一翼を担う貸付 ―

　これまでも自然災害時には、特例貸付が実施されてきた。はじめて実施されたのは、平成7（1995）年の阪神・淡路大震災である。それ以降も、災害時の緊急支援策の一つとして、生活福祉資金は活用されるようになった。

　通常の生活福祉資金と大きく異なるのは、その対象層である。生活福祉資金は、「低所得者、障害者又は高齢者に対し、資金の貸付けと必要な相談支援を行うことにより、その経済的自立及び生活意欲の助長促進並びに在宅福祉及び社会参加の促進を図り、安定した生活を送れるようにすることを目的」としている。一方、特例貸付においては、低所得世帯に限らず、災害等の影響で一時的に収入が減少した世帯への貸付けとして対象及び貸付要件ともに拡大して運用される。

　このたびの新型コロナウイルス感染拡大においては、これまでの災害時の特例貸付と異なり、①（局所地ではなく）全国規模の対応、②感染対策により

原則は郵送による申請受付によりアセスメントが困難な状況下での貸付であったこと、③労働金庫、郵便局といった社協以外の機関が特例貸付の申請窓口を行った[2] ことに大きな特徴があった。

想定を超える感染拡大により休業・時短就業要請が相次ぐ中、現金給付が実施される前に、緊急一時的に当座の資金需要を満たす施策として特例貸付が活用され、その迅速な対応により国民の生活基盤を守るセーフティネットの一翼を担ったことの意義は大きい。

コロナ禍に伴う経済的打撃は、ほぼすべての職種、幅広い年齢層を襲った。その中で、貸付現場を担った社協職員は、不安定就労にあった非正規雇用労働者やフリーランス、長期の離職者、外国人労働者・留学生など、生活困窮者自立支援制度や従前の福祉制度では対応してこなかった層の生活困窮を目の当たりにすることになった。

2. 特例貸付を通じてみえる今日的な生活・福祉課題

特例貸付は迅速な送金が優先され、貸付による生活再建が見込まれるのかどうかを見極める上で必要となる収入状況の裏付けや聞き取りは省略化された。このため、世帯や収入状況など特例貸付の借受人の状況を正確に捉える客観的なデータが乏しいことを前提に、いくつかのデータと相談対応を行ってきた県内社協からのヒアリングをもとに相談者の姿とそこから浮かぶ生活・福祉課題について明らかにしたい。

(1) 不安定就業層と経済的困窮

職業、雇用形態についてのサンプル調査[3] の結果は表6-3、表6-4のとおりで、非正規職員が約3割、自営業・個人事業主が1割以上にのぼった。

収入状況についてのサンプル調査の結果は表6-2のとおりで、コロナウイルス感染拡大に伴う収入減少前は平均約22.9万円で、収入減少後は約9.5万円と、約13万円減少している。本調査は自己申告に基づくものであるため、正確な世帯の収入状況や貯蓄状況はわからないものの、コロナ禍における世帯の

表6-2　収入状況

【収入減少前】

	件数	割合
10万円未満	61	6.1%
10万円以上20万円未満	310	31.2%
20万円以上30万円未満	361	36.4%
30万円以上40万円未満	181	18.2%
40万円以上50万円未満	45	4.5%
50万円以上	30	3.0%
無回答	5	0.5%
合　計	993	100%
平　均	22.88万円	
中央値	21.00万円	

【現在の収入】

	件数	割合
10万円未満	510	51.4%
10万円以上20万円未満	365	36.8%
20万円以上30万円未満	86	8.7%
30万円以上40万円未満	19	1.9%
40万円以上50万円未満	1	0.1%
50万円以上	2	0.2%
無回答	10	1.0%
合　計	993	100%
平　均	9.47万円	
中央値	9.00万円	

表6-3　職　業

建設業：11.0%、飲食業：10.2%、タクシー：5.7%、サービス業：5.4%、個人事業：7.3%、無職：11.9%

表6-4　雇用形態

正規職員：28.8%、非正規職員：31.9%、自営業・個人事業主：11.2%、その他：15.3%

生計に与える影響は大きかったことがうかがえる。収入減少前に20万円未満の世帯割合が約37%、現在はその割合が約88%に膨れ上がっている点も事態の深刻さを表している。

　このデータのみで検証することは困難であるものの、1990年代以降の雇用の流動化とそれに伴う非正規や無業者といった不安定就業層の拡大は、そのまま収入の不安定さや低い賃金収入となっていることがうかがえる。

　年齢層でみれば、兵庫県における借受人7万127人の年齢分布は表6-5のとおりで、若年層から高齢層まで幅広くコロナウイルス感染拡大の影響により

表6-5　兵庫県内の特例貸付借受人の年齢分布

※ 2022 年 1 月末現在

10 代	20 代	30 代	40 代	50 代	60 代	70 代	80 代	90 代
51	10,828	12,334	14,695	15,961	9,886	5,590	759	23
0.07%	15.4%	17.6%	21.0%	22.8%	14.1%	8.0%	1.0%	0.03%

平均年齢　47.54 歳

　減収し貸付利用に至っているが、とりわけ特徴的なのは高齢者層と若年層である。

　まず、年齢 60 代以上の貸付利用世帯は全体の 2 割以上にのぼる。市区町社協へのヒアリングや貸付時に提出される申立書の記述をみると、年金だけでは生活が厳しいため、自営業やアルバイト就労等をしていたものの、減収・失業した世帯からの申請が目立っている。貸付で一時を凌いだとして、再就職先をみつけて生活再建を図る見通しが立ちにくいと思われる世帯からの貸付相談が一定数あった。

　若年層では、外国人留学生をはじめ、アルバイトをしながら一人暮らしをしている学生からの貸付相談が一定数みられた。こうした状況も反映してか、特例貸付のみならず生活福祉資金の貸付メニューである「教育支援資金」の相談・貸付決定件数は、令和 2（2020）年度、令和 3（2021）年度ともに、令和元（2019）年度より増加した。

（2）　外国人住民の不安定な生活基盤

　兵庫県における借受人 7 万 127 人のうち、名前がアルファベットまたはカタカナ表記の方を外国人住民と想定して集計した結果は、6,183 人である（表6-6）。全体の 1 割近くが外国人で、留学生などの若者も数多く利用した。

　わが国での外国人労働者数は年々増加している。全労働者に対する外国人労働者の構成比には、内閣府データで平成 20（2008）年に 0.9% が令和 2（2020）年には 2.9% と、12 年間で約 3 倍となっている。国は、あくまで経済活性化や産業高度化に向けた「労働力」の受け入れであり、「移民」ではないという立場を崩しておらず、社会的な受入れ体制が整っているとは言い難い。

表6-6　外国人住民への貸付状況（兵庫県／推計）

※ 2022 年 1 月末現在

外国人住民の推計　6,183 人（8.8%） ※外国人住民への貸付比率の高い市町：加東市 57.2%、東灘区 29.7%、兵庫区 19.9%

　このたびの特例貸付によって、全国の社協職員は外国人住民の暮らしぶりとその生活課題が地域で顕在化していない実情に触れてきた。生活状況を画一的に語ることができないものの、貸付申請に来た多くの外国人住民は不安定な雇用を背景に、低収入で経済的に困窮しているほか、コミュニケーションや文化の相違等から地域内で孤立していたり、支援施策に関する正しい情報を得にくい環境にあったりと、社会生活上で不利益を被りやすい状況におかれている。母国から呼び寄せた家族や同国人によるコミュニティに支えられている人々もいるが、それでも慣れない日本での出産・育児に苦労する若い夫婦や、雇用先を求め各地を転々とし、安定的な生活基盤を築くことが困難な人々の存在が特例貸付を通してみえてきた。

　労働者である前に一人の人間、生活者としての受け入れに向けた多文化共生政策の推進とあわせ、今や就業者の 50 人に 1 人が外国人労働者である現状を踏まえ、地域内での包摂に向けた多様な交流、学習を軸とした地域福祉実践が求められる。

（3）　債務整理者と家計改善支援の必要性

　貸付が長期化するにつれ、弁護士等からの債務整理にかかる受任通知が増えている。兵庫県では、特例貸付については 1,388 件（660 人）の貸付債権について、自己破産等の債務整理の開始通知が届いており、日を追うごとに増えている（表6-7）。

表 6-7　特例貸付における債務整理の状況（兵庫県）

※ 2022 年 1 月末現在

1,388 件（660 人）

全国的には個人破産は、令和元（2019）年には約7万3,000件で、令和2（2020）年5月までは前年同月比で減少傾向にあったものの、6月から上昇傾向にある。

　新型コロナウイルスの影響による収入減や失業などにより、これから債務整理を必要とする借入世帯の増加は継続することが予想される。通常の生活福祉資金においても同様の傾向にあるが、貸付利用の背景に日常的な金銭管理に問題がみられる場合がある。キャッシュレス社会では高度な金銭管理スキルが求められている現状を鑑み、子どもたちへの金融教育が進められているが、社会の仕組みに目を向け、必要な支援を選択して自立する力を育むための教育と、気軽に相談できる家計改善支援の整備が求められるのではないか。

（4）　背景にある社会的排除・孤立

　貸付相談者の中には、人間関係の希薄さや様々な社会サービスへのアクセスが十分できないという意味での社会的排除の状況に陥っている人々も目立った。

　具体的な現象としては、社会的手続きの不慣れさがあげられる。外国人住民の言語による問題だけでなく、たとえば公共料金をはじめとする様々な支払いや制度の利用など、日常生活において社会的な手続きに不自由さを抱えているであろう人が大勢いることに貸付現場は気づかされた。

　また、セーフティネットの網から漏れる人々の社会的孤立も目立つ。休業手当が支払われなかったり、雇用保険を受給できなかったりといった、セーフティネットの網から漏れることに加え、人とのつながりも希薄で、心身の疾病、家族のケア、多重債務などの重複した課題にも直面し、生活が立ち行かなくなっているという人々である。

　こうした課題は、貸付だけで対応できるものではない。貸付がかえって生活再建を遠ざける可能性を感じるケースの有無について、近畿ブロック府県社協が実施した調査では「とても増えている」「やや増えている」と回答した社協が81％にものぼった（図6-2）。

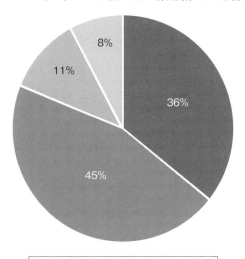

凡例（図中）
- a. とても増えている（と感じる）
- b. やや増えている（と感じる）
- c. あまり増えていない（と感じる）
- d. 増えていない（と感じる）

図 6-2　貸付だけで支援できないと感じるケース
（近畿ブロック府県社協調査／ 2020.11）

3. 特例貸付を巡る社協のソーシャルアクション

（1）露呈した公的施策の乏しさ

　コロナウイルス感染拡大の収束が見えない今、多額の貸付を重ねる特例貸付の継続は、生活再建の道のりを遠く困難なものにさせており、生活支援施策と相談支援体制の強化こそが必要であるというのが現場の一致した意見である。そもそも時限的な応急措置であるべき特例貸付が 2 年以上も続く事態は異例である。

　令和 4（2022）年 4 月には、再度の特例貸付の申請受付期間の延長が政府より発表された。その名目は、「原油価格・物価高騰等総合緊急対策」である。ゴールがコロナウイルス感染収束から物価高騰対策へと変更が加えられた。これにより 2 年半も「特例」が続くことになった。

　いずにしても、特例貸付を続ける中で、民間社会福祉組織である社協が担う特例貸付以外に、必要な国民に遍^{あまね}く届く公的なセーフティネット施策、特に恒久的かつ長期展望に基づく貸付後の「出口」が示されないことに貸付現場の苦悩がある。

　たとえば、生活保護制度の利用状況はどうであろうか。特例貸付の爆発的な利用に比較して目立ったのが生活保護利用の低調である。被保護実人員は平成26（2014）年度以降減少し続けており、令和3（2021）年になりようやく申請件数が前年度比で増加に転じたが、実人員は変化がみられない。特例貸付により生活保護利用に抑制が働いたともいえる。しかし、現場では前述したとおり、返済が必要な貸付はかえって生活再建を遠ざけることが危惧されるため、本来は一時的な生活保護が望ましいと判断されるケースに数多く直面する。

　一方、相談者には親族への扶養照会が行われたり、車や自宅の保有が認められなかったりする点への不安があり、社協の窓口で申請を勧めたとしても拒否されることが多い。現在は扶養照会の実施等について運用の改善が図られてきているが、運用の自治体間の差は否めず、また何より相談者側の強い不安、制度に対するスティグマは根強い。最後のセーフティネット機能であるはずの生活保護制度が人々の生活を守るものとして機能しきれていない現状を踏まえ、一時的な少額・現物給付の実施を含め、生活保護制度のあり方を見直す時期にきているのではないだろうか。

　一例として生活保護をとりあげたが、これ以外にも特例貸付を通してわが国の住宅施策の乏しさや若者・女性を含む不安定就業者やひとり親、外国人住民の生活保障の脆弱さが浮き彫りとなった。このため、私たち社協職員は、一時的・応急的な生活支援施策の一翼を担うだけでなく、自力再建が厳しい世帯の背景にある要因に目を向け、継続的・段階的な支援策と、社会・地域における生活困窮者の包摂を目標とした長期の展望について地域住民・関係者と描き、制度改善や資源創出につなげるアクションを起こさなければならない。

（2）　特例貸付を巡る社協のソーシャルアクション

1）　把握された生活・福祉課題への3つのアクション

　特例貸付を通して、相談者の背景にある社会的排除・孤立の実態を肌で感じ、課題解決に向けた次のアクションが必要であることを多くの社協が認識させられ、コロナ禍の2年間で実際にアクションを起こしてきた。

　アクションは大きくは3つある。一つは、貸付にとどまらない個別支援である。都市部を中心に膨大な貸付申請を受付けしてきた中ではあったが、多くの社協では気になる世帯があれば他機関へのつなぎやアウトリーチとネットワークによる個別支援を展開してきた。地域担当職員とケースを共有してチームで支援にあたったり、福祉専門職と連携し世帯支援を行ったりしてきた。特に、生活困窮者自立支援制度に基づく自立相談支援機関との連携による支援は、特例貸付を通して促進された。

　2つ目のアクションは、地域の幅広い主体による課題解決を促す取り組みである。実態を明らかにするための調査や、行政、関係機関、地域住民との課題共有を経た事業・プロジェクト開発であったり、外国人住民等の生活困難を抱える住民の交流や役割発揮によるエンパワメント支援であったり、多岐にわたる。特に事業として多かったのは食料・物品提供であった。令和3（2021）年度の兵庫県社協調査では、県内の85％以上もの社協が生活困窮者への食料・物品提供事業を実施している。これは5年前の約2倍である。県内社協へのヒアリングを実施したところ[4]、多くの社協はこうした事業を2つの視点で開発・運営している。ひとつは、特例貸付等を通して把握された個人・世帯とのつながりの維持・構築である。貸付相談を受けて終わりではなく、貸付からつながりを築く個別的な対応を試みている。もう一つは、地域課題化である。食料・物品提供による直接支援だけでなく、生活協同組合コープこうべや事業所・企業、社会福祉施設、ボランタリー団体、学校といった幅広い主体と実態を共有し協働の事業展開を図ることで、困窮課題を地域課題化していく過程と事業開発をセットに進めている。これはコミュニティワークを専門とする組織らしい資源開発といえよう。

　3つ目のアクションは、各種制度・施策の改善・創出に向けた政策提言等の

活動である。いわゆるソーシャルアクションである。全国レベルでは、国等へ
の要望がこれまで2年間で11回にわたり実施された。全社協会長あるいは貸
付の実施主体である都道府県社協会長連名での厚生労働大臣宛の要望である。
このほか、各社協での都道府県行政等への提言・要望活動を行ってきた。主な
内容は、特例貸付開始後の初期には特例貸付の円滑な実施に向けた体制整備に
関する事項、半年が経過して以降は貸付にとどまらない生活支援策拡充に関す
る要望、直近一年は中長期にわたる公的給付や相談支援体制の強化に関する事
項である。

　兵庫県及び近畿ブロックでは、こうした政策化への前提として、調査を実
施してきた。兵庫県社協が令和2（2020）年6月に県内社協向けの調査、近畿
ブロック府県社協が令和2（2020）年12月に管内社協向けの調査を実施し、
いずれも内容を整理した上で提言として提出した。

　2）　自主組織「関西社協コミュニティワーカー協会」のソーシャルアクション
　国への提言や要望提出といったソーシャルアクションは、全社協と都道府
県社協を中心とした動きであり、最前線の市区町村社協が役職員で意見を交わ
し、それらを束ねるという過程を経てこなかった。課題は後述するが、ひたす
ら特例貸付を続ける中で、もはや貸付では生活再建が困難な世帯の相談を目の
当たりにし、なおかつ現場のキャパシティを超えて対応し続けることにより職
員の疲弊はピークを迎えた。職員の退職も耳にするようになった。

　こうした状況を打破しようと動いたのが、「関西社協コミュニティワーカー
協会」であった。「関西社協コミュニティワーカー協会」（以下、関コミ）は、
関西の社協職員が中心となって平成6（1994）年1月に設立した任意団体であ
る。きっかけは、社協の基本要項から「住民主体」の言葉が消される危機への
対応であった。この時、関西の社協職員有志が議論を重ね、「住民主体」を堅
持するべく立ち上げたのが関コミである。つまり、関コミは運動体として発足
した組織である。その後は現在に至るまで、「全国社協職員のつどい」や学習
会など、社協職員の交流と専門性向上に向けた活動を主軸としてきた。

　コロナ禍での関コミの動きは、まずは会員数名の自発的なごく少人数での

立ち上がりからスタートした。令和2（2020）年3月の特例貸付開始後すぐの段階で、各社協とも予想をはるかに上回る貸付相談に追われる中、現場間の情報交換を求めて関コミ会員3名がSNSのメッセンジャーグループを作り、情報共有をはじめた。筆者はそこから数か月経過した令和2（2020）年秋以降に同グループに参画した。関西を中心に徐々にメンバーを拡充しながら続けたSNS上の情報交換により、生活再建が困難な人々の相談の増加と貸付現場の疲弊について発信しなければという使命感が共有された。現場の声が国やマスコミに届いていなかったためである。

　令和2（2020）年11月末に、メッセンジャーグループの中から特例貸付に関する緊急アンケートを実施するプロジェクトチーム「社協現場の声をつむぐ1,000人プロジェクト」（以下、「1,000人プロジェクト」）が発足した。仕掛け人は、SNSグループ当初の立ち上げメンバーである関コミ会長を含む数人であった。2名の研究者の参画を得て、11名のメンバーがオンライン会議を重ねてアンケートを作成し、令和3（2021）年1月15日に全国の社協に調査協力を呼び掛けた。SNSや口コミ、全社協の協力により、アンケートは全都道府県から回答を得るまでに広がった。最終的に回答は1,184名にのぼり、村社協から都道府県社協、経験1年未満から30年以上と幅広い属性からの回答を得ることができた。

　アンケートの結果、貸付制度の有効性への疑問と新たな支援を求める社協職員の声が多数集まった。「特例貸付は一時的な延命措置に過ぎず、根本的な困窮の解決に繋がらない」との声が社協職員から多数あがり、約91%が制度の有効性への疑問があると答えた。また、高齢であることやすでに債務があるなど、多くの職員は貸付が適当ではないと悩むケースに直面していた。しかし、従来の生活福祉資金と違い、丁寧な聴き取りや相談支援ができず、76%が「丁寧な相談支援ができないジレンマ」を感じていた。さらに、こうした現場の実態が制度運用に反映されていたとは言えず、「現場の課題や意向が反映されない無力感があった」と73%が回答している。

　自由記述では、「長期的に生活困窮が続くことが予測される世帯への有効な支援策が生活困窮者自立支援事業と生活保護のみである。貸付以外の支援施策

が未だ打ち出されないため、相談現場で苦しい」と新たな支援策を求める声が多く寄せられた。約7万字にものぼる自由記述の意見は、「特例貸付だけで目の前の困窮者は救えない」という社協職員の悲痛な魂の叫びのようであった。

　また、アンケートからは過酷なエッセンシャルワーカーとしての社協職員の姿が見えてきた。高まる不安から相談者が大声で社協職員を罵倒するといったことに日々直面する中で、回答者の86%がストレスや危険を感じ、72%に業務量の過度な増加があった。さらに、49%の社協職員が心身の不調を訴え、中には離職をも考えている実態が露わになった。

　一方で、特例貸付をポジティブに捉える声も多数集まった。「潜在化していた引きこもりの方への支援につながった」「外国人など新たな層に社協が認知された」などの記述がみられた。また、7人に1人（15%）が「課題に対して新しい活動を開始」したと回答している。特例貸付をきっかけに生み出された新たな成果が見えたことは、多くの苦しい声の中でも励み・希望につながるものだった。

　こうした調査結果をもとに、国ならびに自治体、福祉関係団体への8つの提言をとりまとめた。令和3（2021）年2月の第一次リリース、同年5月の中間報告を経て、令和3（2021）年7月に調査報告書を発行・発表した。同年8月には全国フォーラムを開き、多くの社協職員や関係者と問題意識の共有を図った。プロジェクトメンバーが中心となり、マスコミへの働きかけや学会誌等への投稿、研究会等での発表を行い、反響は拡大した。

提言 ― 1,184人の声から ―
1. 「自助」の名のもとに公的責任を後退させないでください
2. すべての困窮する人に支援が届く生活困窮者支援金制度の拡充を
3. 入りやすく出やすい生活保護の弾力的運用を
4. 包括的で継続的な生活困窮者支援ができる生活困窮者自立支援の制度を
5. 「相談支援付き貸付制度」として生活福祉資金貸付の体制強化を
6. 現場の声に向き合い実態を反映させる政策と運用を
7. 社会福祉の相談援助職の処遇を適正化
8. 貸付現場と協働した制度検証とそれに基づく改善を

　この一連のプロセスは、府県を超えたプロジェクトメンバー間の強い連帯が起爆剤となった。しかし、この連帯は自然発生的に生まれたものではない。連帯を生んだ最大の要因は、組織化やネットワークによる力の結集が身に染みついたメンバー一人ひとりのリーダーシップとスキルの発揮である。コミュニティワークやコミュニティ・オーガナイジングの理論と経験知を背景に、常にメンバー間でゴール設定を確認し合うことや、事務局がプロジェクト進行管理を行うこと、学び合う機会を設けること、メディア戦略等がプロジェクト内で意図的に展開された。

　いずれにしても、プロジェクトの最終ゴールは公的セーフティネットの再構築につなげることである。このため、一連の調査と発信で終わるのではなく、令和4（2022）年5月現時点で次のステージとして地域福祉実践につなげるアクションに向けた第二弾の調査を開始している。さらに、特例貸付の課題は、制度上の課題にとどまらず、社協の組織マネジメントの課題であるというプロジェクトメンバーの気づきに基づき、「コロナ禍における社協マネジメント研究会」を立ち上げ、令和3（2021）年10月から毎月、自らの実践を持ち寄った研究会を開いている。

（3）　取り組みからみえたこと、残された課題

　全社協をはじめとする全国の社協による組織的なソーシャルアクションは、道半ばであり、要望・提言内容が政策反映されてきたとは言い難い。給付の実施をはじめとした貸付以外の生活支援施策の充実について、一部は生活困窮者自立支援金の創設などの動きにつながったが、セーフティネット施策の中核となる生活保護制度や第二のセーフティネットである生活困窮者自立支援制度を含めた制度見直しは今後の動きとなる。しかし、こうした動きがどこまで全国の社協のゴール設定になり得ているのか疑問が残る。国への要望活動は、貸付制度運用の変更や申請期間の延長などのタイミングで、全社協が主導的役割を果たしてきたが、時間的制約がある中で最前線の市区町村社協が役職員で意見を交わし、それらを束ねるという過程を経てこなかった。地域の住民・福祉関係団体の協議体組織である各社協からのボトムアップでの政策提言は今後

の大きな課題である。

　ソーシャルアクションで不可欠なのが、論拠となる調査研究活動である。これも、特例貸付に関しては社協職員有志の組織である関コミが牽引したが、全国的な調査と併せ、今後は国と実施主体である社協が幅広い関係者と検証する場を設けることが必要である。

4. 相談支援と地域福祉実践

（1）　地域福祉推進と生活福祉資金の関連性

　特例貸付を通して、地域の潜在的な生活・福祉課題が浮上し、各社協はその対応に着手してきた。個別の相談支援だけでなく、地域課題化から多様な主体が協働して地域に内在する課題に対応する動きを形成していくコミュニティワークの展開へと拡がりをみせている。この拡がりは、特例貸付を社協が実施した一つの意義でもあり、生活福祉資金が「相談支援付き貸付」であるという原点、そしてニーズを束ねて地域に返し、協働化していくといった地域福祉の展開こそが社協が生活福祉資金を実施する意義であることを改めて認識する契機となった。

　一方、これまで社協が生活福祉資金を通した地域福祉実践を展開してきたと言えるのかについては、残念ながら疑問が残る。その理由は、一つには生活福祉資金貸付の制度運用の変更があげられる。民生委員の世帯更生運動を契機に「世帯更生資金」をルーツとした生活福祉資金は、昭和30（1955）年に創設された。民生委員が介在した地域の相互扶助促進とセットになった支援ツールである点が地域福祉推進のための事業である所以であり、社協が実施する意義でもあった。しかし、平成13（2001）年の「離職者支援資金」が創設されて以降、民生委員の相談支援と地域内のつながりづくりを通した福祉のまちづくりへの展開を志向する、いわば「地域福祉型」の貸付から、必ずしも民生委員の関与を前提としない「セーフティネット型」の貸付へとシフトしていくことになった。特に、平成20（2008）年のリーマンショック以降に創設された総合支援資金及び連帯保証人要件の緩和を含めた貸付手続きの簡素化は、その

性質を加速させた。

　地域福祉型貸付であった生活福祉資金がセーフティネット型貸付に移行していったことと併せ、貸付をツールとした地域福祉の推進を図るに必要な体制整備が伴ってこなかったことも、社協が生活福祉資金を相談支援と地域福祉のツールとして展開しきれてこなかったことの背景にある。兵庫県の場合、特例貸付がはじまる前の令和元（2019）年度の時点で資金貸付の専従職員を配置しているのは7社協（14.0%）、正規職員の専従は2社協（4.0%）のみである。なお、近年は一部の社協にとどまっているが、かつては総務部門で貸付事業を実施してきた社協が多かったことも、相談支援のツールとしての貸付という捉え方が十分になされてこなかったことのあらわれである。

　いずれにしても、生活福祉資金の改正と体制の脆弱さを問題視し、運動しきれなかった県社協と全社協の責任は大きい。「相談支援付き貸付」であり、「地域福祉推進事業としての貸付」である生活福祉資金の展開方針と体制整備に向けた方策を示し、市区町社協への働きかけを継続的に実施してこなかったことが、現在の社協における生活福祉資金の位置づけにつながっていると言わざるを得ない。

（2）　相談支援偏重の陥穽

　本来的に生活福祉資金は、「相談支援付き貸付」であり、民生委員を介在した「地域福祉推進事業としての貸付」であるものの、特に後者についてはその理念・目的から乖離している現状を述べた。社協が実施する限りは、公的セーフティネットの単なる穴埋めではなく、地域福祉として展開していく換骨奪胎の方針と戦略が不可欠となる。

　その一方で、全国的に社協活動の命題が「総合相談支援」になりつつあることは、社協にとっての大きな罠になり得る。「相談支援付き貸付」だけに終始していれば、個別支援の対応力は向上しても、住民をはじめ地域社会が課題を認識し、主体的にありたい地域社会形成を図る動きは生まれてこない。個別ケースを解決するための相談支援体制づくりにとどまらず、多様な主体が地域づくりへと動くダイナミックな展開を促進しなければ、社協がいくら貸付を

ツールとした相談支援を実施しても、それは相談支援機関としての働きであって、地域福祉推進機関とはいえないと考える。

とはいえ、この指摘は、コミュニティワークに基づく地域支援だけが社協の本分であるという意味ではない。むしろ、相談支援事業や権利擁護事業、地域ケア事業などの取り組みを、まちづくりに結びつけ、地域の自治とケア力を総合的に高めることこそが社協の本分である。ひと昔前の社協より事業が多角化し、事務局組織の規模が大きくなった今こそ、シンプルな理念共有と複雑な事業を統合化する高度なマネジメントが求められる。

（3）計画活動を軸とした地域全体のマネジメント推進

シンプルな理念共有と高度なマネジメントに向けて重要になるのは、オーソドックスではあるが、「共通体験」と「対話と協議」、その積み重ねで進める「計画活動」であると筆者は考える。

つまり、生活困難を抱える当事者をはじめとした地域の様々な主体が交流して関係を築くとともに、想いと意見を出し合い、その相違を大切にしながら一緒にことを進めること。そして、それを具体に表現した計画とそれを軸にした活動・評価・改善を重ねるというもので、コミュニティワーク実践そのものである。どんな取り組みでも同じ課題があるが、地域福祉計画にしろ地域福祉推進計画にしろ、計画策定を目的化したり、作業化してしまうと、結局は地域の多様な主体でゴールを意識し、共通体験と対話・協議を重ねて動くという地域福祉の "ミソ" が置き去りになる。

地域福祉実践の場面では、大小様々なプロジェクト型の事業実施を前提としつつ、それらを束ね統合化させるための計画活動そのものがマネジメントである。つまり、マネジメントの主体は社協（職員）ではなく、事業を企画・運営するプロジェクトメンバーや地域福祉計画・推進計画を立案・推進・評価していく幅広い地域関係者であり、社協はあくまでそれを媒介・促進する事務局であり中間支援組織である。

特例貸付とその債権管理という枠組みに終始するのではなく、貸付をきっかけに把握された気になる世帯の生活全体を見た個別の相談支援はもちろん、

地域づくりへの架け橋をつくることができるのか、社協の本領発揮はこれからである。地域内の相談支援体制づくりだけがゴールではない。その先に地域の様々な主体の気づきと相互エンパワメントを促進剤とした包摂の地域づくりへの主体形成こそが目指されるものである。

　この意味で、まずは特例貸付で把握された地域の生活・福祉課題をいかに幅広い地域の関係者と共有化できるか、それらに対応したプロジェクト化と計画活動を同時に起こすという組織をあげた対応が必要になる。そのためにも、市町社協の実践交流や調査研究、指針となるツール作成・普及といった市町社協の自律的な動きを促進しながら下地となる基盤を形成していく県社協の役割は大きい。

おわりに

　コロナウイルス感染拡大にともなう生活福祉資金特例貸付は、多くの国民の生活を支える資金であり、その後の必要な生活支援の糸口をつくったという点で大きな役割を果たした。それに加えて、社協がわが国のセーフティネットと地域社会の現実に向き合わざるを得なくなったという意味においても、意義があった。

　特例貸付の申請期間は継続していることから、総括ができる時期にはないものの、いつまで続くのかわからないコロナ禍において制度改善へのアクションは待ったなしである。疲弊する貸付現場のケアを含め相談支援体制の整備を図りつつ、"ウィズコロナ"時代のあるべき社会制度の見直しを求め、さらには地域の生活・福祉課題を置き去りにしない地域福祉実践を展開する重要な時期にある。生活福祉資金という一事業の展開ではなく、包摂社会を目指した地域福祉推進という総合的な視座による展開を図っていきたい。

（荻田藍子）

注

1) 総合支援資金特例貸付の延長は令和 3（2021）年 6 月末、再貸付は令和 3（2021）年 12 月末で受付期間が終了した。令和 4（2022）年 1 月以降は、緊急小口資金と総合支援資金の初回（最大 3 か月以内）の貸付申請を受付けしている。

2) 新型コロナウイルス感染拡大に伴う特例貸付は、想定を超える膨大な貸付件数の申請があがったため、緊急小口資金について、労働金庫は令和 2（2020）年 4 月 30 日から、郵便局は同年 5 月 25 日から同年 9 月末日まで申請受付業務を行った。

3) 全社協が、令和 3（2021）年 1 月時点で、総合支援資金の延長貸付の申請時に借受人が自立相談支援機関に提出する「状況確認シート」を用いて 993 名分を集計したものである。

4) 令和 2（2020）年度は県内 14 社協、令和 3（2021）年度は 20 社協への訪問によるヒアリングを実施した。

参考文献

・兵庫県社会福祉協議会発行『地域福祉の歩みⅣ 兵庫県社会福祉協議会〜この 10 年（2001 〜 2010）の歩み』／ 2012 年 3 月

・兵庫県社会福祉協議会発行『地域福祉の歩みⅤ 兵庫県社会福祉協議会〜この 10 年（2011 〜 2020）の歩み』／ 2022 年 3 月

・関西社協コミュニティワーカー協会発行「声を紡ぎ、未来を拓く 新型コロナウイルス感染症特例貸付に関する社協職員アンケート報告書 2021」／ 2021 年 8 月

・内閣府「令和 3 年度 年次経済財政報告」

第7章
社協牽制機能形骸化からの脱皮へ

はじめに

　筆者は兵庫県と京都丹波の社会福祉協議会にご縁をいただき、20年ほど社協発展計画や各種計画策定に伴う住民意向調査と分析・提案に携わってきた。その間には福井県や島根県内の社協との交流もあったが、他府県の方々から「兵庫県の社協さんはすごいですねぇ…」という声を聞いてきた。社協組織が生まれて50年に満たない当時、兵庫県や兵庫県社会福祉協議会・各自治体社協とも、地域福祉の推進に取り組んできた成果を実感できた。

　平成の大合併を挟んで7年間を区長（町内会長）として務め、住民自治の真っただ中にも身を置いた。その後二期8年間を市議会に籍を置き、議会調査研究のため関東から九州まで出向いたが、各地社協と疎遠になっていたわけではなかった。

　平成29（2017）年春、養父市社会福祉協議会から監事就任の要請があった。公的な立場からは身を引いており辞退するつもりだったが、平成の大合併後の社協活動について、手元資料などを覗いてみた。前年に社会福祉法の改正があり、その背景に「監査の形骸化(けいがいか)」という表現が目についた。

　監査だけでなく社協活動自体が形骸化している、という思いがあった。監査が形骸化しているならその指摘は受け入れなければならないが、20年間に見てきた市町社協の中には、地域住民の間に一歩ずつ入り、地域福祉活動が根づいたところもある。さらに社会構造すべてが形骸化に陥ってい

るのではないか、と思わざるを得なかったことから、再び社協活動に飛び
込んだ。

　この20年間には、行政計画や集落単位、民間企業とのおつきあいもあっ
たが、常にその地域に暮らす人々と来訪者の関係に注視してきた。社協活
動の前面に地域住民の存在があり、市町村及びその周辺も含めて筆を進め
たい。

1.　どこにもはびこる形骸化

「毎月〇日ノー残業デー」というルールを定めたとしても、翌朝までに仕上
げる書類ができ、残業者がいる状況なら、「ノー残業デー」というルールだけ
は残っている。ルールや決まり、習慣など、当初の趣旨は〇〇だったが、今は
その看板だけが残っている。

　形骸化とは、その組織などが生まれた当時の意義が失われ、中身のない形
だけのものになってしまった状況である。「骸」は「ほね、ほねぐみ」である。
精神が滅び、最後に残るものが骨、すなわち骸（なきがら・しかばね）。 骨組
みの形だけはあるが、中身はなくなっているのである。

（1）　一つの組織で働くことの落とし穴

　私たちの一日は、食べることと休む（寝る）ことで次のステップに進んでい
く。そして働くことで得る知識・経験・考察力もついてくる。それが組織・団
体としての成果を生み、時には思わぬ悪条件が重なりマイナスにもなる。コロ
ナ禍や自然災害など好まざる難敵もあれば、社会変化により組織・団体として
の取組みが狂うことも生じる。

　職場環境やその組織・団体が存続するため、モノをつくって販売するとこ
ろもあれば、消費者の求めるモノ、コトを見極めて取り次いで販売する会社も
ある。社会福祉協議会や行政機関など、市民の暮らしと住民福祉の向上を担っ
ている組織もある。それぞれが違った環境で働き、そこで得る報酬で家族を養
い、地域社会を構成している。そこに形骸化という状態はないのだろうか。

　職場環境をみると、一つの部屋のその一角に同一の業務を抱える部署がある。総務部門の場合、人事や給与、社員の福利厚生、施設管理が加わっている場合もある。陣容の少ない組織なら、財務・経理を抱え、銀行に出かける人もある。デスクの両脇や正面の顔ぶれは、人事異動の季節まで変わらないし、奥まったところには部課長席がある。毎日が変わらない、変化のない職場環境である。変わらないゆえの形骸化となる、あるいはすでに形骸化に陥っている部署もあるのではないだろうか。

（2）　形骸化を免れた人

　執筆にあたり何人かの方に「形骸化」について尋ねたが、普段使いなれない言葉であり、それ以上進むことはなかった。だが、形骸化に縁のない生き方をしてきたのではないか、と思える人たちに出会えた。

1）　技術より人間力を磨いてくれた上司

　一人は歯科医療に従事してきた方で、医師の技工指示書に従い後方支援をする技術者だった。銀座の保険医療が効かないクリニックで、高額所得者や有名人が患者だった。その後退職して帰省し、近くの開業医勤めをしたが、同業の仲間からはその技術の高さに尊敬のまなざしがあった。数年間は東京の講習会に参加し、ドクターが新技術習得の参加費を出してくれたが、但馬の患者には、東京のような高額医療を受診する人はいない。銀座で磨いた医療技術を発揮する場もなければ、講習会に参加する意味が薄れていくのを感じた。以後、保険医療の範囲でしか仕事はなくなっていった。

　銀座で高額医療のクリニックを経営する医師は、その経営者でもあった。自らを磨き、社会や人との交わり、医療技術だけでなく全国各地の暮らしを知り、自然科学も語れる文化人の顔があった。専門知識だけでなくあらゆる情報を収集して表現し、スタッフとの懇親の場でそんな話も聞かせてもらい、経営者と部下という枠を超えて魅了されるものが多かった。

　異なる文化・世代の人たちと共に理解し合うコミュニケーション力、チームを目標達成に導くリーダーシップ、社会の利益のために行動できる公共心、

他者を尊重し切磋琢磨しながら、互いに高め合う力に魅了されるものが多かった。帰省後、そして第一線を退いた今も、銀座時代にドクターから学んだ人間力に倣い、自らを奮い立たせている。

2) 広域転勤で形骸化知らず

　もう一人は転勤族だった人である。東京の私大を卒業後、大手企業経営の事業所である旅館に配属された。初任地の日光から東京の本社を皮切りに山梨県石和温泉、下関、宇都宮、東京赤坂、大阪、名古屋まで、15年間で北関東から本州西端の事業所に勤務した。この間に上司に好まれ、また逆もあった。

　下関は日清戦争後の講和談判会場だった所で、明治16（1883）年からふく料理を広めた老舗であり、地元では戦勝国ということから「講和談判記念館」という言い方をしていた。

　歴史ある高級割烹旅館は地元でも高い評価があった。客層は地元の名士で宿泊客は大手企業の役員や政治家などが多かった。同業者の組合はかいろいろな会合への出席は彼の仕事だったが、「長州から総理大臣を7人生んだ」という話は何度も聞かされた。“日本の近代国家はわが長州がつくった”ということを誇るのだが、うんざりした。最近“明治維新は薩長による暴力革命”という論評もある。平成末期にまた8人目の総理大臣を生んだ。

　2年後、レストラン展開を図っていた会社は宇都宮に高級中国料理店を開店し、オープンラッシュでスタートしたものの2月から暗転していた。いわゆる“二八（にっぱち）”で、売上げが鈍化するとされてきた。夏になっても上昇気流はなく、宇都宮への転勤が決まった。

　中国料理はわからない。大国の国土と食文化の違いを知ることから始めた。朝8時半に社宅を出、県庁など官公庁や地元企業などをまわり、開店する11時に出勤した。昼食後腹ごなしに商店街を覗き始めたが、高級店であっても、下関のように向こうから声がかかるようなことはなかった。散髪屋に入り、地元客の会話に聞き耳を立て、店を構える県内随一の商店街の様子を聞き取った。彼が地元で知られるようになるまで半年以上かかったが、そのころには黒字基調となっていた。

　15年間に8カ所の事業所に赴任した。それぞれの地で出会った人とその生き様、違う食材と味付けなどの食文化、言葉遣いとその背景など、異文化に触れてきたことが、その後大きな財産となっていた。

3）　今も楽しんで情報収集

　二人とも「形骸化」という言葉を熟知していたが、それに侵されることはなかった。共に首都圏で学び勤務したことがあり、通勤ラッシュの電車は地獄模様だった。転勤族だった彼はそんな経験を語ってくれた。

　「通学・通勤で乗る電車は、乗り換え時間も含めて1時間ほどだったが、車内の中刷り広告で百貨店や大型店舗、増えてきた週刊誌の見出しも情報源でした。それが直接学びや仕事の糧になったわけではなかったのですが、世情を知ることはできました」という。

　彼は、今も朝出かける前に、朝刊二紙に目を通さないと出かけない。気になるニュースは市役所のロビーや立ち寄る喫茶店で他紙も読み、比較した上で情報を整理する。朝刊に折り込まれたスーパーのチラシも情報源である。他市町に出かけた際、地元紙の地域版がヒントになる。

　友人と出かける旅行先では、県域を越えてサービスエリアに寄るたびに、地元紙を買い求める。宿舎に着けば夕食までに、町のいちばん大きいスーパーで商品棚を見て回るが、流通と冷凍技術が向上し、企業合併が進んでいることを知る。日本国中どこにも見られるメーカ品が並んでいる。野菜や一部の魚介類と漬け物以外に、地域の食文化は見られなくなった。

　夕食後は町の小さな居酒屋に出かける。見慣れない顔に地元の常連客が声をかけてくる。会話が弾むのである。

2.　市民に見えない二つの機関

（1）　社協は会費を議会は税金どろぼう

　公的機関でありながら、「なくてもよい」といわれているのが社会福祉協議会と [1] 地方議会。両機関とも〝何をやっているところか分からない〟という

ことなのだが、そんな彼らに「どこが…」「何がわからないのか…」と聞いて
も彼らの態度はウヤムヤで、テレビや新聞報道で知っただけのことであるよう
だ。法の下でその役割を果たす機関なのだが、わからないまま言っているだけ
なのである。背景には、自分たちの納める税金や会費を使っている、というこ
とらしいが、それでも両機関とも無用論だけは残っていく。

　社協は、「会費だけ取って何をしているのかわからない」議会は、「われわれ
が納めた税金で報酬を得、悪さばかりしている…」という住民のつぶやきは、
今も消え去ることはないのである。

　両機関とも、地域住民とともにあるのだが、住民にその認識は極めて低い
と嘆くだけで、自らの語りかけがそれ以上に足りないことへの"気づき"が足
りないようだ。

（2）　地道で目立たない社協活動

　社会福祉協議会は、市町村共同募金の事務局を担い、不特定多数の住民の
前で赤い羽根の募金活動を行ってきた。福祉学習指定校制度によって学校に出
かけたり、教師と福祉教育の取り組みについて語り合い、子どもたちの福祉理
解を高めてきた。子どもたちはそれを持ち帰り、福祉＝お年寄りのこと、とい
う大人たちの狭い福祉感を改めていくことにつながってきた。

　地域住民の善意の形として、善意銀行へ預託された寄金も社協活動を支えて
きた。過疎化・高齢化が進むいま、中山間地域では令和2（2020）年以降のコ
ロナ禍もあって葬儀の形態が変わり、善意銀行の維持は難しくなりつつある。

　地域福祉活動推進の民間団体として、自ら変革を目指して主体的に活動し
ている社協がある一方で、基礎自治体（市区町村）からいわれるまま、行政の
下請け機関に成り下がっている社協の存在が聞こえてくる。

（3）　不祥事で存在感（?）を示した地方議会

1）"号泣会見"からの広がり

　地方紙の強みを発揮し、国民の"知る権利"を増幅させた一例が、兵庫県議
会議員（当時）の"号泣会見"報道である。地方議会（都道府県および市区町

村議会）の恥部をさらけ出すことになり、議会側にはマイナスとなった。すべての地方議会が同じにように見られてしまった一方で、議会改革を進めてきた地方議会の務めを理解し、叱咤激励してきた一部市民には、さらに理解が進んだ面もあった。情報公開が進み、選ぶ側の住民には地方議会の状況が理解されることになった、ともいえる。

　その後富山県や富山市議会などにも飛び火したのであるが、首長による議会への圧力が増大したのは名古屋、大阪、鹿児島県阿久根市であった。

　議会改革への取り組みが十分でない地方議会で、議会が首長部局の下部組織であると思っている議員がいるなら、憲法第93条を理解できておらず、由々しきことであるが、市民の指摘どおり"税金どろぼう"である。

　議会は、行政改革一括法（平成12年）の制定後、平成の大合併を経て議会改革に取り組み始めた。北海道栗山町議会による議会基本条例の制定や、行革法制定前から取り組んできた三重県議会に触発され、全国の地方議会に改革の波が広がった。

　兵庫県では、平成21（2009）年に朝来市議会が議会基本条例を制定したあと洲本市と養父市が、全国約3,094（当時）の地方自治体中91番目という早い機会に制定した。号泣会見後の兵庫県議会でも取り組みを始めたが、伏魔殿と化していたのか、その扉はすぐに開かれなかった。制定まで5年を要したのである。制定したからよい、というのではない。

　その後神戸新聞が、兵庫県議会は「過去六十年間に修正動議はゼロ」と報道した（平成31年1月28日付『二〇一八年第三回「読者と報道委員会」』）。

2）　制定はしたけれど…議会基本条例

　地方議会における議会基本条例の制定は半数を超えた（令和3年4月1日現在NPO法人公共政策研究所）。長年議会改革を訴えてきた学者・研究者は、「やっとここまで…」という思いがあるものの、制定後市民とどんな関係を築いていくのか、一抹の不安を抱えたままである。

　兵庫県でいち早く制定した朝来市議会では、住民の前に出かけて議会報告会を開催し、養父市は制定作業中から2回開催してその後も継続している。そ

の後宍粟市議会が制定に向けた当時、兵庫県下のある町議会では「議会報告会の開催は重荷」ということで、制定案が廃案となったことを地元紙が報道した（その後制定までに2回の改選選挙があった）。

　議会報告会の開催は、条例制定の三本柱の一つである。制定率が半数を超えたことは歓迎するのだが、「基本条例のない議会」というレッテルが貼られることを恐れただけのところもありそうだ。平成23（2011）年度から5年間に制定した議会は600近いが、制定に至るまでの取り組みで化けの皮がはがれる。会津若松市や飯綱町（長野県）、精華町（京都府）議会など、市民目線を生かした議会活動を続ける地方議会が増えてきたが、兵庫県下で基本条例制定後の取組みが見える議会は少ないようだ。

3）　住民に近づかない"気づき"を忘れた機関

　議会基本条例を制定した議会は増えたが、日々変わる社会変化の中で条例の見直しが進まず、住民の負託に応えきれていない議会の方が多い。常に地域住民と語り合い、日々改善の努力をしてきたのか。制定して終わりではなく、また新たな課題が派生する時代である限り、改革に終わりはないのである。

　社協・議会とも地域住民から離れているのではなく、自ら近づくところが欠けているのではないだろうか。

3.　自治力の低下　あなたまかせの住民自治

（1）　制度変化に取り残された地域団体

　行政改革一括法がスタートし、行革が進み始めたのは合併後になった。そのさなか、合併前から町営で営業してきた養父市のスキー場経営に赤信号が灯っていた。地元住民団体の指定管理施設となっていたが、雪不足が続いたこともあった。それでも地元の旅館街に落ちる宿泊料収入は年間400～500万円あった。山すその畑地を貸していた農家には地代収入もあったが、風前の灯だった。

　市議会の議会報告会の際、市に支援要請していることを、参加した議員は

知らなかった。代表者が担当部局に要望したというのだが、窓口に行き口頭での要望だった。大声で怒鳴りつけるケースも見てきたが、口頭での要望がそこから先に行くことは少ない。市長宛の要望書を提出し、同文で議長にも提出していただくよう助言した。その後議会では重要課題となって議論が進んだのである。

　合併とその後の指定管理者制度など、地域団体として地方自治の変化・変革に取り組む上で、難しい地域事情もありそうだ。少子高齢化と過疎化があり、リーダー選任に苦労する地区では、元気な高齢者の存在もある。さらに、国際化や科学技術の進歩などによる情報過多もあり、変化に対応できない面もある。

（2）　住民自治を維持した集落

　社会福祉協議会の設立の背景には GHQ の存在があり、行政主導でスタートせざるを得なかった。住民による組織であることの認識は今も乏しいといわざるを得ない。平成当初まで会費は町内会で集めてきたが、その後集金が大変ということで町内会予算から納付するところが増えていった。ここから社協離れが始まったという見方もできる。今の高齢者世代が 40 歳代のころで、高齢化社会の到来がいわれはじめていても、それを感じている人たちは少なかった。

　埋蔵文化財の発掘で、1000 年前からの農耕があったと思われる集落でも、地区の役員による個別集金をやめ、地区の会計予算からねん出して社協に納めるスタイルが定着し、他地区へも広がった。その歴史は 30 年になり、理解者も減って社協批判のもとになってきたのではないだろうか。

　養父市加保区は、合併前の旧大屋町でも歴史のある地区だが、平成 29（2017）年から個別集金に戻した。100 戸以下となった地区だが、無住になった世帯で減

表 7-1　養父市大屋町加保区
個別集金による社協会費の推移

年　度	戸　数	社協会費
H29 年	93	111,600
H30 年	89	106,800
R 元年	93	111,600
R 2 年	88	105,600
R 3 年	88	105,600

（養父市市民課、養父市社会福祉協議会資料による）

り、退職後ふるさとに帰ってきた世帯もあって若干の増減はあるが、安定した納付となっている。この年社協理事を退任した方が区長になり、会費集めを元に戻されてから継続している。

（3） 町内会長（区長）の判断力に差

　スキー場の地元のような自治会がある一方で、歴史のある集落（町内会）では自立体質の残るところもある。台風時の大雨で谷水があふれ、決壊した地域から要望書が提出された。議長宛にも届いており全議員が目にしたのだが、翌日午前中だけで3人の議員が現地確認した。

　文書内容は、地区の作業で一定の修復をしたことが書かれていた。土木工事の経験者もいたが参加者の多くは未経験で、作業継続による事故を懸念した区長が、中止を決めた上での要望だった。

　近年の自然災害には想定外のものが多く、一自治体の被害が300か所以上に及ぶこともある。優先順位により普及工事が行われるが、日ごろから自治力のある地域の姿勢を示しておくことも重要である。

（4） 阪神淡路大震災で見えた自治力の差
1） 活動の違いで明暗　神戸市長田区真野町自治会

　阪神淡路大震災では、自治会活動への取り組みの違いで、被害にも差があったことが明らかになり、マスメディアで広く報じられた。神戸市長田区真野町自治会である。8つの町内会に分かれているが、自治会活動に熱心でなかった町内会では、2人の犠牲者を出した。残る7町内会では死者ゼロだった。

　震災直後、木造家屋から火の手が上がり、町内会長は119番をダイヤルしたがつながらない。神戸市全域に被害があり、同時多発の火災と道路の倒壊で通信網は切断され、消防局でも手に負えない状況だった。会長は近くにある三ツ星ベルト本社工場に行き、夜勤の従業員に自衛消防隊の出動を要請した。同社から夜勤の社員60人が出動し、工場内の井戸からホースを伸ばし、消防ポンプ2台で放水した。

隣の町内会では消火器を集め、銭湯の残り湯でバケツリレーが始まった。倒壊した木造住宅では生き埋めになった人たちがいた。犬の鳴き声に気づいて助けると、その奥に人の手が見え、近くの人と励ましながら助けるなど、そんな光景があちこちであった。

死者のあったところでは、火事が発生して消防に通報したがつながらず、呆然と立ち尽くして他の町内会の火の手や消火活動を行う人たちを、眺めるだけしかなかった。

2）　地域あげての行事など強固な住民組織

真野地区には自治会や各町内会に住民組織の活動があった。日ごろから機能し、住民層が厚くなっていた。震災時の対応の違いは、長年培ってきた活動の結果だった。地域行事には、三ツ星ベルト社内にポスターを張らせてもらって参加を呼びかけるなど、日ごろからの交流があった。

震災後、公的機関がまとめたデータによると、消防や警察、自衛隊による救出者の半数以上は死亡していたが、近隣住民が救出した人の生存率は80%以上だったという。「住民同士の、顔の見える関係がいかに大切か。それは防災だけでなく、防犯などにも効果を発揮する」と、京都大学防災研究所の河田惠昭所長が指摘した。

（5）　事業バラマキの愚

1）　"市民公平に"がアダ　―自治協・町内会にもある温度差―

行政が行う地域住民へのサービスは、すべての住民に行きわたるようにしなければならない。社協の場合も同じである。

どこの自治体でも、平成20（2008）年ごろからほぼ小学校区ごとに設置された自治協議会には、少子高齢化や過疎化により、行政区機能が低下した小集落をみんなで支えるというねらいもあった。しかし、その活動には違いが生じている。規模の小さい地域ではその存続に懸命で、地域をあげての取り組みがある一方で、エリアの広いところではまとまりが薄くなりかねない。行政区・町内会ごとに歴史的、暮らし方など風土の違いから、行政サービスの活用にも

差が生じている。同じエリアであっても山の向こう、川の向こうは異文化の世界である。

　自治協設立で最も恩恵を受けているのが行政など公的機関で、社協もその一つである。それが行政改革の一環であり、末端まで行き届いている。包括支援金以外に予算をつけ、役所仕事の一部を自治協に委ねている。その成果が自治力向上につながればよいのだが、すべての自治協に期待できるのだろうか。

　すべての住民に、満遍なく行き渡るサービスを実施することは間違いではないが、自治協で止まりかねない状況に陥っていないだろうか。中山間地域では空き家が増え、過疎化が進んで集落機能の低下が著しい上、町内会長（区長）のなり手もいない。そんな状況下で行政サービスや社協事業が行き届くのかという懸念もせず、丸投げとなっているものが増えているようだ。

　社協事業には町内会長（区長）に加えて民生委員・児童委員や福祉委員など、行政とは違う味方がおり、事業進捗の可能な地域から、地域福祉活動を広げることができそうだ。そんな取り組みを広報紙などで取り上げていきたい。

　“我がところも”という誘導策で、社協事業に取り組む地域を呼び込むことも考えていきたい。

2）　広域化による弊害と人任せの事業

　平成の合併により各市町ともそのエリアは広がった。この2年間新型コロナ対策としてマスクの配布もあったが、中心部から離れて公共交通機関もなく、人口減の進む小集落ではマスクより灯油が喜ばれる。高齢者の夫婦世帯と独居世帯が多く、家の中でマスク生活はしていない。市町域が広がったことによる地域差があることも踏まえた対応が求められる。

3）　地域行事の意図が伝わっているか

　冬休みを利用し、子どもたちと高齢者のふれあい事業などに、赤い羽根、善意銀行資金を活用した事業がある。登下校の見守り隊や高齢者に公民館などに集まってもらい、いっしょにゲームや食事を楽しみ、参加できなかった高齢者宅にはプレゼントを持っていく。町内会長や役員、民生委員・児童委員の

手で進行されているのだが、これらの費用が赤い羽根共同募金の配分金や、善意銀行への預託金から出ていることの説明はあるのだろうか。補助金支給時にペーパー説明をつけるだけでは行き届かないのである。社協の思惑も、イベント開催と資金提供だけで終わるなら、バラマキでしかない。

4.　社会福祉協議会と行政の関係 ― 組織黎明期の基本はどこへ ―

　昭和 25（1950）年に社会福祉協議会準備事務局がまとめた「社会福祉協議会組織の基本要項及び構想案」で、社会福祉協議会は、

> 「公私社会福祉事業施設及び団体、関係の官公庁部課代表者、民生委員等社会福祉に関係のある団体・機関の代表、社会福祉に関心を持つ者、学識経験者等広く**専門家と非専門家**を以って構成されるべきもの」

と規定した。さらに、

> 「官公の施設や行政部課の代表も参加すべきものであるが、**官公関係者は協議会を支配するような、主要な役位に就くことを避けることが望ましい**」「**社会福祉協議会の事務所を官公署の建物内に置くことは避けるべき**」

と行政非支配の必要性を示した。
　昭和 37（1962）年制定の「社会福祉協議会基本要項」では、

> 「社会行政機関の**一方的指導に偏るなどの傾向は厳に戒められるべき**。行政機関から参加している構成員（理事）の社会福祉協議会における役割は、行政面における専門家としての活動にあり、**役所が主導権をとることがないよう配慮しなければならない**」

と指摘している。
　社協創成期において行政との関係が目立つのは、社協組織が脆弱であったことがある。

（1）　今も残る"行政の下請け"社協の存在

1）　苦難の時代に社協設立

　地方自治法が制定された昭和22（1947）年には全国に1万505市町村があり、そのすべてに社会福祉協議会が設置された。まだ戦後の混乱期であり、戦災を免れた地方の中山間自治体の住民も含め、全国的に貧困生活を受け入れていた。社協設立の背景にはGHQの存在があることがわかっており、「否」を言える状況にはなかった。人口の少ない自治体には酷なことだったが、すべての自治体に社会福祉協議会が設置された。

2）　役所支援もやむを得ない時期

　昭和25（1950）年と昭和37（1962）年の指針で、比較的早く実現できたのは事務局の独立だった。昭和の時代に独立した社協もあったが、遅いところでは年号が平成に変わってからとなった。平成初期には下水道など社会資本整備や、古い庁舎の建て替えなど自治体ごとに懸案事項が多く、社協独立の目鼻が付かない自治体が多かった。役場住民課に併設していた社協の中には、会長は民間登用できたが、住民課職員が社協職員を育てていき、独立後の社協活動を支援してきた姿もあった。

　昭和25（1950）年の「社会福祉協議会組織の基本要項及び構想案」は、昭和の合併前で人口規模の小さい町村では締め付けとなった。新規事業のすべてを首長に委ねざるを得ない自治体が多かった。首長をトップに据え、行政職員が業務を兼任するしかない時代だった。その後トップを民間に委ねても、職員の兼任と出向は変わらない時代が続いた。公的施設からの独立は、早い市町村でも昭和末期になった。

（2）　"社協にやらせる"という係長

1）　"下請け"機関のイメージ払しょくは道半ば？

　年号が平成になったころ、各社協で計画づくりが進んでいたある町の福祉課を訪れた時「老人会にやらせる」という会話を耳にした。職員同士の会話だった。社協計画との関係上、まちづくりに向け多くの町民団体が取り組んで

おり、彼らとの接触もあった。その団体が行うイベントには町の支援もあった
が、手の足りないところでの発言だった。

　本章執筆中も、旧知の兵庫県下社協職員から、同様の発言が今も残ってい
ることを聞かされた。

　老人クラブや女性会など、長年行政が事務局を代行してきたが、「やらされ
てきた」団体だった。民間団体である社会福祉協議会や商工会、シルバー人材
センター、あるいはJA、森林組合も「やらされてきた」団体なのか。いずれ
も自治体からの補助金や委託金収入がある。

　社協活動と組織の実態は、行政の「下請け機関」というイメージで捉えら
れてきたが、今はどうなのか。社協本来の民間組織として飛び立てない名残り
は、行政機関の関与を今も引きずったままのところが見え隠れしているよう
だ。

２） 役所からの出向者の実態

　平成後期に首都圏の社協会長を務めていた方によると、事務局には市から
の出向者がいた。いずれも与えられた仕事は淡々とこなしているようだが、新
制度や新事業を模索し、地域福祉活動の充実発展への意欲は見られなかった。

　彼らは２年ほどで行政へ戻るケースが多い。市の課長経験者が出向していた
が、週２回ほど姿が見えないときは業務報告と称し、市役所に行き副市長や総
務部長のところに顔を出していた。復帰後に備えた猟官運動である。社協は腰
かけに過ぎなかった。行政からの出向では、都道府県や広域組合への派遣は経
験を積めるが、すべての自治体にある社協や商工会などへの出向は、同様のこ
とになりかねない。

　地方議会初の議会基本条例を制定した当時、北海道栗山町議会事務局長
だった中尾　修氏は、職員に「議員の議会活動のために仕事をする」ことを求
め、いずれ帰る市長部局に媚びを売ることは許さなかった。市長からは５年間
嫌われたまま退職したが、全国の地方議会に議会改革の道しるべを残した功績
は大きい。

（3） 社協人事に口出しする首長

　昭和 25（1950）年の「社会福祉協議会組織の基本要項及び構想案」は、行政非支配の必要性を示し、昭和 37（1962）年制定の「社会福祉協議会基本要項」では、役所が主導権をとることがないよう指摘したが、兵庫県下で最近も社協の会長人事に口出しした首長があったという。

　社協創成期において行政との関係が目立つのは、組織が脆弱であったことなど、依存せざるを得ない時代や、社協の金銭トラブルで職員を派遣することは合併前にもあった。後任会長の選任に苦慮し、首長に相談する社協は行革法制定後の社協にもあった。選任規定に沿って間違いなく選任された会長人事へ首長が介入することは、決して許されるものではない。

5. 行革の論理は社協・議会ともそぐわない

（1） 低い会費に合わせた社協の合併協議

　前年の「社会福祉協議会組織の基本要項及び構想案」を受け、昭和 26（1951）年から全市町村で社会福祉協議会がスタートした。しかし、社協本来の地域福祉活動が動き始めたのは昭和末期からで、やっと在宅福祉事業が進み始めた。老人保健福祉計画が策定され、介護保険事業の制定で社協活動は事業体としても動き出した。

　平成 12（2000）年には行政改革一括法の制定があり、平成の大合併も進み始めた。

　合併の目指すところは行財政基盤の効率化だったが、人口減少と景気がいっしょに押し寄せ、さらに連鎖的変動で人口減少がさらに進むと、効率化だけを言ってはおれない。兵庫県下のある地域では、県議会議員の後援会幹部を動員して合併機運を高めていった。

　広島、愛媛、長崎県では合併が進み、自治体の減少率は70％を超えた。逆に低いのは大阪府と東京都が2％強、神奈川県が5.4％と、いずれも人口増が進み、税収も多いところでは合併の必要性はなかった、といえるのだろう。

　特異なのは長野県である。平成 18（2006）年に 120 あった市町村は、平

成の大合併後 77 となり、減少率は 32.5％である。信州の風土がいわれてきた
が、軽井沢町や野沢温泉村、山ノ内町（志賀高原）は観光収入もあって豊か
でそのまま残った。しかし、県北で新潟県と接する栄村や、天竜川両岸の
下 条 村 [2)、泰阜村 [3) は合併を選ばなかった。
<small>しもじょうむら</small>　<small>やすおか</small>

　合併協議の当時、下条村と泰阜村の人口はそれぞれ 4,000 人、1,600 人で、
人口減対策は今も残る課題である。下条村は村民投票で 70％強が合併に反対
し、泰阜村は以前から移住対策に力を入れてきた。

　10 年ほど前、信越方面に行く機会があった。栄村と下条村の道の駅は、当
時関西各地にあった道の駅のようなきれいな店舗と広い駐車場はなかった。村
営施設のように思われたが、県外ナンバーの車が次々にやってきた。現在では
栄村、下条村とも国土交通省認可施設となった。泰阜村にはスーパーやコンビ
ニもないが、移住者たちは自然と人、村の施策に恵まれ、安心して子育てでき
ることに満足している。

（2）　兵庫県下の社協合併

　社会福祉協議会は自治体ごとに設置されており、その鉄則に基づいて合併
協議が行われた結果、普通会費は最も低いところに合わせた。社協の合併協議
は収支と事業計画に重きを置き、スムーズな協議進行を図る意図があった。兵
庫県では 91 から 41 社協となった。

　兵庫県社会福祉協議会が発行してきた、平成 10（1998）年から平成 18
（2006）年（県内の合併は平成 11（1999）年の篠山市を皮切りに平成 18
（2006）年までに完了）の『兵庫の地域福祉の現況』を繰ったが、すべて合併
前の最も低い市町社協会費とした。大きい自治体では吸収合併と呼ばれると
ころがあった。その差額は 1,500 円以上開きがあったが、人口・税収などが多
く、社協会費が最も低かった自治体社協の会費に合わせた。

（3）　平成の大合併が社協にもたらしたもの ─失われた人材─

　自治体合併後の職員体制は、本庁舎と旧町ごとに出先機関を置き地元住民
へのサービスを謳ったが、適正人員となるまで 10 年以上費やした。定年前ま

で待つしかなかったのである。自治体職員の労働組合は以前ほどではなかったが、強固な組織力をもち、当局者や合併協議会でも立ち入らなかったのだろう。

社会福祉協議会では年長者から退職を余儀なくされ、53歳の失業者もあった。妻の定年までの10年間、母親の介護をしながら今は民生委員・児童委員を務めて5期目に入り、地域や福祉関係者の間で感謝の念が堪えないことが救いである。

（4）住民と共に歩んだ地域福祉活動の崩壊 ── 旧竹野町社協 ──

行政改革一括法の制定と合併前の平成9（1997）年、兵庫県下の市町社協に衝撃が走った。竹野町（現豊岡市）社会福祉協議会が、普通会費を年額4,000円とするニュースが伝わった。

大河内町社会福祉協議会は、この年から事務局が独立したばかりで、新しい局長を迎えていた。JAを定年退職して迎えられたのだが、何もわからないから地域をまわりながら課題を整理するとともに、学ぶ姿勢は怠らなかった。竹野町の会費に驚き、役場と同居していた時代から支援してくれた住民課係長と会長にきてもらい、竹野町社協の状況とその背景を聞いた。

係長曰く、「竹野町は住民が社協活動を理解し、町行政も支えるようになっていた。本町でも現行会費1,500円から上げられると思う」と説明した。会長以下で協議し、次の理事会でも理解され、会費は1,800円となった。昭和の合併で二つの谷筋の村が新しい町をつくってきたが、巨大産業の進出などもあり、区長会でも社協事業に理解が生まれていたのである。

（5）共同募金、善意銀行の理解も進んだ

竹野町では、昭和末期から町民を巻き込んだ環境美化運動に取り組み、社協の地域福祉活動も連動して地区懇談会を開催してきた。その後地域から社協活動を盛り上げることにつながった。これらの取り組みに共同募金の配分金や、善意銀行預託金があてられていることを知った町民の善意が、やがて自主財源の増加につながっていった。

（6）　地域ニーズを取り込んだ独自の研究

　在宅福祉サービスや介護保険事業がスタートしたが、そのメニューが地方の小さな自治体ではそのまま受け入れられないものもあった。新しい事業の趣旨を生かすとともに、矛盾点の組み換えなど、独自に事業開拓を進める中で、社協職員もレベルアップしていった。その事業が受給者にマッチしたものであるかを検討し、組み替えたり他のサービスとの連携により、作業の効率化も違ってくる。

　竹野町社協（当時）の取り組みに倣うところは多く、他市町社協で取り組もうとしたところもあったのだが、平成の大合併によりその後雲散霧消となった。

　竹野町社協の取り組みについては、本会・社協問題研究会発行の『社協の自律』をご覧いただきたい。

6.　介護保険制度導入後の落とし穴

（1）　介護保険料高騰の背景

　高齢化率が高くなった自治体では、介護サービスを含め、それまでにもあった福祉サービスにも感謝する人たちが増えている。前述の町には戦後、周辺の6自治体が運営してきた公立の総合病院があった。家庭では扇風機も少ない時代に院内は冷暖房設置が進み、一日の外来患者がウナギ登りのころ、近隣住民の居間になっていた。昼間はわが家で独居となっていた高齢者にとって、蒸し暑かったり、暖房はコタツだけで好まないテレビ番組を見るより、無料で快適な空間には顔見知りで同世代人が来る。透明ガラスに囲まれ喫煙も可能な空間は交流の場であり、疲れたら目の前に外来診療科もある。総合病院はありがたい存在だったが、自治体の医療費負担も増えていった。そんな甘えの構造は、介護保険制度開始以来、保険料も県下でトップクラスが続いている。

（2） 介護保険サービスからの撤退

介護保険制度開始前の福祉サービスは社会福祉協議会が支えてきたが、社協は公共性・公益性の高い団体として介護保険サービスを実施することで、社会資源の維持を考えた。併せて、介護サービスの実施により、行政や地域住民の意識は、介護報酬による「競争原理」が働く方向で「社協」を捉えていた。自治体からの補助・委託や社協会費（共同募金も含む）に影響があった社協も少なくはない。介護保険サービス参入で得た利益は、地域福祉事業を行うための財源として補填し、法人の経営を支える仕組みとなっている。

介護保険サービスに参入して20年となるが、収益が減る傾向にあり、兵庫県下では阪神間社協で一部の事業から撤退するところもあり、この傾向は県域に広がりつつある。一例として、福祉用具貸与事業は黒字経営だったが、時代・社会の変化により市内に13事業者が参入してきたことで、社会資源として維持してきた社協の役割は終えたと判断する社協もある。

（3） 漏救 と濫救 は永遠のテーマ

80代後半の高齢者夫婦世帯で、夜間に夫が苦しみ救急車を呼んだ。親戚に相談するとともに、長男夫婦も帰省してケアマネジャーに相談し、介護認定を受けた結果利用することになった。妻の利用は決まったが夫は拒否した。

今は廃村となった山の集落で育った夫は、長じて固い職業についた謹厳実直な人だった。退職前の勤務地で、社会福祉協議会の理事を務めたこともあるが、自分が介護サービスを受けるつもりはなかった。制度や人の世話になるつもりもない信念があった。そんな人生を知る周囲が思いやり、介護サービスは妻だけが利用することになった。

介護サービス事業者や公的機関は利用を進めるが、彼の人格を尊重することも必要だと考え、自ら必要と思えば受給することになった。

濫救[4] に陥りやすいケースであり、逆にこの地区にも必要なサービスを受給できない人たちもあるなら、漏救[5] も生じてくる。

7. 監事監査の働きを見直す

（1）　監査報告のモデルとは何か

　令和元（2019）年12月、兵庫県社会福祉協議会から養父市社会福祉協議会に『社会福祉協議会の「監事監査報告書」の適正化について（案）』という文書が届いた。宍粟市社協にもあった。兵庫県社協の指摘は、「監事監査報告書」の添付資料として、監事意見として改善すべき要望事項も公表されているが、監事の改善意見や要望事項を添付することは想定していないという内容だった。

　監事監査における指摘事項（改善・要望等）は、監事が理事長あての「指摘事項報告書」を提出し、理事長は「改善・是正状況報告書」を監事に回答するものである。社会福祉法人の中でも公共性の高い社会福祉協議会の経営課題を明らかにし、改善していく必要性は認められるが、組織経営上のデメリットや人材確保にあたっての弊害になる場合も想定され、慎重な対応が求められるというものだった。

（2）　「監査監事の形骸化」って何だった？

　平成28（2016）年の社会福祉法改正時、厚生労働者がネットにアップしたガイドブックには、「監事監査の形骸化」という文言があった。平成29（2017）年の役員改選で監事就任の依頼があり、受諾したのは前述したが、兵庫県社協の指導（助言だったかもしれないが）と、厚生労働省のガイドブックで示したものは相反する。また、同省は全国一律に共通のチェックシート（業務監査）を利用した監査報告書の案内もしており、筆者も当初はこれを参考にしてきたが、その後は遠ざけてきた。

　何よりも、地域住民から「何をやっているのかわからない…」と思われてきた社会福祉協議会である。不都合なことを住民に隠した伏魔殿社協もあった。情報公開がいわれている今、すべてを明らかにして住民の知恵も借り、住民に頼られる存在でなければならない。

　兵庫県内各社協の監査報告書は2～3行程度で終わっているようだが、すべての社協がどこまで情報公開しているのだろうか。県行政出身の社協幹部は、自らの任期中に波風を立てたくないのだろう。だが、改革には波風が伴う。住民批判があっても真摯に対応し、改善方向を示すことが必要である。

（3）伏魔殿だった社協組織

　ご縁をいただいてきた社協から、発展計画に取り組み始めた社協への紹介があった。「理事会で協議したいから来てほしい」というものだった。一部の社協では、必要に応じて理事会を傍聴し、求められると意見も述べてきた。

　理事会の部屋に入る前に10分ほど待たされたが、発展計画への取り組みを説明して終わった。その後事務局で会長、事務局長と懇談したが、数日前に金銭上の不祥事が発覚し、理事会に報告されていたことを聞いた。会議は「穏便に」ということで終わったという。不名誉なことで社協自ら公表することではないのだろうが、漏れてしまったのである。会長以下で漏れたルートを捜そうとしたが逆効果となった。

　懇談の席で「理事会で十分な議論がなければ、やがて漏れるケースもある。住民に内緒で社協運営をすることになるケースを見てきた…」と申し上げたが、その後発展計画について連絡はなかった。会長はじめ役員の辞任があったという。それをきっかけに住民から「社協は何をしているところか分からない…」という声が出たと聞いた。

　情報公開がいわれるようになったのは合併後となったが、地域福祉活動の拠点である社会福祉協議会が、その事業を地域住民に理解されていないなら、存在価値は薄れるばかりである。

（4）双方向にある社協の広報・広聴活動

　社協活動は、地域住民にあるいくつもの異なる思いを聞き取り、整理して提供する各種サービスを自ら開拓していかなければならない。広聴力を高めていくことが求められている。

　時代変化の速くなったいま、地域住民が得る情報とその正確さに差はあっ

ても、日々速くなっていることに変わりはない。テレビを見る機会が十分な人たちは、チャンネルを切り替えることにより、ごくわずかであっても、相当な違いを感じるという怖さを抱えている。知り得た情報を他に語りかけることにより、小さな集落内であっても、一時的であれ近隣関係を損なうケースも生じる。その怖さは、社協活動にとって逆風となり、常にその渦中にある。

　一方で、社会福祉協議会が進める事業は、常にわかりやすく伝えなければならない。いちばん身近な「社協だより」など広報紙や、地域によってはケーブルテレビも活用し、常に広報力を高めていかなければならないし、情報技術は日々向上・変革している。

　日常の業務で広報活動はおろそかになりがちだが、どこに視点を置くかなど重要な部分についての研究もまたおろそかになりがちとなる。介護現場に出かけるスタッフは、広報・広聴活動の最前線にいるが、介護、福祉サービスの不要な地域住民にも社協活動のすべてを伝えなければならない。

　「社協だより」など、多くの社協広報誌を見いてきたが、地域住民に語り、地域住民から語りかけられる社協広報紙は少ない。

（5）　役員会機能の変化・活発化は法改正後

　社協評議員会や理事会機能の向上が進むのは、合併後あるいは平成28（2016）年の法改正後のようだ。過去の役員の中には、充て職感覚があったことは否めない。すべての方が地域福祉活動の理解者や経験者ではない。未経験の方は理解を深めていけばよいのであり、経験を積んで福祉理解者が増えることは喜ばしいことである。

　それを支えるのは社協事務局であり、監事は理事会に出席し、必要に応じて発言していかなければならない。理事、監事とも福祉課題のすべてに精通しているわけではない。合併で市町域が広がったことで、すべての理事が全域を知ることには無理がある。民生委員・児童委員やボランティア代表者である理事に、常務理事である事務局長からの報告も踏まえ、理事会が活発な発言機会であることを求めていかなければならない。

　そこから“充て職感覚”は薄れ、社協活動が活発になり、地域住民にとって

頼られる民間活動団体となっていくだろう。

（西村禮治）

注

1)　地方議会：憲法第8章 地方自治 第93条「地方公共団体には、法律の定めるところにより、その議事機関として議会を設置する」②地方公共団体の長、その議会の議員及び法律の定めるその他の吏員は、その地方公共団体の住民が、直接これを選挙する。

2)　下条村：長野県の最南端・天龍川の西に位置する。現在の人口3,686人 1,287世帯で高齢化率は34.4%（令和2年国勢調査）。

3)　泰阜村：長野県の最南端・天龍川の東に位置する。現在の人口1,542人 595世帯で高齢化率は28.0%（令和2年国勢調査）。

4)　濫救：生活保護制度から生まれた用語。サービスが過剰な状態。

5)　漏救：本来必要であるにもかかわらず、サービスが漏れている状態。

第 **8** 章
社協とボランティア

はじめに

　社会福祉協議会（以下　社協）とボランティアとは切っても切れない関係にある。社会福祉法第109条において、市町村社協には、「その区域内における社会福祉を目的とする事業を経営する者及び**社会福祉に関する活動を行う者**が参加し」とされ、福祉活動を行うボランティアの組織への参加が規定されている。さらに、「社会福祉を目的とする事業を経営する者又は社会福祉に関する活動を行う者から参加の申し出があったときは、正当な理由がなければ、これを拒んではならない」とされ、社会福祉の事業者とともに、多様なボランティア・市民活動者が参加していることが前提となった組織ということになる。

　つまり、協議体としての社協組織を考える上では、ボランティアはその構成員として非常に重要な位置を占めているのである。加えて、地域福祉の推進を図るために行う4つの事業のうちの一つとして、「**社会福祉に関する活動への住民の参加のための援助**」が挙げられ、多くの住民がボランティア活動に参加することが、地域福祉を進めるために重要なポイントであることが分かる。

　社協は、1960年代にボランティア・市民活動センターの前身となる「善意銀行」という名称でボランティア活動振興の取り組みを始め、全社協、都道府県社協から市区町村社協へとボランティア活動を全国に広めてきた。現在では、全社協、都道府県社協、政令指定都市社協のすべてに、そして市区町村社協においても9割以上にボランティア活動を支援する部署があり、ボランティ

ア活動振興に注力している。既存の制度・サービスで対応できない新たな課題・問題に対応する場合、社協の民間組織としての即応性、開発性を活かすために、ボランティア活動は大きな役割を果たしてきた。そしてその活動を支援するためのボランティア・市民活動センターも、当然のことながら社協の重要な事業であり優先度の高い事業であった。

　しかし、介護サービスの利用契約制度への移行に始まった社会福祉基礎構造改革が進み、社協事務局が直接実施する事業の幅が広がる中で、ボランティア・市民活動センターの組織の中での位置づけが相対的に低下しているのではないかと感じる。種々の介護サービス事業や制度で対応できない課題に対応する相談支援、権利擁護関連の相談支援事業等、社協が直接事業を行って課題・問題に対応する部門が次第に大きくなり、事業体としての社協の存在が前に出るほどに、ボランティア・市民活動センターの組織内での位置づけが相対的に低下しているのではないかということである。

　また、地域福祉の主流化、政策化の流れの中で、地縁型の小地域福祉活動の振興にも力が入れられてきた。しかし、ボランティア活動の一部とも考えられるこれらの住民活動と、主にこれまでボランティア・市民活動センターが支援してきたテーマ型のボランティア活動の関係性、役割分担や連携・調整の方法等について、その境界が曖昧で整合が図られないままに現在に至っているように思われる。実際に社協の組織図を見ても、これらの支援が別々の部署で行われているところが多くあり、ボランティア・市民活動センターの守備範囲が狭まっているように見える。

　一方で、平成7（1995）年の阪神・淡路大震災時はボランティア元年といわれ、多くの人がボランティア活動をする、また興味を持つ契機となった。それ以後、頻発する大規模災害時における災害復旧・復興分野でのボランティアの活躍は目覚ましいものがあり、社協のボランティア・市民活動センターに対しても、平常時から災害時の対応についての準備を整え、いざという時に迅速な対応ができるように備えることが期待されている。平成23（2011）年の東日本大震災以後は、被災地の社協は何を置いても迅速に災害ボランティアセンターを立ち上げ、各地からボランティアを拒むことなく受け入れて対応するこ

とが最優先課題とされているように見受けられる。

　しかし、この災害対応の活動を行うことは、ボランティア活動者の拡大には寄与はしたものの、本当にボランティア活動自体の枠組みを広げていくことにつながっているのであろうか。全社協においても、災害対応を行うことが社協ボランティア・市民活動センターの生き残る道で、何をおいても災害対応を全面に出すというようなミスリードがなされた時期があった。また、兵庫県においても、これまで県の独自事業として行われていたボランティアコーディネーター事業の補助金が、災害対応をする部分に限定した補助金に変更され減額されたりした。地域福祉の政策化の流れの中で、本来拡大方向に向かうべき社協の取り組むボランティア活動支援が、矮小化されているようにさえ感じるのは、筆者だけであろうか。

　本章では、社協の中でのボランティア活動、ボランティア・市民活動センターの現状を確認するとともに、その中で大きな位置を占める災害時の対応についても考察し、地域福祉の政策化が進む中での社協ボランティア・市民活動センターの果たすべき役割について考えてみたい。

1. ボランティアの概念の広がりと社協によるボランティア活動支援

　社会福祉基礎構造改革以後、生活の中での社会福祉の位置づけが変化してくるとともに、ボランティアの受け持つ役割が変化し、ボランティアの概念も広がっている。本節では、ボランティア活動の広がりがみられる中で、社協のボランティア活動支援がどのように変化しているかを見てみることにする。

（1）ボランティア活動とは

　全社協の全国ボランティア・市民活動振興センターのホームページによると、ボランティア活動の明確な定義はないが、**「自発的な意志に基づき他人や社会に貢献する行為」**としている。そして、その特徴として「自主性・主体性」「社会性・連帯性」「無償性・無給性」をあげている。また、市民活動につ

いては、ボランティア活動に加えて、非営利の NPO 活動などを含む活動で、社会的で公益的な活動であるとしている。そして、従来からのボランティア活動として、「**制度、サービスで対応できない問題に柔軟に対応する活動**」であり、支援を必要としている人に寄り添う活動や子どもや青少年等を対象とした活動、災害で被災した方を支援する活動、地域活性化を目指した活動、自然や環境を守るための活動、芸術・文化活動、安心・安全なまちづくり、国際交流・国際協力・多文化共生、その他コミュニケーション支援や路上生活者への支援等があげられている。

（2） 社会の変化によるボランティアの位置づけの変化

　少子高齢化の進行や単身化、地域のつながりの希薄化によって社会的孤立が大きな社会問題となる中で、地域の生活課題や個人・家族の福祉ニーズが多様化・複雑化している。そしてそれに対応するために、社会福祉の制度・サービスも大きく変化してきた。平成 12（2000）年の社会福祉法改正以後、措置制度から利用契約制度への移行が進み、多くの人が社会福祉をサービスとして使って生活することが当たり前になり、多様なサービスが多様な事業者から提供されるようになった。これに伴って、これまで制度で対応できない課題に柔軟な対応をしていた社会福祉分野のボランティアが担ってきた活動のかなりの部分が、サービス事業に移行することになった。これまで当事者を支えてきたボランティアによる開発的・先駆的な活動が、生活を支えるために必要な支援として認められたことの証でもあろう。

　また、利用者にとっては、必要最小限のことは、サービスを使って生活ができるようになったわけで、生存権の保障という意味では、大きな進展があったと言える。しかも、ニーズの変化によってサービスが拡大・改善されるために、制度・サービスの線引きが頻繁に見直されることになる。当然のことながら、制度サービスとボランティア活動の役割分担もどんどん変化していくことになる。この大きな社会環境の変化に対して、社会福祉の分野ではボランティアの活動フィールドを広げるための新たな提案が十分できていなかったのではないかと感じる。市場化された制度サービスの動向を見ながら、ボランティア

が担うべき活動にはどのようなものがあるか、制度サービスでは対応できない課題とは何か、制度サービスとの連携をどう図っていくか等々、本来であればきちんと検討すべき課題が多くあったにもかかわらず、これらに対して一定の指針を示し、新たに対応すべきニーズを示す、というような取り組みを十分に行ってこなかった。現在、大きな課題となっている社会的孤立に対応していくのは、制度サービスの役割ではない。また、地域共生社会づくりの中で言われる参加支援や地域づくりも、制度・サービスとして福祉専門職だけで担えるものではない。ボランティアや地域住民が重要な担い手としてこれらに位置づいていく必要があるが、そのことが今のボランティア・市民活動支援の取り組みの中で十分にできているとは言い難い。

　一方で、まちづくりや環境問題、文化活動等の分野では、ボランティア・市民活動の活動フィールドは拡大し、自分に興味関心のある活動が気軽に始められる環境が整備されてきた。また、社会福祉分野の中でも、社会孤立に対応してつながりづくりを進めるために、身近な地域で行う居場所づくりや見守り・支え合い活動を振興することが謳われ、社協でも取り組みをすすめている。しかし、これらの活動は、社協の中では従来の福祉分野のボランティア活動・市民活動とは一線を画した別の扱いになっているのではないだろうか。

（3）　社協のボランティア活動支援
1）　社協のボランティア・市民活動センターが抱える課題

　全社協のボランティア・市民活動振興センターが平成27（2015）年に示した「市区町村社協ボランティア・市民活動センター強化方策2015」によると、ボランティア・市民活動センターの課題は次のとおりであるとされている。

　　○95.7％の社協にボランティアセンター機能がある。しかし自治体からの補助金等が財政難に伴って減少、ボランティア活動支援や福祉教育関連事業の財源確保に苦慮している。

　　○東日本大震災以後、災害ボランティア活動の推進については、機運が高まっている。

　　○ボランティアセンターの職員は多くが兼務（74.3％）。他の業務に追われ

て社協ボランティア・市民活動センターとして必要な事業展開ができていない。

○別主体のNPO支援センター等の設置が進み、社協ボランティア・市民活動センターの立ち位置や役割・機能が不鮮明になっている。また、住民から見ても分かりにくい。

○社協内でも、制度と直結しておらず、また事業成果が見えにくい等の理由から、他部署より相対的に低くみられている。

これらを見ると、ここまで本章でとり上げてきた社協のボランティア・市民活動センターの課題意識と大差ない内容である。社協内のみならず、行政との関係においてもその位置づけが低下し、それによって財源や人的な問題にまで波及していることがわかる。そして、それが次の展開を阻む要因となり、ボランティア活動の広がりをフォローできていない状況を作りだしている。まさに悪循環といえる。

2）ボランティア・市民活動センターの地盤沈下

「社協活動実態調査報告書2018」を見ると、ボランティア・市民活動自体の概念の広がりに社協がついていけていないのではないかと思われる結果が出ている。ボランティア・市民活動支援の実施事業の調査の中で、ボランティアに関する相談・情報提供、その他調整等は91.1％が実施しており、福祉教育・ボランティア学習支援についても83.3％が実施している。その一方で、NPO設立・運営支援は6.8％、住民参加型在宅福祉サービス活動支援、生活支援サービス活動支援は4.9％と極めて実施率が低くなっている。企業の社会貢献活動の支援は38.2％、災害に備える取り組み（ボランティア等の研修・マニュアル等）40.8％で今必要とされている事業への取り組みも進んでいるとは言い難い。

NPOの支援を見ると、阪神・淡路大震災後、ボランティア活動の継続性、事業拡大を支援するために出てきた「特定非営利活動促進法」に則って、力のあるボランティア団体や市民活動団体がNPO法人格を取得してきた。もとは

非営利のボランティア・市民活動であり支援対象であった団体なのに、その活動の展開や継続性を担保するため NPO 法人という仕組みで運営するための移行支援や移行後の運営支援、連携・協働を、社協の役割から外してしまったかのように映る。また、阪神・淡路大震災以後、社会福祉分野以外で活動する多くのボランティア・市民活動が生まれてきた。しかし、これらの活動についても社協のボランティア活動支援の枠をひろげて対応することなく、グループ登録（活動場所や情報の提供につながる）や活動助成の対象としていないところが多い。また、在宅生活を支える制度サービスが整わない時代に、社協とボランティアが開発的に実施してきた訪問入浴や配食サービス、軽度生活支援（住民参加型有償福祉サービス）、外出介助等々の在宅福祉サービスについても、第1段階として有償活動化が行われ、次には利用契約制度に則った制度移行が進められた。その過程で、社協のボランティア活動支援の枠を外れ、次の支援がなくなった事業・活動が多くみられる。

　このようなボランティア・市民活動の広がりに対して、多くの社協が、既存のボランティア活動の支援枠を広げる対応をしてこなかったことが読み取れる。そして、そのことがボランティア・市民活動センターの受け持ち範囲を狭め、社協組織内での相対的な地盤沈下につながっていったと考えられるのである。

（4） ボランティア、住民主体のボランティア・市民活動センター運営

　「社協活動実態調査等報告書2018」によると、ボランティアセンター運営委員会が設置されている社協は31.3%に過ぎず、その委員会の開催回数（実施されている社協のみ）の平均は2.6回しかないという結果が出ている。これで、ボランティア・市民活動センターの取り組み内容、ボランティア・市民活動に対する支援内容、新たなニーズの共有や新たな活動の開発に、当事者や活動者の意見が十分反映されていると言えるのだろうか。社協事務局にとって都合の良い活動や取り組んでほしい活動を中心に、支援側の都合で事業活動が決定され、実践されているということになりはしないか。そう考えれば、これまで挙げてきたボランティアの広がりへの対応や新たなニーズへの対応ができないと

いうことも腑に落ちる。

　宝塚市社協でも 15 年以上も前の話になるが、介護保険制度導入後にボランティア活動の守備範囲が大幅に変わったことに起因してボランティア活動センター運営委員会の中で、センターの活動助成の方法やボランティア活動の支援内容が問題となったことがある。3 年をかけて運営委員会ワーキングチームで検討を重ね、助成金の仕組みや支援メニュー、ボランティアグループの登録制度の抜本的な見直しが行われた。助成金は、社協の都合で決まるのではなく、皆が今必要と思う活動に重点配分されるべきで、既存グループの既得権になっている部分はカットする等、大胆な見直しが実施された。以後は助成金の配分は運営委員会の中に配分委員会を設置して、ボランティア代表と市民代表が委員として決定し運営委員会に諮る形に変更された。職員中心の議論ではまず考えられない改革となった。

　「はじめに」でも述べたが、ボランティアや当事者、住民が重要なメンバーとなる協議体組織である社協にとって、ボランティア・市民活動センターはその象徴とも言える事業である。住民主体が担保される運営がなされて初めて、その機能が発揮されるということではないのであろうか。

2. 災害対応と社協ボランティア活動センター

　ボランティア元年と言われた阪神・淡路大震災時の復旧・復興活動でのボランティアの目覚ましい活躍は、ボランティア活動自体への注目を集めるとともに、災害時のボランティア活動の有効性が大きくクローズアップされた。特に、東日本大震災以後は、頻発する大規模自然災害の度に、被災地の社協が速やかに災害ボランティアセンターを開設し、外部からのボランティアをできるだけ早く、少しでも多く受け入れ、家屋内の泥すくいやがれきの撤去等の活動を調整し、復旧・復興の支援を行うことが常態化している。

　本節では、被災地社協が最優先で開設、運営を期待される災害ボランティアセンターの運営の在り方、ひいてはボランティア活動センターの平時からの災害対応について、実際の被災地の状況を振り返りながら検討してみたい。

（1）　災害復旧・復興場面でのボランティアとボランティアセンターの果たす
　　　べき役割

　多発する地震や豪雨、台風等の災害からの被災住民の生活復旧・復興の支援
においては、安全・健康の確保、住居の確保、仕事や収入の確保等、その時期
に合わせた様々な生活課題に対応していく必要がある。変化する被災者のニー
ズに合わせ、その対応には医療・保健・福祉のみならず住宅や資金等の幅広い
分野の専門職がかかわる必要がある。こうした幅広い分野の専門職による支援
は、行政が主体となって確保・派遣する体制を準備することが必要である。

　一方、災害復旧・復興という緊急時対応の場面では、既存の制度サービスだ
けでは対応できない生活課題が数多く出てくる。これらの課題を解決するため
に、先駆性、即応性、柔軟性のあるボランティアやNPO、地域住民が主体と
なった活動が果たす役割は大きいものがある。そこで、全国ネットワークを持
つ社協のボランティア活動センターが中心となって、支援拠点となる災害ボラ
ンティアセンターを立ち上げ、インフォーマルな支援者の確保、調整を行うこ
とが求められてきた。もちろん、最低生活を保障するセーフティネットの機能
は、行政が責任を持って果たすことが前提であるが、それを可能にするために
も制度横断的なネットワークの構築とボランティア・住民との協働の場を整え
る必要がでてくる。また、生活の復興を進めるには、そこに住む住民が主体で
なければならないのは当然のことである。

　しかし、被災地での活動経験が積み上げられる中で、専門性の高い支援者
を中心に、支援側の論理で被災者の生活支援の事業が組み立てられる様子が散
見される。災害ボランティアセンターの重要な役割は、被災地の生活状況に明
るい地元の専門職や活動者が中心となって、被災者のニーズ、今後の生活への
思いをしっかり把握し、これに基づくコーディネートを行うことにある。その
ためには、センターの運営に地元被災者の意向を確実に反映させる仕組みを持
つことが重要である。地元の専門職や活動者が、押し寄せるボランティアの整
理のために振り回されている状況は、本末転倒と言わざるを得ない。この部分
こそ、ノウハウのある外部からの支援者に任せ、地元の職員は被災住民に向き
合うことに全力を注ぐべきである。

（2）　災害ボランティアセンターの外部からの支援の受け入れが最優先課題
　　　か？

　ボランティアが本来行うべきは、前述したように災害によって新たに発生
した既存の制度サービスで対応できないニーズへの対応であったはずである。
しかし、大規模災害が多発する最近の災害ボランティアセンターの状況を見る
と、開発性や即応性、柔軟性とは少し異なる、法的に対応できない（公費を使
いたくない・使いにくい）ニーズで、大量の動員が必要な活動（個人の資産で
あるために公的な対応の取りづらい自宅や農地等のがれき撤去や泥すくい、屋
根へのシート掛けや補修等）を早期に進めるため広く呼びかけを行い、それに
対応する仕組みとして期待されているように感じる。簡単に言えば、個人宅の
泥すくいやがれき撤去等のように公的な災害復旧事業では対応しないことで、
かつ大量の人手を必要とするニーズへの対応が災害ボランティアセンターの第
一義の役割になってはいないかということである。

　そして、本来、被災住民や生活支援の必要な住民に対応すべき被災地社協
の事業が、泥すくいとがれき撤去のための災害ボランティアセンターの開設と
運営を最優先させるがために休止を余儀なくされているのである。被災地で、
実際に地域包括支援センターやケアマネ業務、ヘルパー派遣の事業を止めて、
その担当職員が災害ボランティアセンター受付のボランティアの整理業務や駐
車場整理の業務に当たっているのを目にしている。早急に災害ボランティアセ
ンターを開設し、動員のボランティアをさばくことがまず社協のやるべきこと
であると、外部からの応援スタッフが指導しているところを実際の被災地で目
の当たりにした。災害による新たなニーズを確認して対応したり、生活課題を
抱える被災者の生活支援をすることが最優先で行われるべきなのに、その事業
を止めてまで、災害ボランティアセンター運営が優先されるなど、あっては
ならないことである。なぜ、現地の状況を知る貴重な職員に駐車場整理の業務
をさせているのか。心底腹立たしい思いをした。そんな仕事こそ、全国の社協
から応援派遣されている職員なり、災害対応になれた NPO メンバーやボラン
ティアが引き受けるべきであろう。これは、被災地の社協の問題ではなく、災
害発生時は災害ボランティアセンター開設と外部からのボランティア受け入れ

を最優先で行うよう指導してきた全社協や都道府県社協、中央共同募金会から派遣されたコーディネーターによるところが大きい。まず、被災者も含めた住民の生活維持のために、社協の事業を止めないことが最優先で考えられるべきなのは当然のことである。災害ボランティアセンター開設・運営は全国から派遣される社協の応援職員や災害対応になれた NPO スタッフを中心に行い、被災地のボランティア活動センター職員や地区担当職員がニーズとのマッチング部分で中心的な役割を担うようにすればよいだけのことである。

　加えて言えば、応援の職員に気を使って、被災地の社協職員が休まず連続勤務をしたり、備品のチェックや記録の整理等の裏方業務を、センター業務終了後に残って行っているような場面にも多く遭遇している。これも、気持ちはわかるがとんでもない話で、被災地社協の職員は被災者であることがほとんどである。家族のフォローや自宅の片付け等も必要であるのに、発災後２週間も経過するのに１日も休んでいなかったり、毎日夜中まで勤務したりしている状況を自らも体験し、被災地の支援先の社協でも見てきた。被災地の復旧・復興関連事業は長期にわたっての対応が必要なる。ここはシフトで入れ替わる応援職員がしっかり役割を果たし、激務が長期化することが必須の被災地社協の職員の労働条件を守るという意識を確立させていく必要がある。

（3）　災害時と平常時をいかにつなぐか

　阪神・淡路大震災を経験してつくづく思い知らされたのは、日常的に取り組んでいないことは、緊急時に突然できるようにはならないということであった。実際に宝塚市社協では、発災時の平成７（1995）年まで在宅福祉サービス中心で事業を進めてきていたこともあり、要介護者、要支援者の対応はそれなりに実施できた。当時は在宅福祉サービスの提供主体は他にはなく、在宅の要介護者のリストが社協にほとんどあったということもあり、避難所開設・運営、救援物資受け入れと配分等の被災者支援で手の回らなくなっていた行政の福祉部門に代わって、安否確認から避難支援、避難所・在宅での生活支援（水や食事の確保等も含む）、避難所での生活が困難な要介護者の総合福祉センターへの受け入れ（今でいう福祉避難所開設・運営）までの対応を、発災当日

から行うことができた。また、外部からのボランティアの受け入れ対応についても、発災1週間後には、ボランティア活動センターの窓口を市役所の中に移し、外部からのボランティアの力を借り、今でいう災害ボランティアセンターの役割を果たすことができた。全国から1万人以上のボランティアを受け入れ、がれき撤去や屋根のシート張りから避難所の運営支援、救援物資の受け入れ整理、配布等、制度・サービスで対応できない様々なニーズに対応することができた。

　一方、被災市民に対する支援には、当初ほとんど手を付けることができなかった。これは、在宅福祉サービス偏重で地域福祉推進部門の取り組みが進んでおらず、小地域福祉活動の支援がほとんどできていなかったことによる部分が大きい。地域と十分なつながりが築けていない中で、地域リーダーや地域の社会資源の情報もなく、誰と話をすればよいか、どこに行けばよいのかすら見当がつかなかったからである。この教訓を受けて、在宅福祉サービス偏重を改め、地域福祉の推進を合わせて実施する総合型社協を目指すべく、新地域福祉計画（第2期計画）を策定し、小学校区単位のまちづくり協議会による地域福祉活動を振興する具体的な取り組みをスタートさせたのである。

　ここで言いたいことは、災害時と平常時をつなぐことを意識したボランティア活動支援が必要ではないかということである。単に災害発生時のためにそれに備えた活動を準備しておくとか、防災訓練や避難訓練を日常行って災害ボランティア活動をというのではなく、日ごろの様々な活動を発災時にどのように活かしてもらうか、活動者も支援者もそれを意識して平常時の活動を進めておくことが重要ではないか。

　一方、災害時に行われた復旧・復興の様々なボランティア活動が、終息後はなくなってしまい、関わっていたボランティア達も離散してしまうということにならないように、日常の活動にどう展開し参加してもらうかを、災害のボランティア活動をしている人たちと一緒に考えていく必要がある。宝塚市の事例でいえば、屋根のブルーシート掛けやがれき撤去を行っていたグループが、仮設住宅の住宅改修（段差解消や手すり設置等）や仮設住宅への引っ越し支援等の活動に展開し、その後は日曜大工のボランティアグループとして、住宅の

改修や家財の修理等幅広い対応を行うグループとして現在も活発な活動を続け
ている。そのほかにも避難所の支援や仮設住宅の見守りをしていた人たちが、
地域の居場所づくり（サロン活動）や見守り活動の中心メンバーになったりし
て、市内のボランティア・市民活動のけん引役となっている。

　社協が災害時のボランティア活動に関わるのは、ただ単に災害ボランティ
アセンターが円滑に運営できるように常に準備しておく、というようなレベル
のことではないはずである。非常時の活動が平常時の活動の広がりになり、平
常時の活動を進めていくことが非常時に生きるような活動の循環が望まれるの
である。

3.　新たな社協ボランティア・市民活動センターの提案

　本節では、社協のボランティア・市民活動センターが、この地域福祉の主
流化・政策化の流れの中で、どのような役割を果たしていくべきかについての
私見を示したい。単なるボランティア動員のためのセンターにならないよう、
また、制度・サービスで対応できない、複雑で多様な生活課題に、民間の知恵
と力を集結できる協議・協働の仕組みとして、どのようにすれば先駆性、即応
性、柔軟性、開発性が発揮できるようになるのかをみていく。

（1）　今日の市区町村社協ボランティア・市民活動センターが目指すもの

　全社協のボランティア・市民活動振興センターが平成 27（2015）年に示し
た「市区町村社協ボランティア・市民活動センター強化方策 2015」では、市
区町村社協ボランティア・市民活動センターの目指すものは、「『誰もがボラン
ティア活動できる地域社会、すなわち誰も排除しない共生文化を創造するこ
と』を使命とし、地域の『支えあう関係』や『つながりの再構築』を基盤に、
多様な主体が協働して地域の生活課題を解決していくこと」としている。まさ
に今、地域福祉の政策化の中で言われている地域共生社会づくり、包括的支援
体制づくり実現のための事業を先取りしたような内容となっており、地域福祉
の推進を目的とする社協として、その旗頭と言えるような働きをボランティ

ア・市民活動センターが担うというものである。

そして、それを実現するための当面の取り組みとして「あらゆる人の社会参加を支援」「協働の推進」「組織の基盤強化」があげられている。加えて、具体的な取り組みを進めるためのポイントとして、①社協組織内での認識の共有化、②相談を受け止めてつなぐ、③協働相手へのアプローチ、④相互理解の促進、⑤協働による取り組み、⑥人材づくり、⑦体制の構築の7つの項目が記されている。

しかし、この「強化方策2015」の提示から7年近くが経過する現在の状況を見ると、社協組織総体としてはこの方向に向けた動きを取っているところはあるにせよ、ボランティア・市民活動センターがその中に明確に位置づいている社協はさほど多くないように見える。この「強化方策2015」が、全社協や都道府県社協によって積極的に普及されてきたようには思えないのである。

この「強化方策2015」の後、平成29（2017）年頃から厚生労働省による地域福祉の政策化の路線が明確になり、地域共生社会づくり、包括的な支援体制の整備が言われる中で、ボランティア・市民活動センターは、その役割の重要性を十分に打ち出すことができておらず、むしろ、地域福祉活動の担当部署や、権利擁護、総合相談支援を直接事業として実施する部門にその中心が移っているように思われる。総合相談支援、参加支援、地域づくり、どの事業をとってもボランティア・市民活動の存在なくては進まないにもかかわらず、その様々な提案の中にボランティア・市民活動センターの姿が見えないのである。

（2）ボランティア・市民活動センターの実態に照らした今後のあり方

では、市区町村社協のボランティア・市民活動センターはいかなる役割を果たすべきなのか。社会福祉の仕組みが大きく動く中では、制度の線引きが常に変化する。そのことによって、新たな制度で対応できない生活課題が生まれることになる。これまで制度で対応できない課題に対応してきたボランティア・市民活動センターは、その新たな課題を素早くキャッチしてきた。そのためには、当事者の組織化や当事者組織（セルフヘルプグループ）支援・連携を丁寧

に行う必要がある。最近では、中高年の引きこもりや、生活困窮者、発達障害者、ヤングケアラー等が新たな対象として取り上げられているが、これらの人たちの組織化やそのセルフヘルプグループの支援に、ボランティア・市民活動センターがどれほど関わっているだろうか。

　まず、このようなセルフヘルプグループを支援するセンター機能をボランティア・市民活動センターに期待したい。そして、そこで新たな生活課題をしっかり把握した上で、それに対応すべく民間の知恵を総動員して解決する場、協議・協働の場を作り提供していく必要がある。それは、元来ボランティア・市民活動センターの役割であったはずである。しかも、複雑で多様な生活課題の解決、参加支援を行うためには、参加メンバーを福祉分野に限定していては対応できない。企業やまちおこし・まちづくり等に関わる幅広い多様なメンバーの参加が不可欠となる。そうだとすれば、従来のボランティア・市民活動センターの枠では収まり切るわけがない。まちづくりセンターがイメージさせるような大きな協議・協働の場（プラットフォーム）となる必要がある。総合相談支援は、ワンストップサービスのような相談窓口の総合化がポイントではない。既存の制度・サービスでは解決できない複合的で複雑な課題に、開発的、先駆的に対応できる仕組みづくり、つまりは出口づくりがポイントとなる。

　そして、昨今の様々な問題の根っこにある社会的孤立という大きな課題には、つながりづくりや参加支援といった対応が必要で、これは専門職だけでは解決が難しい。だからこそ、一緒に暮らす市民、ボランティアと協働することが前提なのである。地縁型の活動とテーマ型の活動をつなぐ場であり、専門職と市民・ボランティアをつなぐ場であり、福祉に限らない多様な分野の団体や人をつなぐ場としての機能が求められる。まさに、ボランティア・市民活動センターの真骨頂と言えるのではないだろうか。

まとめにかえて

　地域福祉の政策化が進められる中で、社会福祉法によって地域福祉を推進することを組織使命として設立された社協は、総合相談支援体制づくり、参加支援、地域づくりのいずれの場面でも、大きな役割を果たすことが期待される。そして、その中でも、制度サービスだけでは対応できない新たな課題に対応することができるボランティア・市民活動、それを支援するボランティア・市民活動センターの果たす役割は非常に大きい。全社協のボランティア・市民活動振興センターを中心に、都道府県社協のボランティア市民活動支援部門、市区町村社協が一体となり、当事者やボランティア・市民活動者の声を十分に反映させた地域福祉の政策化の時代に対応できる幅広いボランティア・市民活動のあり方と、それを支援する社協のボランティア・市民活動支援の取り組むべき内容を示した指針を作成することを期待したい。そして、それを全国の市区町村社協に普及させる動きを期待して本章のまとめとする。

（佐藤寿一）

参考文献

・全社協『社会福祉協議会基本要綱』1962 年

・厚生労働省「これからの地域福祉のあり方に関する研究会報告」／ 2008 ／厚生労働省

・公益財団法人ひょうご震災記念 21 世紀研究機構編『災害対策全書③復旧・復興編』／ 2011 ／（株）ぎょうせい

・全社協全国ボランティア・市民活動振興センター「市区町村社会福祉協議会ボランティア・市民活動センター強化方策 2015」／ 2015 ／全社協

・藤井博志監修　宝塚市社協編『改訂版市民がつくる地域福祉のすすめ方』／ 2018 ／全国コミュニティライフサポートセンター

・全社協地域福祉推進委員会・全国ボランティア・市民活動振興センター「社会福祉協議会活動実態調査等報告書 2018」／ 2020 ／全社協

・和田敏明編『改訂 2 版 概説 社会福祉協議会』／ 2021 ／全社協

編 集 後 記

　今日の社協活動を危惧し、新たな改革を提言したいという問題意識を持った社協 OB、OG 有志で令和 3（2021）年 10 月に社協問題研究会を立ち上げた。それから 10 か月、社会情勢は、新型コロナウイルス感染症の終息が見通せない状況が続く中、ロシアのウクライナ侵攻も影響し、大きく変容した。

　今、わが国は少子高齢化と人口減少、日本経済の低迷と新自由主義政策による格差と貧困の拡大、気候変動がもたらす環境の変化や自然災害発生のリスク拡大、ロシアのウクライナ侵攻（侵略）がもたらした平和を揺るがす問題、また、ウクライナ危機に端を発した原油価格の高騰による物価高騰など暮らしづらい状況が続いている。国民の貧困と格差はこれまで以上に拡大することが予想される。とくにこの物価高騰は、原油価格の高騰だけでなく、アベノミクスによる低金利の金融政策が招いた円安にもよるところが大きいと言われている。このような状況の中、住民主体で地域福祉を推進する社協はどうあるべきなのか。

　本書は、そういう状況を危惧する社協 OB、OG、現役の社協役職員が、この状況について議論し、このままでは社協の存在意義がなくなってしまうのではないかとの懸念から、次の 5 つの課題（問題意識）を明らかにし、社協が転生するためにはどうすればよいのかという立ち位置に立って、社協活動の現状分析と現状報告を行い、新たな方向性を提言したものである。その課題（問題意識）とは、

①　社協の法定化やこの間の社会福祉法人改革で社協の存在意義が問われている。

②　社協は行政の便利屋的存在で住民主体の理念が揺らいでいる。

③　社協ガバナンスの改革が必要な時期に来ている。

④　社協が関わるボランティア活動が「災害救援」に特化されつつあり、社協が推進するボランティアのあり方が問われている。

⑤　社協職員の使命感が喪失しつつある。全国組織であるネットワークを活かし、社協職員そのものが社協の自律性を高めることが必要である。

以上５点である。

これを踏まえ、関係する７名が各々の考えをまとめ文字化を試みた。目次をご覧いただければ本書の構成がわかるが、今日の社協を取り巻く環境変化の中で社協の存在意義を明らかにするため、プレリュード：社協問題研究会の問題意識　序章：今なぜ社協問題なのか　第１章：社協と行政との関係、その現状と望ましいあり方　第２章：社協組織と事務局のあり方　第３章：社協人に知力がなぜ必要か　第４章：社協の基盤であるコミュニティーワークを改めて考える　第５章：地域福祉計画との関連から社協のあり方を考える　第６章：コロナ禍における特例貸付にみる社協のこれから　第７章：社協牽制機能形骸化からの脱皮へ　第８章：社協とボランティアという内容でまとめたものである。とくに序章では、塚口が「今なぜ社協問題なのか」と題して今回の出版目的を具体に記載した。まさに、「社協は生まれ変われるのか」というサブタイトルどおりの問題提起である。

出版までに十分な時間が確保できなかったという時間的な問題とコロナ禍の影響で研究会でのリアルな議論が十分できなかったことにより、本書全体を貫く基本線が確立できなかったが、その点は、それぞれの執筆者の経験と実践によりカバーできているのではないかと解釈している。当然のことながら執筆者それぞれの考えには、いくらかの相違があるが、社協と地域福祉の充実、発展を願う者ばかりである。その点を読み取っていただき、各章で展開している論点をこれからの社協活動に活かしてほしい。文脈の中では少し過激な展開となっている箇所もあるが、それは各執筆者の社協への思いの強さであるとご理解いただきたい。また、各執筆者は現職の者もいるが、もともとはコミュニティオーガナイザーとして豊かな経験を持つ社協職員である。読者諸氏は実践から導き出された教訓を見つけ引き出してほしい。その意味で本書は興味深い社協活動実践報告書と提言書になったのではないかと思う。

多くのご批判を期待するとともに、社会福祉関係者や全国の多くの社協職員が、これからの地域福祉とその地域福祉を担える社協を構築するための一助

にしていただければ幸いである。最後になったが今回の出版企画に賛同し、ご支援をいただいた NPO 法人福祉サービス経営調査会理事長の笹山周作氏、さらには（株）大学教育出版の佐藤守氏社彩香氏はじめ関係の皆様に心からお礼を申し上げ、後記としたい。

執筆者代表　山本　正幸

出版追記

NPO 法人福祉サービス経営調査会　理事長　笹山周作

　本会前理事長であり現顧問の塚口さんは元兵庫県社協の事務局長であった。この NPO 法人の立ち上げは塚口さんや私・笹山などが中心となって行った。この法人の設立目的は民間社会福祉事業、主として社会福祉法人の経営を側面から支援する働きを目的とした。その目的に沿って社会福祉法人経営にかかわる研究をし、その成果を出版物として発行してきた。

　その中で社協に関する出版は今回が初めてである。私は、この法人の理事長として、また、社会福祉法人の理事長として民間社会福祉の自律性を追求してきたが、それら民間社会福祉を束ねる社協についても強い関心を持ってきた。民間社会福祉は、社協の立ち位置やその働きに大きく影響を受けざるをえない。社協が民間社会福祉の意向をくみ上げ、そのニーズに応える活動をどのように進めようとしているか、国や都道府県が提示する経営方針や指針が不適切なものであればその方向を是正しサービス利用者第一主義の経営に引き戻す活動などを期待している。社協は国や監督官庁の意向の伝達役ではなく、その会員である社会福祉事業者、サービス利用者のニーズの代弁者でなければならないと考える。

　塚口さんも今の社協の現状を憂い自律性のある民間社会福祉事業者の代弁者であることを強く願っておられるのではないかと思い、この出版を強く勧めた。塚口さんは早速有志とはかり「社協問題研究会」を組織し、何回かの研究を重ね、その成果をここに纏めて出版される運びとなった。

　この趣旨に賛同され、共に研究に打ち込まれた諸氏に敬意を表し、出版の仕掛人の一人として感謝する者である。

執筆者紹介

塚口伍喜夫　（つかぐち　いきお）

昭和 12 年（1937）10 月	兵庫県生まれ
昭和 33 年（1958）　3 月	中部社会事業短期大学卒業
同年	4 月	日本福祉大学編入学
同年	8 月	同上退学
同年	9 月	兵庫県社会福祉協議会入職、その後事務局長などを歴任
平成 10 年（1998）　3 月	同上定年退職　その後兵庫県社協理事などを歴任
平成 11 年（1999）　4 月	九州保健福祉大学助教授、教授、同大学院教授を歴任
平成 17 年（2005）　4 月	流通科学大学教授、社会福祉学科長などを歴任
平成 22 年（2010）　3 月	同上退職　その後、社会福祉法人、NPO 法人理事、理事長などを歴任現在に至る。

山本　正幸　（やまもと　まさゆき）

昭和 30 年（1955）11 月 20 日	兵庫県生まれ
昭和 53 年（1978）　3 月	佛教大学文学部卒業
昭和 54 年（1979）10 月	兵庫県宍粟郡一宮町社協入局　同時に福祉活動専門員
平成 11 年（1999）　4 月	同町社協事務局長
平成 15 年（2003）10 月	周辺 4 町（山崎町・一宮町・波賀町・千種町）社協合併協議会設立と同時に同協議会事務局長
平成 17 年（2005）　7 月	周辺 4 町社協が合併し宍粟市社協誕生　同時に同市社協事務局長
平成 21 年（2009）　8 月	台風 9 号による兵庫県西北部豪雨災害で佐用町と共に被災し、宍粟市社協災害ボランティアセンターを設置運営　センター長
平成 23 年（2011）　6 月	全社協地域福祉推進委員会　東日本大震災被災社協復興支援委員会委員
平成 25 年（2013）　3 月	全社協　大規模災害対策基本方針検討委員会委員
平成 28 年（2016）　3 月	社会福祉法人宍粟市社会福祉協議会　定年退職
同年	4 月	NPO 法人しさわ　就労継続支援 B 型「ワークプラザすぎの木」施設長
同年	4 月	宍粟市一宮町本谷自治会　自治会長（2020 年 3 月まで）
同年	6 月	社会福祉法人兵庫県共同募金会　評議員兼広報部会員（2021 年 6 月まで）

同年		9月	佛教大学社会福祉学部社会福祉学科　非常勤講師(2019年3月まで)
平成30年	（2018）	4月	宍粟市連合自治会理事兼染河内地区連合自治会長（2020年3月まで）
令和3年	（2021）	3月	NPO法人しさわ　就労継続支援B型「ワークプラザすぎの木」定年退職

現在　宍粟市染河内地区森のようちえんづくり実行委員会　代表
　　　宍粟市東河内生産森林組合　組合長
　　　㈱スマートミッション　取締役兼総務部長
　　　大阪府羽曳野市障害者グループホーム「アミ」サービス管理責任者

佐藤　寿一　（さとう　ひさかず）

昭和31年	（1956）	11月	大阪府生まれ
昭和54年	（1979）	3月	関西学院大学 社会学部卒
平成18年	（2006）	3月	関西学院大学 社会学研究科博士課程前期課程修了

（社会活動）

昭和54年	（1979）	4月	淡陶株式会社 入社　～ 平成元年（1989）3月
平成元年	（1989）	4月	社会福祉法人 宝塚市社会福祉協議会　入職
平成11年	（1999）	4月	事務局次長
平成20年	（2008）	4月	事務局長
平成27年	（2015）	6月	常務理事
令和3年	（2021）	6月	社会福祉法人宝塚市社会福祉協議会　退職

平成29年	（2017）	4月～現在	常盤会短期大学幼児教育科　非常勤講師
平成30年	（2018）	4月～現在	福井県立大学看護福祉学部　非常勤講師
令和2年	（2020）	4月～現在	関西学院大学人間福祉学部　非常勤講師

（主たる論文・著書）
単著『小規模多機能サービスの事例検証』／平成18年3月／関西学院大学（修士論文）
単著『日常生活圏における住民主体の地域ケアシステムづくり』／平成23年3月／日本生命済生会　地域福祉研究 No39
共著『災害対策全書3. 復旧・復興編』／平成23年7月／ぎょうせい
共著『改正介護保険の新しい総合事業のてびき』／平成28年7月／第一法規
共著『よくわかる地域包括ケア』／平成30年4月／ミネルヴァ書房

共著『改訂版市民がつくる地域福祉のすすめ方』／平成30年6月／全国コミュニティライフサポートセンター

共著『社協舞台の演出者たち』／令和元年10月／大学教育出版

小林　　茂　（こばやし　しげる）

昭和34（1959）年7月　兵庫県神戸市生まれ

昭和58（1983）年3月　日本大学文理学部卒

令和　3（2021）年3月　大阪府立大学大学院　人間社会システム科学研究科博士課程前期修了（社会福祉学修士）

（社会活動）

昭和59（1984）年6月　兵庫県社会福祉協議会入職（地域福祉部長、事務局次長等を歴任　2016年退職）

平成28（2016）年4月　兵庫大学　生涯福祉学部社会福祉学科　准教授　現在に至る

（著書）

共著／『地域福祉への挑戦者たち』2018年　大学教育出版

共著／『社会福祉法人の今日的使命』2014年　リベリタス・クリオ

共著／『コミュニティケアマネジメント』2006年　医歯薬出版

【修士論文】市町村地域福祉計画と社協の地域福祉活動計画が別立て策定の地方自治体で生じる重層的な循環プロセスに関する一考察

川﨑　順子　（かわさき　よしこ）

昭和35（1960）年7月　宮崎県生まれ

平成28（2016）年3月　九州保健福祉大学大学院　連合社会福祉学研究科　博士（後期）課程修了

（社会活動）

昭和58（1983）年4月　宮崎県東臼杵郡門川町役場入職

平成　5（1993）年4月　社会福祉法人　門川町社会福祉協議会派遣

平成16（2004）年4月　九州保健福祉大社会福祉学部講師　現在教授

資格：社会福祉士・介護支援専門員

（主たる論文・著書）

論文

○【修士論文】地域福祉計画策定過程における住民参加の在り方に関する研究
　〜宮崎県市町村の実態から〜／平成18年3月

○地域包括ケアシステムの構築に向けた連携機能に関する研究
　〜連携実践対応力評価尺度の開発に向けた構成要素の抽出〜

　　　平成 27 年 3 月／　最新社会福祉学研究　第 10 号

○【博士論文】地域包括ケアシステムの構築に向けた専門職連携の実践力評価に関する研究
　　〜メゾ・ミクロ領域を焦点化した連携実践基礎力評価尺度の開発〜／平成 28 年 3 月

著書

『介護福祉教育の方法と実践〜新しいケアワーカー像を求めて〜』（共著）2005 角川書店

『社協再生』（編著）2010 中央法規

『社会福祉法人の今日的使命』（編著）2014 リベルタス・クレオ

『歴史との対話〜現代福祉の源流を探る〜』（共著）　2018　大学教育出版

『社会福祉概論　第 4 版』（共著）2018　勁草書房

『社協舞台の演出者たち』（編著者）2019　大学教育出版

荻田　藍子　（おぎた　あいこ）

昭和 51 年（1976）兵庫県生まれ

平成 11 年（1999）大阪市立大学生活科学部卒

平成 11 年　兵庫県社会福祉協議会事務局入局

令和　4 年（2022）同上　福祉支援部部長　現在に至る

（研究論文、著書）

編著「歴史との対話（現代福祉の源流を探る）」／ 2018 ／大学教育出版

編著「東日本大震災・被災者支援のためのサポーターワークブック読本」／ 2012 ／全国コ
　　ミュニティライフサポートセンター

論文「多職種の福祉専門職が地域福祉を推進するための研修と運営の基盤づくり ― 兵庫県
　　社協における地域福祉研修の実施評価から」2018「地域福祉実践研究」（9、53-62）

論文「『単身化』『社会的孤立』時代における見守りと地域ケアシステムの推進方策」／
　　2015「地域福祉研究」（43、19-29）

共同研究「兵庫県内社協・新型コロナウイルス感染拡大に伴う生活福祉資金特例貸付レポー
　　ト」／ 2020、2021 ／兵庫県社協

西村　禮治　（にしむら　れいじ）

昭和 19（1944）年　4 月　兵庫県生まれ

昭和 38（1963）年　4 月　東洋大学（社会学部応用社会学科広報課程修了）卒業

（社会活動）

昭和 42（1967）年　2 月　東洋観光興業株式会社入社（昭和 54 年・1979 退社）

平成元（1989）年　4 月　地域計画コンサルタント「ハートプランニング設立
　　　　　　　　　　　　　兵庫県及び京都府丹波地区社会福祉協議会発展計画等各種計画策
　　　　　　　　　　　　　定などに関わる。

平成 13（2001）年　4 月　八鹿町社会福祉協議会評議員（平成 14 年 3 月まで）

平成 15（2003）年　4 月　八鹿地区区長会副会長（平成 20 年 3 月まで）

平成 20（2008）年 11 月　養父市議会議員（文教民生常任委員会、議会改革特別委員会、議会広報特別委員会委員長、八鹿病院議会議員、南但広域事務組合議員等歴任）平成 28 年 10 月まで

平成 29（2017）年　6 月　社会福祉法人養父市社会福祉協議会監事（業務担当）

令和 4 （2022）年　6 月　同市社協監事退任

（著書）

『秋葉信仰と大森の先人たち』平成 23 年 6 月／大森区秋葉講

『朝倉山椒とその風土』令和 3 年 3 月／耕作放棄地解消推進グループ やろう会

写真アルバム『但馬の 100 年』（共著）令和 3 年 12 月／樹林舎

社協転生
― 社協は生まれ変われるのか ―

2022 年 10 月 31 日　初版第 1 刷発行

■著　　者——塚口伍喜夫・山本正幸・佐藤寿一・小林　茂・川﨑順子・
　　　　　　荻田藍子・西村禮治
■発 行 者——佐藤　守
■発 行 所——株式会社 大学教育出版
　　　　　　〒 700-0953　岡山市南区西市 855-4
　　　　　　電話（086）244-1268　FAX（086）246-0294
■印刷製本——モリモト印刷 ㈱

ISBN978-4-86692-226-3